Betrug (§ 263 StGB), verübt
durch Doping im Sport

Schriften zum Strafrecht und Strafprozeßrecht

Herausgegeben von Manfred Maiwald

Band 48

PETER LANG
Frankfurt am Main · Berlin · Bern · Bruxelles · New York · Oxford · Wien

Rainer T. Cherkeh

Betrug (§ 263 StGB), verübt durch Doping im Sport

PETER LANG
Europäischer Verlag der Wissenschaften

Die Deutsche Bibliothek - CIP-Einheitsaufnahme

Cherkeh, Rainer T.:

Betrug (§ 263 StGB), verübt durch Doping im Sport / Rainer T. Cherkeh. - Frankfurt am Main ; Berlin ; Bern ; Bruxelles ; New York ; Oxford ; Wien : Lang, 2000
(Schriften zum Strafrecht und Strafprozeßrecht ; Bd. 48)
Zugl.: Halle, Univ., Diss., 1999
ISBN 3-631-35401-0

Gedruckt auf alterungsbeständigem,
säurefreiem Papier.

3
ISSN 0938-6181
ISBN 3-631-35401-0

Printed in Germany 1 2 3 4 6 7

Vorwort

Die vorliegende Abhandlung wurde im Sommersemester 1999 von der Juristischen Fakultät der Martin-Luther-Universität Halle-Wittenberg als Dissertation angenommen. Für ihre Veröffentlichung habe ich die Arbeit – soweit möglich – aktualisiert und geringfügig ergänzt. Besondere Berücksichtigung fand dabei die seither immer drängender werdende Frage nach einem gesetzgeberischen Handlungsbedarf zum Schutz des Sportethos.

Mein Dank gilt zu allererst meinem Doktorvater, Herrn Professor Dr. Hans Lilie, der mit wertvolle Hinweise gegeben und den Freiraum gewährt hat, der für das Gelingen dieser Arbeit unerläßlich war.

Danken möchte ich ferner Herrn Professor Dr. Ulrich Haas sowie Herrn Professor Dr. Dr. h. c. Hans-Ludwig Schreiber, die es übernommen haben, in kurzer Zeit das Zweit- bzw. Drittgutachten zu fertigen.

Dem Herausgeber der „Schriften zum Strafrecht und Strafprozeßrecht", Herrn Professor Dr. Manfred Maiwald, bin ich für die Aufnahme der Arbeit in seine Reihe verbunden.

Der Deutschen Telekom AG danke ich für den mir im Rahmen ihrer „Initiative für dopingfreien Sport" gewährten großzügigen Druckkostenzuschuß.

Danken möchte ich weiterhin Herrn Dr. Carsten Momsen sowie Herrn Stefan Coners, die mir stets kritische Gesprächspartner waren. Mein besonderer Dank gilt Herrn Dr. Reiner Fu, der mir mit Rat und Tat außerordentlich zur Seite stand.

Dank gebührt schließlich meinen Eltern, die mit ihrer Unterstützung den Grundstein für diese Arbeit legten.

Wuppertal, im März 2000 Rainer Tarek Cherkeh

Inhaltsverzeichnis

Abkürzungsverzeichnis

a. A.	anderer Ansicht
abl.	ablehnend
Abs.	Absatz
AcP	Archiv für die civilistische Praxis
ADK	Anti-Doping-Kommission
a. E.	am Ende
AG	Amtsgericht
Allg.	Allgemein
AMG	Arzneimittelgesetz
Anm.	Anmerkung
Art.	Artikel
AT	Allgemeiner Teil
Aufl.	Auflage
Az.	Aktenzeichen
BayObLG	Bayerisches Oberstes Landesgericht
BayObLSt	Entscheidungen des Bayerischen Obersten Landesgerichts in Strafsachen
BB	Der Betriebs-Berater
Bd.	Band
Bearb.	Bearbeiter
Begr.	Begründer
BGB	Bürgerliches Gesetzbuch
BGBl	Bundesgesetzblatt
BGH	Bundesgerichtshof
BGHSt	Entscheidungen des Bundesgerichtshofs in Strafsachen
BGHZ	Entscheidungen des Bundesgerichtshofs in Zivilsachen
BT	Besonderer Teil
bzgl.	bezüglich
bzw.	beziehungsweise
ca.	circa
DB	Der Betrieb

DDR	Deutsche Demokratische Republik
ders.	derselbe
DFB	Deutscher Fußballbund
d. h.	das heißt
Diss.	Dissertation
DKK	Dopingkontrollkommission
DKS	Doping-Kontroll-System
DLV	Deutscher Leichtathletik-Verband
DM	Deutsche Mark
DG	Deutsche Olympische Gesellschaft
DR	Deutsches Recht
DSB	Deutscher Sportbund
DTW	Deutsche Tierärztliche Wochenschrift
Einl.	Einleitung
etc.	et cetera
e. V.	eingetragener Verein
evtl.	eventuell
f., ff.	folgende
F. A. Z.	Frankfurter Allgemeine Zeitung
FS	Festschrift
GA	Goldtammers Archiv für Strafrecht
geb.	geborene
GG	Grundgesetz
ggf.	gegebenenfalls
HB	Halbband
HESt	Höchstrichterliche Entscheidungen in Strafsachen
h. M.	herrschende Meinung
IAAF	International Amateur Athletic Federation
IBF	International Boxing Federation
i. d. R.	in der Regel
i. E.	im Ergebnis
i. e. S.	im engeren Sinne
insbes.	insbesondere

IOC	Internationales Olympisches Komitee
i. S. d.	im Sinne des / im Sinne der
ISTAF	Internationales Stadionsportfest
i. V. m.	in Verbindung mit
IWB	Internationale Wettkampfbestimmungen
i. w. S.	im weiteren Sinne
JA	Juristische Arbeitsblätter
JK	Jura Kartei
JMBl	Justizministerialblatt
JR	Juristische Rundschau
Jura	Juristische Ausbildung
JuS	Juristische Schulung
JW	Juristische Wochenschrift
JZ	Juristenzeitung
KG	Kammergericht
KrimAbh.	Kriminalistische Abhandlungen
Kriminalistik	Zeitschrift für die gesamte kriminalistische Wissenschaft und Praxis
krit.	kritisierend
LG	Landgericht
LK	Leipziger Kommentar
LM	Lindenmaier und Möhring (Hrsg.), Nachschlagewerk des Bundesgerichtshofes
m	Meter
m. a. W.	mit anderen Worten
MDR	Monatsschrift für Deutsches Recht
MedR	Medizinrecht
MK	Münchener Kommentar
Mrd.	Milliarden
MV	Mustervertrag
m. w. N.	mit weiteren Nachweisen
NdsRpfl.	Niedersächsische Rechtspflege
NJW	Neue Juristische Wochenschrift
NJWRR	NJW-Rechtsprechungs-Report Zivilrecht

NOK	Nationales Olympisches Komitee
Nr.	Nummer
NStZ	Neue Zeitschrift für Strafrecht
o. ä.	oder ähnliches
OGHSt	Entscheidungen des Obersten Gerichtshofes für die Britische Zone in Strafsachen
OLG	Oberlandesgericht
RdA	Recht der Arbeit
Rdn.	Randnummer
RGSt	Entscheidungen des Reichsgerichts in Strafsachen
S.	Seite
S/K	Systematischer Kommentar
sog.	sogenannt.
SpuRt	Zeitschrift für Sport und Recht
S/S	Schönke/Schröder
StGB	Strafgesetzbuch
St. Rspr.	Ständige Rechtsprechung
StV	Strafverteidiger
S. Z.	Süddeutsche Zeitung
u. a.	und andere / unter anderem
u. ä.	und ähnliche
Überbl.	Überblick
usw.	und so weiter
u. U.	unter Umständen
UWG	Gesetz gegen den unlauteren Wettbewerb
v.	vom
VersR	Versicherungsrecht
vgl.	vergleiche
Vorbem. v.	Vorbemerkung vor
VRS	Verkehrsrechts-Sammlung
WarnR	v. Warneyer (Hrsg.), Rechtsprechung des Reichsgerichts
wistra	wistra. Zeitschrift für Wirtschaft, Steuer und Strafrecht
WM	Wertpapier-Mitteilungen

z. B.	zum Beispiel
ZERV	Zentrale Ermittlungsstelle für Regierungs- und Vereinigungskriminalität
Ziff.	Ziffer
zit.	zitiert
ZPO	Zivilprozeßordnung
ZRP	Zeitschrift für Rechtspolitik
ZStW	Zeitschrift für die gesamte Strafrechtswissenschaft
z. T.	zum Teil
zust.	zustimmend

EINLEITUNG

Die Entwicklung der künstlichen Leistungssteigerung im Spitzensport durch Drogen oder Medikamente ist in den Blickpunkt der Öffentlichkeit gerückt. Berichte über vermutetes oder erwiesenes Doping gehören zum Alltag der Sportberichterstattung.

Im Mittelpunkt der juristischen Diskussion um eine strafrechtliche Aufarbeitung des Dopingproblems steht bislang der Aspekt der Körperverletzungsdelikte[1]. Nahezu alle Substanzen, die auf den Dopinglisten der nationalen und internationalen Verbände stehen, führen zu - zumindest zeitweisen - Gesundheitsbeschädigungen[2]. Werden diese dem Sportler z. B. von einem Arzt, Trainer oder Betreuer vorsätzlich verabreicht, so kann der Tatbestand der Körperverletzung (§ 223 StGB) erfüllt sein[3]. Gleiches gilt für die Beibringung von Pharmaka zum Zwecke der künstlichen Leistungssteigerung, unabhängig davon, ob sie von den Dopinglisten erfaßt sind, vorausgesetzt sie greifen in die körperliche Integrität des Sportlers ein[4]. Anerkannt ist heute, daß das Doping auch bei hinreichender Aufklärung und wirksamer Einwilligung sittenwidrig ist. Dies gilt jedenfalls in dem Maße wie es erhebliche Gesundheitsbeschädigungen zur Folge hat oder haben kann[5].

Dieser juristische Befund ließ die Strafverfolgungsorgane in der Bundesrepublik Deutschland agieren. So hat die Berliner Staatsanwaltschaft nach vierjähriger Ermittlungstätigkeit der Zentralen Ermittlungsstelle für Regierungs- und Vereinigungskriminalität (ZERV) im Oktober bzw. November 1997 erstmals Anklage wegen Körperverletzung gegen Trainer und

---

1 Vgl. dazu die Dissertationen von *Ahlers*, Doping; *Klug*, Doping als strafbare Verletzung; *Mestwerdt*, Doping - Sittenwidrigkeit; *Müller*, Doping im Sport; *Rain*, Einwilligung des Sportlers, jeweils m.w.N.

2 Zu den einzelnen Dopingmittelwirkungen als Körperverletzung vgl. *Ahlers*, Doping, S. 33 ff.

3 Vgl. *Lackner/Kühl*, § 223 Rdn. 5, 10 m.w.N.

4 *Linck*, MedR 1993, 55 (59) m.w.N.

5 *Tröndle*, § 226 a Rdn. 7 a m.w.N.

Sportärzte erhoben, die jugendlichen Leistungssportlern verbotene leistungsfördernde Substanzen verabreicht haben sollen[6].

Neben der Gesundheitsgefährdung des Sportlers ergibt sich ein weiterer Gesichtspunkt, der die Bekämpfung des Dopings erforderlich machen kann, nämlich das allen sportlichen Wettbewerben zugrundeliegende Sportethos[7]. Dieses verbietet es, den Wettkampfbestimmungen zuwider auf den Ausgang einer Sportveranstaltung Einfluß zu nehmen, sei es, daß der Sportler im Wettkampf selbst verbotene Mittel oder Methoden benutzt, sei es, daß er z. B. mit unlauteren Trainingsmethoden außerhalb des Wettkampfgeschehens die Grundlagen für einen „unfairen" Wettkampf legt.

Seit *Ben Johnson* bei den Sommerspielen 1988 in Seoul über 100 m in der Zeit von 9,79 Sekunden siegte und des Dopings überführt wurde, steht die olympische Bewegung unter „permanentem Betrugsverdacht"[8]. Diese Formulierung, die der F.A.Z.-Redakteur *Hans-Joachim Waldbröl* gewählt hat, spiegelt beispielhaft die wohl unbestrittene Ansicht vor allem der sportinteressierten Kreise wider: Doping sei „selbstverständlich und jedenfalls zumindest Betrug"[9]. So liest man in dem Aufsatz von *Günter Lüschen*[10]: „Betrug im Sport ist jenes Handeln, durch das die manifest oder latent akzeptierten Bedingungen für den Gewinn eines Wettkampfes zugunsten einer Partei verändert werden. Damit wird das Prinzip der Chancengleichheit jenseits von Unterschieden in technischer Leistungsfähigkeit, Taktik und Strategie verletzt." Doping sei eine „verdeckte" Form des Betruges, die eine

---

6 F.A.Z. vom 15.10.1997, Nr. 239 S. 39 und vom 08.11.1997, Nr. 257 S. 48; zur Chronologie sowie zu den ersten Verurteilungen in diesen Prozessen vgl. F.A.Z. vom 18.03.1998, Nr. 65 S. 40 und vom 21.08.1998, Nr. 193 S. 33; Struktur und Wirkungsweise des vom Staat angeleiteten Medikamentenmißbrauchs in der DDR werden gründlich aufgezeigt bei *Berendonk*, Forschung, S. 51 ff.; zu der Frage, ob Staatsanwälte verpflichtet sind, gegen Doping-Ärzte Ermittlungsverfahren einzuleiten vgl. *Haas/C. Prokop*, SpuRt 1997, 56 (59).

7 Zu diesem vgl. *Gieseler*, Olympisches Feuer 1989, 8 f.; *Grupe*, Olympisches Feuer 1989, 10 f.; *Grupe/Mieth*, Ethik im Sport, S. 149 ff. m.w.N.

8 *Waldbröl*, in: F.A.Z. vom 03.08.1996, Nr. 179 S. 25.

9 *Schild*, in: Rechtliche Fragen des Dopings, S. 13 (14).

10 *Lüschen*, in: Sport und Gesellschaft, S. 200.

Leistung oberhalb des „normalen Leistungsvermögens“ bewirke oder bewirken solle[11].

Die Qualifizierung des Dopings eines Sportlers als strafwürdiges Unrecht scheint somit vorgegeben. Gleichwohl wird dem Verstoß gegen das Sportethos nach geltendem Recht kein strafrechtlicher Unrechtsgehalt zugemessen[12]. Anders als z. B. in Belgien[13] kennt das deutsche Strafrecht keine Tatbestände, die die unlautere Beeinflussung sportlicher Wettbewerbe als solche erfassen.

Das geschilderte alltägliche Vorverständnis - Doping sei Betrug - bildet jedoch den Anknüpfungspunkt für diese Untersuchung. Sollte sich dabei herausstellen, daß Verhaltensweisen des Sportlers im Zusammenhang mit Doping eine Betrugsstrafbarkeit i.S.d. § 263 StGB zur Folge haben können, bedeutete dies, daß den Strafverfolgungsorganen in Deutschland eine weitere Waffe zur Bekämpfung des Drogenmißbrauchs im Sport zur Verfügung stünde. Allein die Zielrichtung wäre eine andere, weil der Sportler nicht als Opfer (einer Körperverletzung), sondern als Täter heranzuziehen wäre.

Zunächst richtet sich der Blick auf die Definition des Begriffs Doping sowie auf sportrechtliche Hintergründe, deren Darstellung für die Untersuchung unerläßlich ist. Dabei wird auch die Bedeutung der verbandsrechtlichen Definition des Dopings für § 263 StGB erörtert. Am Ende des ersten Teils werden die für den Sportler, der dopt oder gedopt hat, in Betracht kommenden Betrugsrichtungen und -arten, deren Untersuchung den Kern dieser Arbeit bildet, im Überblick aufgezeigt.

Im zweiten Teil erfolgen Ausführungen zum Sportsponsoring, an deren Ende zivilrechtliche Überlegungen zu Leistungsstörungen im Zusammenhang mit Doping im Sport stehen. Dies ist erforderlich, weil in dieser Arbeit erstmals Betrugskonstellationen zum Nachteil des Sponsors untersucht werden[14] und sich dem zivilrechtlichen Schrifttum zum Themenbe-

---

11 *Lüschen*, in: Sport und Gesellschaft, S. 200 (203).

12 Zu dem Verstoß gegen das „Sportethos“ und zu der Frage eines gesetzgeberischen Handlungsbedarfs siehe unten 4. Teil, § 2.

13 Vgl. hierzu *Silance*, in: Doping - Realität und Recht, S. 219 ff.; *Krogmann*, SpuRt 1999, 19 sowie unten 4. Teil, § 1.

14 Zu der jüngst erschienenen Dissertation von *Mestwerdt*, Doping - Sittenwidrigkeit, siehe insoweit die Ausführungen in Fußnoten 845 und 337.

reich Sponsoring und Doping insoweit keine hinreichenden Grundlagen entnehmen lassen.

Im dritten Teil werden die Schwerpunkte und Problembereiche, die bei den interessierenden Betrugskonstellationen innerhalb eines jeden Tatbestandsmerkmals des § 263 StGB auftreten können, nacheinander aufgezeigt und erörtert.

Der abschließende vierte Teil befaßt sich mit der Frage, ob de lege ferenda ein gesetzgeberischer Handlungsbedarf zum Schutz des Sportethos besteht.

1. TEIL:
Sportrechtliche Hintergründe und Problemstellung

§ 1: Dopingdefinition

In der Geschichte des modernen Sports hat es zahlreiche Versuche gegeben, eine allgemeingültige und umfassende Definition des Begriffs Doping zu geben. Dies liegt nicht zuletzt an der rasanten Entwicklung der Manipulationsmethoden einerseits und der Verfeinerung von Nachweisverfahren andererseits[15]. Ein entscheidender offizieller Anstoß zur Dopingbekämpfung ging 1963 vom Europarat mit der Einberufung einer Expertenkommission aus, die in Straßburg eine grundlegende Definition beschloß:

„Doping ist die Verabreichung oder der Gebrauch körperfremder Substanzen in jeder Form und physiologischer Substanzen in abnormaler Form oder auf abnormalem Weg an gesunde Personen mit dem einzigen Ziel der künstlichen und unfairen Steigerung der Leistung für den Wettkampf. Außerdem müssen verschiedene psychologische Maßnahmen zur Leistungssteigerung des Sportlers als Doping angesehen werden.“[16]

Da es sich aber in der Praxis als schwierig erwies, medizinisch indizierte Behandlungen mit stimulierenden Substanzen von Doping abzutrennen, beschloß der Europarat für die Definition noch im selben Jahr folgenden Zusatz: „Wird eine notwendige Behandlung mit Mitteln durchgeführt, die auf Grund ihrer Natur oder Dosis die körperliche Leistung über das normale Niveau zu heben imstande sind, so gilt dies als Doping und schließt die Wettkampffähigkeit aus.“ Erstmals wurden mit dieser Definition auch Substanzen genannt, bei denen man vermutete, daß sie als Dopingmittel anzusehen sind[17].

---

15 Zur geschichtlichen Entwicklung des Dopings vgl. umfassend *L. Prokop*, Sportarzt und Sportmedizin 1970, 125 ff.; *ders.*, in: Leistungssteigerung, S. 22 ff.; *Schneider-Grohe*, Leistungssteigerung im Sport, S. 21 ff.

16 *Donike/Rauth*, Dopingkontrollen, S. 1.

17 *L. Prokop*, in: Leistungssteigerung, S. 28.

Was dieser und anderen Definitionen des Dopings in jener Zeit jedoch fehlte und deshalb auch häufig zu unterschiedlichen Auslegungen des Dopingbegriffs zwischen den internationalen Sportverbänden führte, war die Tatsache, daß sie keine genaue Abgrenzung ermöglichten zwischen der nicht notwendigen und damit verbotenen Substitution[18] und der erforderlichen, erlaubten. Aus diesem Grund und auch wegen der vielen unbestimmten Begriffe wie unfair, unphysiologisch etc. haben die neueren Begriffsbestimmungen im internationalen und deutschen Sport davon abgesehen, eine allgemeine, ethisch begründete Definition des Dopings zu geben. Sie gehen vielmehr den pragmatischen Weg, zunächst in einer allgemeinen Erklärung das „Doping" zu verbieten und sodann Wirkstoffgruppen und verbotene Methoden zu benennen, die als Doping gelten.

Auf internationaler Ebene setzt die Medizinische Kommission des Internationalen Olympischen Komitees (IOC) durch ihre Regeln Maßstäbe für die Anti-Doping-Maßnahmen der internationalen Sportverbände und nationalen Sportorganisationen[19]. Für die Olympischen Spiele gilt folgende Dopingdefinition:

„Doping ist verboten. Doping ist die Verwendung von Substanzen aus den verbotenen Wirkstoffgruppen und die Anwendung verbotener Methoden."[20] Zu den fünf verbotenen Wirkstoffgruppen (Stimulatien, Narkotika, Anabole Wirkstoffe, Diuretika, Peptidhormone) werden nur einige Beispiele gegeben und dann der Zusatz „und verwandte Verbindungen" angeführt. Mit diesem Zusatz werden grundsätzlich alle Verbindungen erfaßt, die nach pharmakologischen Gesichtspunkten zu der jeweils verbotenen Gruppe gehören[21]. Zu den verbotenen Methoden gehören das Blutdoping sowie pharmakologische, chemische und physikalische Manipulation (insbes. Urinmanipulationen). Daneben gibt es noch mit gewissen Einschränkungen zuge-

---

18 Zur Definition des Begriffs Substitution (Zuführung der für den Körper unbedingt notwendigen Substanzen) bei Leistungssportlern vgl. die Erklärung des Deutschen Sportärztebundes vom 03.12.1983, abgedruckt in *Donike/Rauth*, Dopingkontrollen, S. 148.

19 *Donike/Rauth*, Dopingkontrollen, S. 2.

20 Die Dopingdefinition der Medizinischen Kommission des IOC für die XXVI. Sommerspiele in Atlanta 1996 ist abgedruckt in *Donike/Rauth*, Dopingkontrollen, S. 6 ff., und *Schänzer*, Nachrichten aus Chemie, Technik und Laboratorium 44 (1996), 971.

21 *Donike/Rauth*, Dopingkontrollen, S. 9 f.

lassene Wirkstoffgruppen wie z. B. Alkohol, Marihuana, Lokalanästhetika oder Beta-Blocker[22].

Der besondere Vorteil dieser Doppeldefinition (einerseits Verbot, andererseits Bestimmung der verbotenen Substanzen und Methoden) mit dem Zusatz „und verwandte Verbindungen" besteht darin, daß neu synthetisierte oder kürzlich in den Handel gebrachte pharmakologische Wirkstoffe automatisch den in der Definition genannten Wirkstoffgruppen zugeordnet werden können[23]. Darüber hinaus kann das Dopingverbot auf diese Weise laufend präzisiert werden, weil hierzu lediglich die bereits bestehenden Wirkstoffgruppen oder Methoden ergänzt werden müssen.

Zur Harmonisierung und Angleichung an den internationalen Standard hat auf nationaler Ebene der Deutsche Sportbund (DSB) seit 1993 die Dopingdefinition der Medizinischen Kommission des IOC als Bestandteil seiner „Rahmen-Richtlinien zur Bekämpfung des Dopings" in der Fassung vom 15.05.1993[24] übernommen[25].

---

22 Zur Erläuterung der verbotenen Wirkstoffgruppen und Methoden sei auf die Ausführungen bei *Donike/Rauth*, Dopingkontrollen, S. 10 ff. sowie jüngst *Hollmann*, in: Doping - Realität und Recht, S. 37 ff. verwiesen. Ein Überblick über die Verwendung der verbotenen Substanzen und Methoden im Sport und die damit verbundenen Gesundheitsrisiken findet sich bei *Ahlers*, Doping, S. 221 ff.; vgl. dazu auch die Übersichten bei *Gutheil*, Doping, S. 21 ff.; *Müller*, Doping im Sport, S. 19 ff.

23 *Donike/Rauth*, Dopingkontrollen, S. 9.

24 Die am 15.05.1993 in Kraft getretenen DSB-Rahmen-Richtlinien zur Bekämpfung des Dopings sind abgedruckt in *Donike/Rauth*, Dopingkontrollen, S. 121 ff.

25 § 2 Abs. 1 und 5 der Rahmen-Richtlinien (Fassung vom 13.12.1997) bestimmen:
„(1) *Doping ist der Versuch der Leistungssteigerung durch die Anwendung (Einnahme, Injektion oder Verabreichung) von Substanzen der verbotenen Wirkstoffgruppen oder durch die Anwendung verbotener Methoden (z. B. Blutdoping).*
(5) *Die ‚Dopingdefinition der Medizinischen Kommission des IOC' einschließlich der Beispiele und Erläuterungen (Anlage 1) ist Bestandteil dieser Rahmen-Richtlinien. Sie ist von den Spitzenverbänden zum Bestandteil ihrer Wettkampfbestimmungen zu machen.*"

§ 2: Dopingbestimmungen der deutschen Sportverbände und deren Bindungswirkung für Athleten

A. DSB-Rahmen-Richtlinien zur Bekämpfung des Dopings

Sportler, Trainer und andere Betreuer sind in der Bundesrepublik Deutschland in Vereinen und Verbänden organisiert. Die jeweiligen Spitzenverbände sowie die sechzehn Landessportbünde sind gemäß § 5 Ziff. 1 der Satzung des Deutschen Sportbundes ordentliche Mitglieder des DSB, der selbst ein eingetragener Verein ist[26]. Die im DSB als Dachverband zusammengeschlossenen Turn- und Sportverbände hatten sich bereits 1977 verpflichtet, die Anwendung von Dopingsubstanzen zu verbieten und sich dabei an den zuletzt 1995 aktualisierten und bereits angesprochenen „Rahmen-Richtlinien zur Bekämpfung des Dopings" zu orientieren. Diese Richtlinien bilden die Grundlage aller Anti-Doping-Maßnahmen auf nationaler Ebene und beinhalten neben der Begriffsbestimmung des Dopings auch Regelungen zur Anwendung von Substanzen während und außerhalb der Wettkämpfe, Bestimmungen zur Anwendung von Substanzen aus medizinischen Gründen, Richtlinien zu Dopingkontrollen sowie Sanktionsempfehlungen. Die Umsetzung des Dopingverbots erfolgt, wegen der Autonomie der Sportverbände[27], durch die Mitgliedsorganisationen selbst. Die meisten großen Sportverbände in der Bundesrepublik Deutschland sind dieser Verpflichtung nachgekommen, zumeist durch Bezugnahme auf die Dopingregelungen des entsprechenden internationalen Fachverbandes oder auf die DSB-Rahmenrichtlinien zur Bekämpfung des Dopings[28].

---

26 Zur Struktur des Sportverbandswesens in der Bundesrepublik Deutschland sowie zum rechtlichen Verhältnis des Sportlers zum DSB und zu dessen Untergliederungen vgl. *Meinberg/Olzen/Neumann*, in: Rechtliche Fragen des Dopings, S. 63 (65 ff.); *Gutheil*, Doping, S. 48 ff.

27 Zur Vereinsautonomie der Sportverbände vgl. grundlegend *Vieweg*, Normsetzung, S. 148 ff.; *Summerer*, in: Praxishandbuch, 2. Teil, Rdn. 3 f.

28 *Vieweg*, NJW 1991, 1511 (1513). Eine Zusammenstellung der Dopingbestimmungen der wichtigsten nationalen Fachverbände findet sich bei *Gutheil*, Doping, S. 38 ff. Zum Erfordernis, die Dopingbestimmungen zum Inhalt der Verbands-/Vereinssatzung zu machen vgl. den Beschluß des Rechtsausschusses des DLV in NJW 1992, 2588 (2590) m.w.N.; zust. *Vieweg*, NJW 1992, 2539.

B. „Reitsport"-Entscheidung des BGH (NJW 1995, 583) und Urteil des OLG München (SpuRt 1996, 133) im Fall „Krabbe"

Eine Besonderheit im Rechtsverhältnis zwischen Verband und Sportler ist allerdings, daß der einzelne Athlet in der weit überwiegenden Anzahl der Sportverbände nur Mitglied seines Vereins, nicht aber Mitglied des regelaufstellenden Spitzenverbandes ist[29]. Demnach scheidet eine Unterwerfung kraft Vereinsmitgliedschaft unter die Regelungshoheit des Spitzenverbandes aus[30]. Dies läßt sich auch nicht ohne weiteres durch eine dynamische Verweisung der Vereinssatzung auf den jeweils gültigen Inhalt übergeordneter Verbandssatzungen umgehen. Denn eine derartige Verweisung ist nach Rechtsprechung und ganz einhelliger Auffassung[31] unzulässig. Zulässig ist allein eine statische Verweisung auf die Fremdsatzung. Die Mitgliederversammlung des angeschlossenen Vereins muß also jeweils als Satzungsänderung beschließen, daß die geänderte Verbandsregelung übernommen und zum Bestandteil der eigenen Satzung gemacht wird[32]. Noch problematischer könnte sich die Bindungswirkung von Dopingbestimmungen bei der Teilnahme desjenigen Sportlers an einer Veranstaltung der Landessportbünde oder der Spitzenverbände des DSB gestalten, der nicht Mitglied des betreffenden Sportverbandes ist[33].

---

29 Zur pyramidenförmigen Struktur des Sportverbandswesens vgl. *Vieweg*, JuS 1983, 825 (826 f.).

30 *Haas/C. Prokop*, SpuRt 1996, 109; vgl. auch *Pfister*, SpuRt 1996, 48; *Vieweg*, NJW 1991, 1511 (1514).

31 Vgl. BGH NJW 1995, 583 (585), BGH WM 1988, 1879 (1882); NJW-RR 1989, 376 (378); OLG Hamm NJW-RR 1988, 183 (184); *Haas/Adolphsen*, NJW 1995, 2146 (2148); *Pfister*, JZ 1995, 464 (465); *Reichert/van Look*, Rdn. 297a, 411; *Vieweg*, SpuRt 1995, 97 (99).

32 *Reichert/van Look*, Rdn. 411; zu der Problematik, die sich in der Praxis bei der Ausgestaltung derartiger „lückenloser Satzungsabsicherungen" ergeben kann vgl. *Vieweg*, NJW 1991, 1511 (1514 f.).

33 Vgl. dazu schon *Lukes*, Westermann-FS, S. 325 (327 ff.); *Meinberg/Olzen/Neumann*, in: Rechtliche Fragen des Dopings, S. 63 (67 ff.).

Diese Schwierigkeiten sind aber seit der grundlegenden „Reitsport“-Entscheidung des BGH[34] überwunden. Der BGH hat in seiner Entscheidung vom 28.11.1994 erstmals zu der für das Sportverbandswesen wichtigen Grundlage der Bindung des Sportlers an das Regelwerk bei Wettkampfveranstaltungen Stellung genommen und dabei die Möglichkeit einer rechtsgeschäftlichen Unterwerfungsvereinbarung des Sportlers unter das Verbandsregelwerk bei Wettkämpfen bejaht. Die Existenzberechtigung der von den Landes- und Spitzenverbänden entwickelten Sportordnungen und ihr allgemeiner Geltungsanspruch auch und gerade gegenüber diesen Sport betreibenden Nichtmitgliedern der betreffenden Verbände folge, so der BGH, „unmittelbar aus der Sportausübung unter den sie heute prägenden Gegebenheiten.“[35] Eine Unterwerfung unter die Regelwerke könne im wesentlichen durch einen - in der Praxis seltenen - individuell ausgehandelten Vertrag[36], durch die Meldung des Sportlers zu dem Wettkampf oder dadurch erfolgen, daß der Sportler auf seinen Antrag bei dem für seine Sportart zuständigen Verband eine generelle Start- oder Spielerlaubnis (Sportler- oder Spielerpaß bzw. Spielerausweis oder Lizenz) erwerbe[37].

Jüngst hat nun auch das OLG München in seiner Entscheidung vom 28.03.1996[38] im Rechtsstreit der ehemaligen Sprintweltmeisterin *Katrin Zimmermann* (geb. *Krabbe*) zu zentralen Rechtsfragen des organisierten Sports Stellung genommen. Dabei hat es den vom BGH in der „Reitsport“-

---

34 BGH NJW 1995, 583. Gegenstand des Urteils war eine Ordnungsmaßnahme der Deutschen Reiterlichen Vereinigung e.V. auf der Grundlage des satzungsmäßig verankerten Regelwerks wegen eines unsportlichen Verhaltens während eines Reitturniers.

35 BGH NJW 1995, 583 (585).

36 Als Beispiel sei die Vereinbarung zwischen *Boris Becker* und dem Deutschen Tennisbund hinsichtlich dessen Einsatzes bei Daviscup-Veranstaltungen oder auch die sog. „Athletenvereinbarung“ zwischen dem DLV und seinen Spitzen- und Kaderathleten genannt; vgl. zu letzterem *Haas/C. Prokop*, SpuRt 1996, 109 ff., 187 ff.

37 BGH NJW 1995, 583 (585 f.); zust. LG München I SpuRt 1995, 161 (166 f.) im sog. „Krabbe“-Urteil (zu diesem siehe noch unten 2. Teil, § 2, C.); *Pfister*, JZ 1995, 464 ff.; *ders.*, SpuRt 1996, 48; *Vieweg*, SpuRt 1995, 97 ff. Ähnlich schon *Lindemann*, SpuRt 1994, 17 (21): Die konkludente Unterwerfung unter die Ordnungen müsse auch in der bloßen Teilnahme an einer Veranstaltung oder in der Nutzung der Einrichtungen gesehen werden.

38 OLG München SpuRt 1996, 133.

Entscheidung aufgezeigten Weg einer rechtsgeschäftlichen Unterwerfung unter das Verbandsregelwerk aufgegriffen und zu Recht auf den Sportbetrieb außerhalb des Wettkampfgeschehens, also in die Trainingsphase, ausgedehnt[39]. Das OLG München[40] hält eine Bindung des Sportlers auch außerhalb des konkreten Wettkampfes an Verbands- und Vereinsregeln im Hinblick auf den den Sport beherrschenden Leitgedanken des „fair-play" für geboten. Für eine solche Bindung bestehe im Sport allgemein und insbesondere in der Leichtathletik hinsichtlich der Dopingproblematik ein nachhaltiges praktisches Bedürfnis. Trainingskontrollen seien gerade für die Dopingbekämpfung unverzichtbar, weil unlautere Trainingsmethoden einem Leistungsvergleich in gleicher Weise entgegenstünden, wie Manipulationen im Wettkampf. Doping in der Trainingsphase stehe in einem engen Zusammenhang zum Wettkampf selbst; die Regelwerke dienten vor allem der Herstellung gleicher Start- und Wettkampfbedingungen, der Gewährleistung der körperlichen Integrität der Teilnehmer und dem Ansehen der jeweiligen Sportart in der Öffentlichkeit. Deshalb sei nicht einzusehen, warum der Sportler außerhalb des Wettkampfes in der Vorbereitungsphase nicht auch an das Verbandsregelwerk gebunden sein solle, wenn er sich ihm durch rechtsgeschäftliche Vereinbarung unterwerfe[41]. *Haas/Adolphsen*[42] kann nur zugestimmt werden, wenn sie in ihrer Besprechung hervorheben, daß das OLG München einen entscheidenden Beitrag zur Durchsetzung des fair-play-Gedankens im Sport leiste, ohne den nicht nur ein Leistungsvergleich unter Sportlern unmöglich wäre, sondern auch das Image im Sport empfindlich beeinträchtigt würde[43].

---

39 So zuvor auch schon *Haas/Adolphsen*, NJW 1995, 2146 (2147).

40 OLG München SpuRt 1996, 133 (134).

41 OLG München SpuRt 1996, 133 (134) unter Hinweis auf BGH NJW 1995, 583 (584).

42 *Haas/Adolphsen*, NJW 1996, 2351 (2352).

43 Weil die Klägerin (*Katrin Zimmermann*) sich rechtsgeschäftlich dem Regelwerk des Sportverbandes unterworfen hatte, brauchte das OLG nicht zu erörtern, ob „unabhängig von einer Unterwerfungsvereinbarung allein durch die leistungsorientierte Sportausübung" eine Bindung an das Regelwerk des nationalen Verbandes auch in der Trainingsphase erfolgt ist (OLG München SpuRt 1996, 133 [135]). Allerdings verwies es insoweit auf die Ausführungen von *Haas/Adolphsen*, NJW 1995, 2146 (2147), denen zufolge es für eine Bindungswirkung des Regelwerks - und zwar unter dem Aspekt der Drittbegünstigung der Verbandssatzung - nur darauf ankomme, ob

§ 3: Dopingkontrollen

Den oben angesprochenen engen Zusammenhang zwischen dem Dopingproblem und den unlauteren Trainingsmethoden haben auch die Sportverbände erkannt und die Schwierigkeit dadurch gelöst, daß sie in ihren Verbandsbestimmungen Dopingkontrollen innerhalb und außerhalb von Wettkämpfen vorsehen. Die Zulässigkeit der Aufnahme von Dopingkontrollen in das jeweilige Verbandsregelwerk folgt bereits unmittelbar aus Art. 7 Abs. 3 a) des Übereinkommens des Europarats gegen Doping vom 16.11. 1989[44], das in der Bundesrepublik Deutschland zum 01.06.1994 in Kraft getreten ist[45]. In dieser Vorschrift verpflichtet sich die Bundesrepublik Deutschland, ihre Sportorganisationen zu ermutigen „in wirksamem Umfang Dopingkontrollen nicht nur bei, sondern auch ohne Ankündigung jederzeit außerhalb von Wettkämpfen vorzunehmen.“[46]

Trainingskontrollen sind seit Oktober 1989 durch den Bundesausschuß für Leistungssport des DSB durchgeführt worden und sahen zunächst die Kontrolle von ca. 200 Personen vor[47]. 1991 stieg die Anzahl der Trainingskontrollen von DSB und dem Deutschen Leichtathletik-Verband (DLV), vor allem auch wegen der Enthüllungen über die Dopingpraxis in der ehemaligen DDR, auf 2500 an. Die im gleichen Jahr berufene Dopingkontrollkommission (DKK) des DSB, die später in Anti-Doping-Kommission (ADK)

---

die Betätigung des Sportlers über den rein privaten Bereich hinausgehe und er damit das vom Verband zur Verfügung gestellte Produkt „Sport“ tatsächlich nutze. Der Bereich der privaten Sportausübung sei jedenfalls dort verlassen, wo der Sportler eine Lizenz zur Teilnahme am Wettkampfsport beantrage, an Turnieren teilnehme etc. (*Haas/Adolphsen*, a.a.O.). Da es in diesen Fällen i.d.R. aber auch zu einer rechtsgeschäftlichen Unterwerfung kommt, ist der vom BGH aufgeworfenen Frage letztlich kaum Praxisrelevanz beizumessen.

44 *Haas/Adolphsen*, NJW 1996, 2351 (2352).

45 Abgedruckt in BGBl 1994 II, 334. Einen Überblick über Zweck und Inhalt dieses Übereinkommens gibt *Haas*, SpuRt 1996, 107.

46 Zur verfassungsrechtlichen Legitimation von Dopingkontrollen in der Phase der Wettkampfvorbereitung vgl. *Steiner*, NJW 1991, 2729 (2736).

47 *Donike/Rauth*, Dopingkontrollen, S. 27.

umbenannt wurde, erreichte seit 1992 die selbst gesteckte Vorgabe von jährlich ca. 4000 Trainingskontrollen[48].

Die DSB-Rahmen-Richtlinien zur Bekämpfung des Dopings bestimmen heute, daß und auf welche Weise die zuständigen Mitgliedsorganisationen des DSB die Durchführung von Dopingkontrollen innerhalb und außerhalb der Wettkämpfe zu regeln haben[49]. Die Differenzierung von Dopingkontrollen bei und außerhalb von Wettkämpfen führt in der Bundesrepublik Deutschland in jüngerer Zeit zu unterschiedlichen Kontrollzuständigkeiten. Dies ergibt sich aus den Grundsätzen des „Doping-Kontroll-Systems" (DKS) der gemeinsamen Anti-Doping-Kommission (ADK) des DSB und des Nationalen Olympischen Komitees für Deutschland (NOK), deren Aufgabe gemäß Beschluß des DSB-Präsidiums vom 24.02.1995 insbesondere darin besteht, ein einheitliches Doping-Kontroll-System durchzuführen und weiterzuentwickeln[50]. Das DKS sieht vor, daß die Dopingkontrollen bei Wettkämpfen vom jeweiligen Veranstalter in Zusammenarbeit mit dem Spitzenverband organisiert werden[51]. Die Kriterien, nach denen die zu kontrollierenden Sportler ausgewählt werden, sind bei den einzelnen Fachverbänden unterschiedlich und richten sich häufig auch nach der Kapazität des analytischen Labors[52]. Außerhalb der Wettkämpfe werden die Dopingkontrollen von der Anti-Doping-Kommission (ADK) des DSB/NOK durchgeführt. Der Kreis der zu kontrollierenden Sportler umfaßt dabei

---

48 *Donike/Rauth*, Dopingkontrollen, S. 28.

49 Es würde den Umfang dieser Arbeit sprengen, wollte man die Durchführungsbestimmungen für die Dopingkontrollen (§§ 7 - 15 der Rahmen-Richtlinien) sowie die einzelnen analytischen Nachweisverfahren darstellen und besprechen. Verwiesen sei deshalb auf die Ausführungen bei *Donike/Rauth*, Dopingkontrollen, S. 21 ff.; *Clasing*, in: Doping - verbotene Arzneimittel, S. 112 ff.; vgl. ferner die Durchführungsbestimmungen des DKS (Stand: Dezember 1995) abgedruckt in *Donike/Rauth*, Dopingkontrollen, S. 159 ff. sowie zur Dopinganalytik *Schänzer*, Nachrichten aus Chemie, Technik und Laboratorium 44 (1996), 971 (972 ff.); *ders.*, in: Doping - Realität und Recht, S. 51 ff.

50 Vgl. Doping-Kontroll-System (DKS, Stand: Dezember 1995) abgedruckt in *Donike/Rauth*, Dopingkontrollen, S. 150 ff.

51 Ziffer 2.3 Doping-Kontroll-System (DKS, Stand: Dezember 1995) abgedruckt in *Donike/Rauth*, Dopingkontrollen, S. 153.

52 Vgl. *Clasing*, in: Doping - verbotene Arzneimittel, S. 112 mit Beispielen.

grundsätzlich alle potentiellen Teilnehmer an nationalen und internationalen Meisterschaften[53].

Der Jahresstatistik der Doping-Kontrollabore Köln und Kreischa vom 18.03.1997 läßt sich entnehmen, daß im Olympiajahr 1996 im Auftrag der dem DSB angeschlossenen Sportverbände 6611 Dopinganalysen durchgeführt worden sind. Die Anzahl der positiven Proben war dabei deutlich auf 16 Proben (1995: 37 positive Fälle) zurückgegangen. *Karl-Friedrich Brodeßer*, der damalige Vorsitzende der Anti-Doping-Kommission (ADK) des DSB/NOK, führte dies darauf zurück, daß das „Bewußtsein für Gefahren der Manipulation" offensichtlich gewachsen sei[54]. Indiz für die abschreckende Wirkung der immer präziser werdenden Analysemethoden sind die 4048 allesamt negativen Trainingskontrollen, die 1996 bei den dem DSB angeschlossenen Sportverbänden durchgeführt worden sind[55].

§ 4: Geschütztes Rechtsgut und Tathandlung des Betruges

Geschütztes Rechtsgut des § 263 StGB ist ausschließlich das Vermögen[56]. Frühere Bestrebungen im Schrifttum, das Rechtsgut in erster Linie in Treu und Glauben[57], in dem Recht auf Wahrheit[58] oder in fremdem Vertrauen[59] zu sehen, haben sich nicht durchgesetzt. Geschützt wird das Vermögen aber

53 Ziffer 2.3. Doping-Kontroll-System (DKS, Stand: Dezember 1995) abgedruckt in *Donike/Rauth*, Dopingkontrollen, S. 153.

54 Zitiert nach *Stratmann*, in: F.A.Z. vom 19.03.1997, Nr. 66 S. 33.

55 Vgl. F.A.Z. vom 19.03.1997, Nr. 66 S. 33. Nach der jüngsten Jahresstatistik (1998) ist die Zahl der positiven A-Proben in Deutschland allerdings wieder auf 36 Fälle (bei 6829 Analysen) angestiegen; von den 4037 durchgeführten Trainingskontrollen waren insgesamt 6 positiv (F.A.Z. vom 10.02.1999, Nr. 34 S. 40).

56 St. Rspr. z. B. RGSt 74, 167 (168); BGHSt 16, 220 (221); 321 (325); BGH StV 1995, 254; ebenso nahezu einhellig das Schrifttum vgl. z. B. *Blei*, Strafrecht II, S. 215 f.; *Bockelmann*, Kohlrausch-FS, S. 226 (240); *Cramer*, in: S/S, § 263 Rdn. 1; *Gallas*, Eb. Schmidt-FS, S. 401; *Tröndle*, § 263 Rdn. 1 a; *Lackner*, in: LK, § 263 Rdn. 4 m.w.N.

57 *Mezger*, Strafrecht II, S. 167.

58 *Borst*, JW 1935, 1221; so wohl auch wieder *Kindhäuser*, ZStW 103 (1991), 398 ff.

59 *Kohlrausch*, Schlegelberger-FS, S. 203 (222).

nur gegen Angriffe durch Täuschungen, die zur Selbstschädigung veranlassen[60].

Die Anwendbarkeit des § 263 StGB verlangt im objektiven Tatbestand ein mehraktiges Verhalten: Durch eine Täuschungshandlung muß der Täter im Tatopfer einen Irrtum erregen oder unterhalten, der den getäuscht Irrenden zur Vornahme einer Verfügung über sein Vermögen oder das eines Dritten veranlaßt, die zu dem Erfolg eines Vermögensschadens führt. Zwischen den Merkmalen des objektiven Tatbestandes muß ein durchlaufender Ursachenzusammenhang bestehen: Die Täuschungshandlung muß den Irrtum und dieser die Vermögensverfügung bewirkt haben, die ihrerseits unmittelbar zur Schädigung des Vermögens des Getäuschten oder des Vermögens eines Dritten führt.

Subjektiv muß bei dem Täter zum einen (bedingter) Vorsatz hinsichtlich aller Merkmale des objektiven Tatbestandes unter Einschluß der sie verbindenden Kausalbeziehungen gegeben sein. Zum anderen muß er den objektiven Tatbestand in der Absicht verwirklichen, sich oder einem Dritten einen rechtswidrigen Vermögensvorteil zu verschaffen (sog. Bereicherungsabsicht). Vorteil und Schaden müssen schließlich durch einunddieselbe Vermögensverfügung vermittelt werden, dürfen also nicht auf verschiedenen Verfügungen beruhen[61].

§ 5: Bedeutung der verbandsrechtlichen Definition für § 263 StGB

Grundlegend für diese Untersuchung ist die Frage, welche Bedeutung der oben[62] dargelegten verbandsrechtlichen Definition des „Dopings“ für eine juristische Betrachtung im Hinblick auf die mögliche Strafbarkeit eines Sportlers gemäß § 263 StGB zukommt. Die Dopinglisten der internationalen und nationalen Sportverbände umschreiben in Verbindung mit dem Dopingverbot den Tatbestand des „Dopings“, dessen Verwirklichung die

---

60 *Lackner/Kühl*, § 263 Rdn. 2.

61 Zum Tatbestandsaufbau beim Betrug vgl. *Wessels*, BT/2, Rdn. 472; vertiefende Ausführungen zu den einzelnen Deliktsmerkmalen des § 263 StGB finden sich zu Beginn eines jeden Abschnitts des 3. Teils.

62 1. Teil, § 1.

Rechtswidrigkeit im Sinne des jeweiligen Satzungsrechts indiziert[63]. Nach §§ 16 ff. der DSB-Rahmenrichtlinien zur Bekämpfung des Dopings sind die zuständigen Sportverbände bei einem positiven Untersuchungsergebnis gehalten, ein Verfahren einzuleiten und den Verstoß zu ahnden.

Bei einer juristischen Betrachtung des Dopings ist jedenfalls hinsichtlich der in Frage kommenden Körperverletzungsdelikte zwischen der verbandsrechtlichen, um den „fairen sportlichen Wettkampf" bemühten[64], und der strafrechtlichen Sichtweise des Dopings zu unterscheiden. Letztere stellt entsprechend der in der Literatur gebräuchlichen Umschreibung darauf ab, ob die Anwendung der Mittel oder Methoden der künstlichen Steigerung der Leistungsfähigkeit im Sport dient, und zwar unabhängig von einem etwaigen verbandsrechtlichen Verbot[65]. Zur Verdeutlichung sei das Beispiel genannt, daß ein Sportler aus medizinisch indiziertem Zweck Medikamente appliziert bekommt. Hier kann ein Dopingverstoß im verbandsrechtlichen Sinne ggf. zu bejahen sein[66]. Eine Körperverletzung i.S.d. § 223 StGB durch den Betreuer oder Arzt des Sportlers kommt aber wegen der wirksamen Einwilligung des Sportlers nicht in Betracht[67].

Bei der zu untersuchenden Betrugsstrafbarkeit eines Sportlers, der sich „dopt" oder „gedopt hat", muß man indessen auf die jeweils einschlägige verbandsrechtliche Definition zurückgreifen[68]. Dies folgt aus der Überle-

---

63 Vgl. *Linck*, NJW 1987, 2545 (2547); *Turner*, NJW 1991, 569 (571).

64 *Ahlers*, Doping, S. 27; vgl. auch *Schild*, in: Rechtliche Fragen des Dopings, S. 13 (15 ff.); *Schneider-Grohe*, Leistungssteigerung im Sport, S. 163 ff.

65 Vgl. *Ahlers*, Doping, S. 27; *Franz/Hartl*, NJW 1988, 2277 (2278); *Horn*, in: SK, § 226 a Rdn. 23; *Linck*, NJW 1987, 2545 (2547); *Tröndle*, § 226 a Rdn. 7 a; *Turner*, NJW 1991, 569 (571).

66 Nimmt ein Sportler auf der Dopingliste stehende Substanzen aus medizinischen Gründen ein, so darf er gemäß § 6 der DSB-Rahmen-Richtlinien nicht an einem Wettkampf teilnehmen. Andernfalls läge ein Fall verbotenen Dopings vor.

67 Vgl. *Ahlers*, Doping, S. 27; *Linck*, NJW 1987, 2545 (2547); *Turner*, NJW 1991, 569 (571).

68 Anders *Ahlers*, Doping, S. 27; *Linck*, NJW 1987, 2545 (2547); *Turner*, NJW 1991, 569 (571), die allein auf die dargelegte und im juristischen Schrifttum gebräuchliche Definition abstellen wollen. Dies gelte nach *Linck*, a.a.O., und *Turner*, a.a.O., auch für den Sportschützen, der vor einem Wettkampf Alkohol trinkt. Zwar sei ein solches Verhalten verbandsrechtlich als verbotenes Doping anzusehen, weil Alkohol den Tremor und die emotional gesteigerte Kreislauffunktion dämpfe und somit die Zielsicher-

gung, daß es bei § 263 StGB, anders als bei den Körperverletzungsdelikten, nicht auf eine gesundheitsschädigende Wirkung der Substanzen oder bei wirksamer, rechtfertigender Einwilligung auf die Sittenwidrigkeit der Tat ankommt. Der zur möglicherweise vermögensschädigenden Verfügung führende Irrtum des Getäuschten wird letztlich darauf beruhen, daß die Dopingbestimmungen der einzelnen Sportverbände als Wettkampfregeln zur Sicherung der Chancengleichheit der Sportler - sei es vor oder während eines Wettkampfes - nicht eingehalten worden sind, nicht eingehalten werden oder künftig nicht eingehalten werden können. Wenn im weiteren Verlauf der Untersuchung einer Betrugsstrafbarkeit des Sportlers also von „Doping" die Rede ist, so ist darunter allein der Verstoß gegen die jeweils einschlägigen verbandsrechtlichen Dopingbestimmungen zu verstehen.

§ 6: Die in Betracht kommenden Betrugskonstellationen im Überblick

Betrug im Zusammenhang mit Doping im Sport ist gegenüber unterschiedlichen Tatopfern und in unterschiedlichen Handlungsstadien möglich. Bei der Untersuchung einer Betrugsstrafbarkeit des Sportlers muß daher einerseits nach der Schädigungsrichtung differenziert werden. Andererseits ist danach zu unterscheiden, durch welche selbstschädigende Handlung des Tatopfers möglicherweise ein Vermögensschaden herbeigeführt wird.

Den ersten Ausgangspunkt für die weitere Arbeit bildet der folgende Sachverhalt:

Ein Sportler meldet sich bei einem Veranstalter gegen die Zusage eines Antrittsgeldes für einen Wettkampf an. Diesen bestreitet er unter dem Einfluß verbotener Substanzen und erreicht dabei die mit einer Geld- oder Sachprämie ausgelobte Plazierung. Nach dem Wettkampf wird dem gedopten Sportler die Prämie von dem Preisspender überreicht und das Antrittsgeld von dem Veranstalter ausgezahlt.

---

heit und damit die Leistungsfähigkeit in dieser Sportart erhöhe („Zielwasser"). Für das gesamte staatliche Recht, also auch für § 263 StGB, habe der begangene Verstoß gegen das verbandsrechtliche Dopingverbot jedoch keine Bedeutung (so im Ergebnis auch *Ahlers*, Doping, S. 27).

Der Blick wird sich hier auf verschiedene „Opfer" des Sportlers richten. Betrogen sein könnte der *Mitkonkurrent*, der eine Plazierung hinter dem gedopten Sportler erreicht hat und deshalb nur eine geringere Geld- oder Sachprämie bzw. überhaupt keine Prämie erhält. Daneben kommen als Betrugsopfer der *Veranstalter*, der das Antrittsgeld auszahlt, der *Zuschauer*, der den verfälschten Wettkampf verfolgt sowie der *Preisspender*, der die Prämie überreicht, in Frage. Hinsichtlich der möglichen Betrugsstrafbarkeit zum Nachteil des Veranstalters wird es außerdem erheblich sein, ob der Sportler bereits im Zeitpunkt der Startzusage unter dem Einfluß verbotener Substanzen gestanden hat. Dieser Fall muß unter dem Aspekt des Eingehungbetruges betrachtet werden.

Den zweiten Ausgangspunkt bilden die Sachverhalte, die eine Betrugsstrafbarkeit des Sportlers zum Nachteil des *Sponsors* nahelegen. Die Untersuchung wird sich auf drei Fallgestaltungen konzentrieren, die die Bandbreite betrugsrelevanter Verhaltensweisen des Sportlers in Beziehung auf den Sponsor flächendeckend umfassen.

Zum einen wird die Konstellation zu erörtern sein, bei der ein ungedopter Sportler einen Sponsoringvertrag abschließt, dem Ergebnisse und Wettkampferfolge zugrundeliegen, die er unter Zuhilfenahme von verbotenen leistungsfördernden Substanzen erzielt hat.

Daneben gilt es den Fall zu betrachten, bei dem der Sportler zum Zeitpunkt des Abschlusses des Sponsoringvertrages unter dem Einfluß verbotener Substanzen steht.

Schließlich bleibt die Konstellation zu untersuchen, bei der der Sportler erst nach Vertragsabschluß dopt, seinen Sponsor hiervon jedoch nicht in Kenntnis setzt[69].

---

69 Denkbar ist es, auch die Sportverbände, die den Athleten sachlich und finanziell im Rahmen ihrer Kaderförderung unterstützen, in den Kreis der Betroffenen einzugliedern. Gleiches gilt für die öffentliche Hand, kommt doch ein wesentlicher Teil der Sportförderung aus dem Bundesministerium des Innern (zu diesem Komplex vgl. *Mestwerdt*, Doping - Sittenwidrigkeit, S. 124 ff.). Die vorliegende Arbeit befaßt sich jedoch allein mit den hier dargestellten Konstellationen, da andernfalls ihr Rahmen gesprengt würde. Allerdings wird man im Ergebnis wohl sagen müssen, daß eine Betrugsstrafbarkeit zum Nachteil der vorgenannten möglichen weiteren Opfer nach den gleichen Kriterien zu bewerten sein wird, wie es bei dem Sponsor des gedopten Sportlers der Fall ist.

2. TEIL:
Grundlegendes zum Sportsponsoring

Um die aufgezeigten Betrugskonstellationen zum Nachteil des Sponsors im dritten Teil der Arbeit sinnvoll untersuchen zu können, ist es zuvor erforderlich, den Begriff des Sponsorings zu erörtern und sodann auf Erscheinungsformen sowie grundlegende wirtschaftliche und zivilrechtliche Hintergründe des Sportsponsorings einzugehen. Schwerpunkt der Betrachtung ist dabei die im Zusammenhang mit Doping relevanteste Erscheinungsform des Sponsorings, die Förderung von Einzelpersonen. Am Ende dieses Teils wird der Mustervertrag eines Einzelsponsoring- bzw. Ausrüstervertrages, der in der Praxis üblich und im Anhang angeführt ist, kurz erörtert.

§ 1: Begriff des Sponsorings und Abgrenzungen

Als neue Werbeform für Unternehmen hat sich in den letzten Jahren das Sponsoring etabliert. Hierbei handelt es sich um eine spezifische Form der Werbung für Unternehmen, die den aktiven und passiven Freizeitbereich der Bevölkerung nutzen, um Werbung zu betreiben[70].

Entwickelt hat sich das Sponsoring aus dem Mäzenentum[71]. Hiermit bezeichnet man die Förderung der Kultur oder anderer Bereiche aus altruistischen Motiven. Konkrete Gegenleistungen für die Unterstützung des Geförderten werden von dem Mäzen demzufolge nicht erwartet. Heute werden die Aufgaben des Mäzens vielfach von Stiftungen übernommen, die die Förderungsmittel in der Weise einsetzen, daß sie den festgelegten Stiftungszweck aus den eigenen erwirtschafteten Erträgen erfüllen können[72].

Eine Weiterentwicklung des Mäzenentums ist das Spendenwesen, bei dem die Vergabe von Spenden durch Individuen oder Unternehmen an ge-

---

70 *Bruhn/Mehlinger*, Sponsoring, Bd. I, S. 1.

71 Benannt nach dem Römer *Gaius Clinius Maecenas* (70 bis 8 v. Chr.), dem Ahnvater der Förderung von Kunst und Kultur (*Hermanns*, in: Sport- und Kultursponsoring, S. 1 [5]).

72 *Bruhn/Mussler*, Sponsoringfibel, S. 8.

meinnützige Organisationen steuerlich geltend gemacht werden kann[73]. Gegenleistungen vom Geförderten werden jedoch auch beim Spendenwesen nicht erwartet.

Im Gegensatz zum Mäzenentum und zum Spendenwesen werden beim heutigen Sponsoring Fördermittel nur unter der Bedingung bereitgestellt, daß der Sponsor vom Gesponserten Gegenleistungen erhält. Sponsoring stellt somit ein Marketing- und Kommunikationsinstrument dar, das auf einer Vereinbarung von Leistung und Gegenleistung beruht[74]. Bei dieser macht es der Sponsor für die Vergabe seiner Mittel zur Bedingung, daß er konkrete, vorher auszuhandelnde Gegenleistungen (Werbehandlungen) vom Gesponserten erhält. Hierdurch unterscheidet sich der Sponsor vom Idealtyp des Mäzens, der nur fördern will und keinen wirtschaftlichen Eigennutz verfolgt[75].

Infolgedessen wird Sponsoring überwiegend definiert als die „Bereitstellung von Geld, Sachmitteln oder Dienstleistungen durch Unternehmen zur Förderung von Personen Gruppen und/oder Organisationen im sportlichen, kulturellen, und/oder sozialen Bereich, um damit gleichzeitig Ziele der eigenen Unternehmenskommunikation zu erreichen."[76]

Der Sponsor erwartet für seine Aufwendungen primär die Verbreitung einer Werbebotschaft (Markenzeichen, Slogan) durch den Gesponserten, um damit Kommunikationsziele, wie z. B. die Steigerung bzw. Stabilisierung des Bekanntheitsgrades und des Images eines Produktes oder eines Unternehmens, zu erreichen. Dies kann insbesondere dadurch geschehen, daß Erfolge des Gesponserten im Zusammenhang mit den Erfolgen des Sponsors gesehen werden[77]. Das Image, das die gesponserte Aktivität oder der Gesponserte selbst in der Öffentlichkeit genießt, soll sich also mittels eines „Imagetransfers" auch mit dem Sponsor und dessen Unternehmungen

---

73 *Bruhn/Mehlinger*, Sponsoring, Bd. I, S. 3 f.

74 *Bruhn/Mussler*, Sponsoringfibel, S. 8; *Hermanns* in: Sport- und Kultursponsoring, S. 1 (5); *Netzle*, Sponsoring, S. 13.

75 *Vieweg*, SpuRt 1994, 6.

76 *Bruhn*, Unternehmen, S. 21; vgl. auch *Bruhn/Mehlinger*, Sponsoring, Bd. I, S. 4; *Bruhn/Mussler*, Sponsoringfibel, S. 9; *Vieweg*, SpuRt 1994, 6.

77 *Bruhn/Mussler*, Sponsoringfibel, S. 9.

verbinden[78]. Der Gesponserte seinerseits erwartet für seine Aktivitäten finanzielle und materielle Gegenleistungen vom Sponsor, damit er seine Aufgaben besser oder umfangreicher erfüllen kann als zuvor[79].

Zur Klassifikation von Sponsoren haben sich bereits unterschiedliche Gattungsbegriffe eingebürgert. So deutet die Bezeichnung „Ausrüster" und „Dienstleistungssponsorvertrag" auf die Art der Leistung des Sponsors hin, während die Intensität bzw. der Grad der Exklusivität der Sponsorenleistung aus Bezeichnungen wie „Allein-", „Haupt-", „General-" oder „Co-Sponsor" hervorgeht[80].

§ 2: Erscheinungsformen sowie wirtschaftliche Bedeutung und negativer Imagetransfer beim Sportsponsoring von Einzelpersonen

In der Praxis haben sich Sport-, Kultur-, Sozio- und Umweltsponsoring als Sponsoringvarianten herausgebildet, wobei dem Sportsponsoring mit etwa 80 Prozent des Gesamtvolumens der größte Anteil zukommt[81]. Nach Schätzungen haben Unternehmen in der Bundesrepublik Deutschland im Jahr 1986 ca. 0,5 Mrd. DM, 1988 ca. 1 Mrd. DM und 1994 ca. 2,2 Mrd. DM für Sponsoringaktivitäten aufgewendet[82]. Für das Jahr 1997 seien die Ausgaben der deutschen Wirtschaft für Sponsoringmaßnahmen auf insgesamt 2,5 Mrd. DM zu beziffern[83].

---

78 *Bruhn*, in: Sport- und Kultursponsoring, S. 15 (17); *Bruhn/Mehlinger*, Sponsoring, Bd. I, S. 57 f.; *Drees*, in: Sport- und Kultursponsoring, S. 49 (52); *Heinemann*, in: Sport- und Kultursponsoring, S. 62 (69); *Hermanns/Drees*, in: Sport- und Kultursponsoring, S. 112 (114); *Vieweg*, SpuRt 1994, 6; *Weiand*, Sponsoringvertrag, S. 101.

79 *Bruhn/Mussler*, Sponsoringfibel, S. 9.

80 Vgl. *Netzle*, Sponsoring, S. 14.

81 *Bruhn/Mehlinger*, Sponsoring, Bd. I, S. 3.

82 *Bruhn/Mehlinger*, Sponsoring, Bd. I, S. 2.

83 So der Basler Wirtschaftsprofessor *Manfred Bruhn* bei dem fünften Symposium der Deutschen Olympischen Gesellschaft (DOG) im April 1997 in Hamburg, zitiert nach *Hahn*, in: F.A.Z. vom 23.04.1997, Nr. 94 S. 36.

Sponsoring ist auf praktisch allen Ebenen des kommerzialisierten und professionalisierten Sports verbreitet. Spitzensport sowie die meisten Großveranstaltungen attraktiver Sportarten sind heute ohne die Beteiligung von Sponsoren nahezu ausgeschlossen[84].

Im Sport bieten sich für die Sponsoren eine Vielzahl von Möglichkeiten der Kommunikation mit den Zielgruppen an. Diese reichen von der Förderung einzelner Sportler oder Mannschaften über das Sponsoring von Ereignissen (Sportveranstaltungen) bis hin zur Unterstützung von Verbänden und Vereinen[85].

Im Rahmen dieser Untersuchung wird jedoch nur auf die im Zusammenhang mit Doping relevanteste und im Spitzensport weit verbreitete Erscheinungsform des Sponsorings, der Förderung von Einzelpersonen, eingegangen.

A. Wirtschaftliche Bedeutung für den Gesponserten

Beim Sponsoring von Personen ist zunächst auf der Seite des Gesponserten die Unterscheidung erheblich, ob dieser den Sport als Berufssportler oder als Amateur ausübt. So variiert die wirtschaftliche Bedeutung der Sponsorengelder in Abhängigkeit vom Professionalisierungsgrad der sportlichen Aktivität: Berufssportlern dienen die Sponsorengelder zur Finanzierung des Lebensunterhaltes. Dementgegen bestreiten Amateure ihren Lebensunterhalt nicht überwiegend aus Einkünften, die sie mit Hilfe des Sports verdienen. Vielmehr nutzen sie Sponsorengelder und Sachleistungen, um einen Teil ihrer Aufwendungen bei der Ausübung des Sports abzudecken[86]. Auch Amateure ziehen also in einem gewissen Rahmen Einkünfte aus ihrer Sporttätigkeit und aus daraus entstandenen Vermögenspositionen.

Mithin beginnen sich die Grenzen zwischen Amateur und Berufssportler in vielen Bereichen des Sports zu verwischen. So war es jahrzehntelang den Teilnehmern von Olympischen Spielen nicht gestattet, Sponso-

---

84 Vgl. *Bruhn/Mehlinger*, Sponsoring, Bd. I, S. 3.

85 Vgl. zusammenfassend *Bruhn/Mussler*, Sponsoringfibel, S. 10 ff.

86 *Bruhn/Mehlinger*, Sponsoring, Bd. I, S. 21.

renzahlungen entgegenzunehmen. Die neue Regel 45 der IOC-Charta[87] führt jedoch zu einer deutlichen Liberalisierung der Zulassungsvoraussetzungen für die Olympischen Spiele. Zwar darf der Sportler während der Zeit der Spiele nicht öffentlich werben und kein Geld für seinen Start annehmen. Vor und nach den Spielen kann er aber das Sponsoring in viel größerem Umfang nutzen als bisher[88]. Diese Entwicklung ist für das Sponsoring von Amateuren insofern von Bedeutung, als ein Sportler heute seinen Werbewert vermarkten kann, ohne befürchten zu müssen, daß dies seine Zulassung als Olympia-Teilnehmer in Frage stellt[89].

Die wirtschaftliche Bedeutung für den gesponserten Berufssportler und den Amateur besteht nun einerseits in der Ersparnis notwendiger (z. B. Sportausrüstung, Nahrungsmittel, Getränke usw.) oder nützlicher (z. B. Finanzierung von Trainingslagern, Regenerationsreisen usw.) Aufwendungen, andererseits in der Einnahme von Geldmitteln[90]. Die im Idealfall durch beides ermöglichte Leistungssteigerung führt ihrerseits zu einer Erhöhung der Attraktivität und damit des Werbewertes des gesponserten Sportlers[91].

B. Wirtschaftliche Bedeutung für den Sponsor

Aus Sicht des Sponsors handelt es sich beim Sponsoring zunächst um einen Kostenfaktor, der aber in der Erwartung eingesetzt wird, Mehreinnahmen zu erzielen[92]. Maßgebend ist hierfür insbesondere der von dem Sponsor gewünschte Werbeeffekt. So kommt es z. B. darauf an, ob der Sponsor in erster Linie die Steigerung des Bekanntheitsgrades eines Pro-

---

87 Regel 45 lautet:
„Um für die Olympischen Spiele teilnahmeberechtigt zu sein, muß ein Wettkämpfer mit der Olympischen Charta ebenso übereinstimmen wie mit den Regeln des internationalen Verbandes so wie sie vom IOC gebilligt sind, und er muß durch sein NOK gemeldet werden.“ (zitiert nach *Bruhn/Mehlinger*, Sponsoring, Bd. II, S. 18). Diese Bestimmung löste die Regel 26 der IOC-Charta ab, die den Amateurstatus fixierte.

88 *Bruhn/Mehlinger*, Sponsoring, Bd. I, S. 13.

89 *Bruhn/Mehlinger*, Sponsoring, Bd. II, S. 19.

90 *Vieweg*, SpuRt 1994, 6 (7).

91 *Vieweg*, SpuRt 1994, 6 (7).

92 *Vieweg*, SpuRt 1994, 6 (7).

duktes, eine „indirekte“ Produktinformation, eine Imageveränderung bzw. einen Imagetransfer anstrebt[93], wobei selbstverständlich auch Mischformen zwischen den genannten Sponsoringformen gebräuchlich sind[94]. Ein Imagetransfer erfolgt z. B. durch Werbemaßnahmen des Gesponserten mit Artikeln aus dem Leistungsprogramm eines Unternehmens (Automobile, Computer, Uhren usw.). Da Sport in der Gesellschaft als jugendlich, dynamisch und leistungsbezogen gilt[95], können Firmen ihr Image bzw. das ihrer Produkte mit der Attraktivität der Sportart, dem Sympathiewert und Erfolg einzelner Sportlerpersönlichkeiten sowie den aufgezeigten Attributen aufwerten, indem sich etwa die positive Ausstrahlung eines prominenten Sportlers auf den Sponsor und seine Produkte und Leistungen überträgt[96]. „Indirekte“ Produktinformationen, die zugleich zu einer Erhöhung des Bekanntheitsgrades führen, werden z. B. durch die Zur-Verfügung-Stellung von Ausrüstungsgegenständen (Sportgerät, Kleidung) erreicht, die für den Zuschauer sichtbar sind. Bei der Förderung von Einzelpersonen erfolgt dies vor allem durch die Verwendung von Firmenemblemen und -abbildungen auf Wettkampfkleidung und Ausrüstung. Hierdurch soll dem Zuschauer das Bild besonders leistungsfähiger, vertrauenswürdiger und zuverlässiger Produkte vermittelt werden[97].

C. Negativer Imagetransfer durch Doping

Das Sponsoring wird von mehreren Faktoren beeinflußt. Neben dem Leistungsniveau des Sportlers, einer möglichst effektvollen Präsentation im Fernsehen, insbesondere aufgrund Dauer und Uhrzeit der Fernsehübertragung, wird das Sponsoring zunehmend von dem Image der betreffenden Sportart (z. B. „Sauberer Sport“ contra Doping oder Dopingverdacht) abhängig gemacht[98]. Wie sehr sich aber das Image einer Sportart und somit

---

93 *Bruhn/Mehlinger*, Sponsoring, Bd. II, S. 2; *Heinemann*, in: Sport- und Kultursponsoring, S. 62 (68 f.).

94 *Vieweg*, SpuRt 1994, 6 (7).

95 *Heinemann*, in: Sport- und Kultursponsoring, S. 62 (69).

96 Vgl. *Bruhn/Mehlinger*, Sponsoring, Bd. I, S. 58.

97 *Heinemann*, in: Sport- und Kultursponsoring, S. 62 (69).

98 *Vieweg*, SpuRt 1994, 6 (7).

auch der Werbewert einzelner Sportler innerhalb weniger Tage verändern kann, zeigt sich etwa an den durch den Leiter des Olympiastützpunktes Köln/Bonn/Leverkusen *Ulrich Eicke* öffentlich verbreiteten Dopingvorwürfen, die Leichtathleten der *LG Bayer Leverkusen* und mit diesen auch deren Sponsor (*Bayer AG*) in Mißkredit geraten ließen[99]. Ein weiteres Beispiel bilden die in der Presse dargestellten Dopingfälle der Sprinterinnen *Katrin Zimmermann* (geb. *Krabbe*) und *Grit Breuer*[100].

Eindrücklich aufgezeigt wird der Zusammenhang von Doping und dem Werbewert eines Sportlers in dem Urteil des LG München I vom 17.05.1995[101]. In diesem wurde die Klage der Sprinterin *Katrin Zimmermann* gegen den Deutschen Leichtathletik-Verband (DLV) und den Internationalen Leichtathletik-Verband (IAAF) insoweit als unbegründet abgewiesen, als die Klägerin Schadensersatz wegen der Kündigung von Sponsorenverträgen verlangte. Die Firmen *Nike*, *Taifun-Collection* und *Goldwell* hätten – so das LG München I - die Sponsorenverträge mit *Katrin Zimmermann* im August 1992 aufgrund der Überführung der Einnahme von Clenbuterol (Wirkstoff des Asthmamittels Spiropent), das von der Medizinischen Kommission der IAAF als Doping-Präparat mit anaboler Wirkung bezeichnet wurde und der dadurch bedingten Suspendierung durch den Sportverband, gekündigt. „Für einen Sponsor ist ein Sportler nur so lange von Wert, als er sich als Identifikationsfigur eignet. Dies war aber bereits

---

99 Vgl. F.A.Z. vom 04.03.95, Nr. 54 S. 31; S.Z. vom 27.03.95, Nr. 72 S. 37; F.A.Z. vom 28.03.95, Nr. 74 S. 38.

100 Die Dopingfälle *Katrin Zimmermanns* chronologisch aufzeigend: S.Z. vom 18.05.1995, Nr. 114 S. 32. Einen Hinweis für die immer größer werdende Sensibilität der Sponsoren für die Wirkung der Sportler in der Öffentlichkeit gibt auch das Verhalten der *Adam Opel AG* in der Steueraffäre um die Tennisspielerin *Steffi Graf*. Nachdem diese der Steuerhinterziehung in Millionenhöhe beschuldigt worden ist, gab der Automobilkonzern bekannt, daß der zehn Jahre alte Sponsoringvertrag mit *Steffi Graf* zum Jahresende nicht mehr verlängert werde (vgl. F.A.Z. vom 17.10.1995, Nr. 241 S. 37 und vom 18.10.1995, Nr. 242 S. 39).
Parallelen zeigen sich in der sog. „Schummel-Affäre“ um den zweimaligen Formel-1-Weltmeister *Michael Schumacher*, der während der Formel-1-Saison 1994 mehrfach der regelwidrigen Manipulation an seinem Fahrzeug beschuldigt worden ist. Diese Affäre brachte den Sponsor *Dekra* dazu, vertragliche Möglichkeiten für eine vorzeitige Beendigung der Zusammenarbeit mit *Schumacher* zu schaffen (so F.A.Z. vom 28.10. 1995, Nr. 251 S. 31).

101 LG München I SpuRt 1995, 161.

mit dem Bekanntwerden der heimlichen Einnahme von Spiropent durch die Klägerin nicht mehr der Fall", heißt es in der Urteilsbegründung[102]. *Katrin Zimmermann* sei für die in Frage kommenden Sponsoren durch die Einnahme des Medikaments Spiropent „entwertet" gewesen und nicht dadurch, daß diese Einnahme durch den DLV und die IAAF sanktioniert wurde[103]. Ebenfalls unbegründet sei ein Schadensersatzanspruch der Klägerin insoweit, als er auf die Nichtverlängerung bestehender oder den Nichtabschluß neuer Sponsorenverträge für die Zeit bis zum Ablaufen der vom Rechtsausschuß des DLV verhängten Sperre gestützt werde[104]. Denn, so führt das LG München I weiter aus: „Ein wegen sportwidrigen Verhaltens gesperrter Sportler ist als Identifikationsfigur ungeeignet, zumal sein Leistungsstand nicht überprüfbar ist."[105]

Daß also der Sponsor insbesondere eine durch die Medien aufgezeigte Verbindung des dopenden Sportlers mit ihm als höchst unerwünscht empfinden muß[106], ist evident. Denn Sponsoring ist für den Sponsor zunächst ein Kostenfaktor, der in der Erwartung eingesetzt wird, Mehreinnahmen durch größere Bekanntheit des Unternehmens bzw. dessen Produkte und/oder durch einen Imagegewinn zu erzielen[107]. Eine Imageaufwertung ist aber nur durch „sauberen" Sport, der die Ideale wie Fairneß, Unbestechlichkeit, Gleichheit etc. verwirklicht erscheinen läßt, denkbar[108]. Durch einen gedopten Sportler wird hingegen ein negativer Imagetransfer verursacht, der Mehreinnahmen gerade verhindert. Sofern sich nämlich der Ruf eines Sportlers durch Dopingverstöße wandelt, verliert er sein Image als vorbildliche Persönlichkeit und der Verbraucher das Interesse, sich mit einer solchen Person zu identifizieren und sie nachzuahmen[109]. Die Folgen hiervon

---

102 LG München I SpuRt 1995, 161 (168).

103 Da dieser wesentliche Teil der Urteilsgründe unveröffentlicht geblieben ist, wird verwiesen auf LG München I, Az. 7 HKO 16591/94, S. 118.

104 LG München I SpuRt 1995, 161 (168).

105 Auch dieser Teil der Begründung blieb unveröffentlicht; verwiesen sei daher nochmals auf LG München I, Az. 7 HKO 16591/94, S. 118.

106 *Bruhn/Mehlinger*, Sponsoring, Bd. II, S. 5.

107 Siehe schon oben 2. Teil, § 2, B.

108 *Heinemann*, in: Sport- und Kultursponsoring, S. 62 (69).

109 Zum negativen Imagetransfer beim Sportsponsoring aufgrund Dopings vgl. auch *Fey*, in: F.A.Z. vom 11.04.1992, Nr. 87 S. 25; *Haffner*, in: F.A.Z. vom 14.05.1992, Nr. 112 S. 32.

sind finanzielle Einbußen bei dem Vertragspartner des dopenden Sportlers, die auf einen Absatzverlust bei den Produkten zurückzuführen sind, für die der Dopingsünder bislang geworben hat[110].

So verwundert auch nicht die Reaktion der Sponsoren nach dem spektakulären Dopingfall bei den Nordischen Skiweltmeisterschaften in Trondheim 1997: Die Weltmeisterin über fünf Kilometer im Skilanglauf, *Ljubow Jegorowa* aus Rußland, die in Lillehammer 1994 dreifache Olympiasiegerin wurde und schon in Albertville 1992 zweimal olympisches Gold gewonnen hatte, gab nach einer positiven A-Probe die „versehentliche" Einnahme des auf der internationalen Verbotsliste stehenden Mittels Bromantan zu[111]. „Für die gesamte Skindustrie ist das sehr negativ", äußerte sich *Gerhard Thaller* vom österreichischen Skihersteller *Fischer*[112]. Die Sponsoren zogen sich denn auch von der weiteren Zusammenarbeit mit der gedopten, disqualifizierten Weltmeisterin zurück und kündigten ihre Verträge[113].

Nicht zuletzt wegen der aufgezeigten Risiken sind in den vergangenen Jahren viele Unternehmen dazu übergegangen, Sportereignisse für ihre Werbezwecke zu nutzen, anstatt sich einseitig an einen Sportstar zu binden. *Michael Mädel*, Chef der Frankfurter Werbeagentur *J. Walther Thomsen*, begründet dies damit, daß Leistungseinbrüche, Verletzungen oder Fehlverhalten einzelner Sportler ganze Werbekonzepte zunichte machen können[114]. Auch nach Ansicht des Basler Wirtschaftsprofessors *Manfred Bruhn* wachse der Trend, Ereignisse statt Einzelpersonen oder Mannschaften zu unterstützen, weil es inzwischen auch Beispiele für negativen Imagetransfer gibt[115].

Deshalb dringt die Wirtschaft auf die Einhaltung eines „codes of ethics"[116], um den Werbewert des Sports durch sein positives, verkaufs- und ansehensförderndes Image zu erhalten.

---

110 *Friedrich*, SpuRt 1995, 8 (10); vgl. auch *Turner*, NJW 1992, 720 (723); *Vieweg*, SpuRt 1994, 6 (9); *Weiand*, Sponsoringvertrag, S. 101.

111 Vgl. F.A.Z. vom 27.02.1997, Nr. 49 S. 38.

112 Zitiert nach *Hahn*, in: F.A.Z. vom 28.02.1997, Nr. 50 S. 36.

113 Vgl. F.A.Z. vom 28.02.1997, Nr. 50 S. 36.

114 Zitiert nach *Glabus*, in: F.A.Z. vom 04.11.1995, Nr. 257 S. 31.

115 Zitiert nach *Hahn*, in: F.A.Z. vom 23.04.1997, Nr. 94 S. 36.

116 *Heinemann*, in: Sport- und Kultursponsoring, S. 62 (69).

§ 3: Rechtliche Hintergründe des Sportsponsorings

A. Rechtsnatur und Leistungsgegenstand des Sponsoringvertrages

Der Sponsoringvertrag ist ein atypischer Vertrag (§§ 305, 241 BGB)[117], der dabei ist, sich zu einem typischen zu entwickeln[118]. *Weiand* umschreibt den Sponsoringvertrag rechtstypologisch treffend wie folgt: „Der Vertragstypus Sponsoring liegt vor, wenn sich in einem privatrechtlichen Vertrag eine Partei, der Sponsor, dazu verpflichtet, einer anderen Partei, dem Gesponserten, zur Förderung ihrer Aktivitäten auf sportlichem, kulturellem, sozialem oder ökologischem Gebiet Geld, Sachmittel oder Dienstleistungen zur Verfügung zu stellen, und der Gesponserte sich als Gegenleistung dazu verpflichtet, in vertraglich festgelegter Weise über die Entfaltung der geförderten Aktivitäten die kommunikativen Ziele des Sponsors zu unterstützen"[119].

Art und Umfang der jeweiligen Sponsoringmaßnahme richten sich nach der zwischen Sponsor und Gesponsertem getroffenen schuldrechtlichen Vereinbarung. Bei dieser können im Wege der freien Vertragsgestaltung die Leistungen der Vertragsparteien im einzelnen festgelegt werden, denn § 305 BGB ermöglicht es den Parteien, im Rahmen des rechtlich Zulässigen beliebige Leistungspflichten zu begründen[120]. Als essentialia negotii befinden sich in jedem Sponsoringvertrag Vereinbarungen über die Leistungen des Sponsors und die Gegenleistungen des Gesponserten. Sofern eine dieser Vereinbarungen fehlt, liegt kein Sponsoringvertrag vor[121].

Im Rahmen des Sponsorings von Einzelpersonen bzw. Spitzensportlern werden in einem solchen Vertrag regelmäßig Regelungen getroffen, die

---

117 BGH NJW 1992, 2690; *Fritzweiler*, in: Praxishandbuch, 3. Teil, Rdn. 64 f.; *Mehlinger*, SpuRt 1996, 164; *Reichert/van Look*, Rdn. 2131 q; *Vieweg*, SpuRt 1994, 73 (74); *Weiand*, NJW 1994, 227 (230); eingehend *Weiand*, Kultur- und Sportsponsoring, S. 90 ff.

118 *Heinrichs*, in: Palandt, Rdn. 14 vor § 305.

119 *Weiand*, NJW 1994, 227 (230).

120 *Bruhn/Mehlinger*, Sponsoring, Bd. II, S. 4 f.; zu den rechtlichen Grenzen eines Sponsoringengagements vgl. *Mehlinger*, SpuRt 1996, 164.

121 *Weiand*, NJW 1994, 227 (230).

eine Nutzung des allgemeinen Persönlichkeitsrechts des Sportlers durch den Sponsor gestatten[122]. Hierzu gehören beispielsweise die Nutzung des Bildes des Sportlers in der Öffentlichkeit zum Zwecke der Werbung oder die Verpflichtung des Sportlers, für Promotioneinsätze, insbesondere für Werbeaufnahmen, Autogrammstunden und auf Sportartikelfachmessen, zur Verfügung zu stehen. Daneben verpflichtet sich der Sportler häufig, bei allen öffentlichen Auftritten, insbesondere bei Wettkämpfen oder Fernsehauftritten, im Rahmen des ihm Möglichen und Zumutbaren stets nur die ihm vom Sponsor zur Verfügung gestellten Produkte zu verwenden und den Medien gegenüber den Sponsor namentlich zu nennen[123]. Der Sponsor verpflichtet sich seinerseits zur Bereitstellung von Geld- und/oder Sachleistungen für den Gesponserten[124].

B. Ausrüstervertrag als spezielle Form des Sponsoringvertrages

Beim Sponsoring von Einzelpersonen hat sich als weitgehend typisierte Form der Festlegung von Rechten und Pflichten der sog. Ausrüstervertrag etabliert[125]. Er gilt als „idealtypischer Fall" eines klassischen Werbevertrages, der zwischen Sportler und Sponsor geschlossen werden kann, da die Interessen beider Vertragsparteien zu einer optimalen Deckung gebracht werden können[126]. Der Ausrüstervertrag wird vor allem von Sportgeräte- oder Sportbekleidungsherstellern genutzt. Er beinhaltet regelmäßig die Verpflichtung des Sponsors, einen Sportler mit Ausrüstungsgegenständen (Sportgeräte, Sportkleidung, Zubehör o.ä.) auszustatten, die von jenem hergestellt oder vertrieben werden. Häufig kommt noch die Verpflichtung zur

122 *Bruhn/Mehlinger*, Sponsoring, Bd. II, S. 5; vgl. auch *Fritzweiler*, in: Praxishandbuch, 3. Teil, Rdn. 66.

123 Vgl. *Weiand*, Sponsoringvertrag, S. 75.

124 Zu den typischen Leistungsgegenständen eines Sportsponsoringvertrages vgl. eingehend *Bruhn/Mehlinger*, Sponsoring, Bd. I, S. 56 ff.; *Bruhn/Mehlinger*, Sponsoring, Bd. II, S. 55 ff.; *Fritzweiler*, in: Praxishandbuch, 3. Teil, Rdn. 68 ff.

125 *Bruhn/Mehlinger*, Sponsoring, Bd. II, S. 6, 56 ff.; der dort zugrundegelegte Mustervertrag ist hier im Anhang abgedruckt und wird unten (2. Teil, § 4) noch kurz erörtert.

126 *Bruhn/Mehlinger*, Sponsoring, Bd. II, S. 56.

Zahlung zusätzlicher Entgelte an den Gesponserten hinzu[127]. Auf der Gegenseite verpflichtet sich der Sportler üblicherweise, die Ausrüstungsgegenstände im Training und im Wettkampf zu tragen und werbewirksam zu präsentieren[128]. Daneben gestattet der Gesponserte dem Sponsor im Regelfall die Nutzung seines Bildes, bildlicher Darstellungen, seines Namens, seiner Initialien, seiner Stimme oder seiner Unterschrift[129].

Bestandteil eines Ausrüstervertrages ist oftmals eine Vertragsstrafenklausel[130]. In dieser verpflichtet sich der Gesponserte üblicherweise für den Fall der schuldhaften Nichterfüllung einer ihm nach dem Vertrag obliegenden Haupt- und/oder Nebenleistungspflicht, eine Vertragsstrafe an den Sponsor zu zahlen. Denkbar und in der Praxis auch häufig ist die ausdrückliche Vereinbarung, daß der Sportler für den Fall eines Verstoßes gegen die einschlägigen Dopingbestimmungen des Verbandes dem Sponsor eine Vertragsstrafe zahlen muß[131].

C. Leistungsstörungen beim Sponsoringvertrag durch Doping

Das aufgezeigte Wesenselement eines Sponsoringvertrages - der Austausch von Leistung und Gegenleistung - ist schließlich auch für den Fall, daß Leistungsstörungen eintreten, von erheblicher Bedeutung. Gerade im Bereich des Sportsponsorings sind eine Fülle von Leistungsstörungen denkbar. Dies ergibt sich vornehmlich aus dem Umstand, daß Gegenstand des Sponsorings von Einzelpersonen üblicherweise eine höchstpersönliche Leistung ist. Kann ein prominenter Sportler seine im Sponsoringvertrag vereinbarte Werbehandlung nicht erbringen, so ist die Leistung sowohl subjektiv als auch objektiv unmöglich, da es gerade auf die Handlung des Prominenten, nicht aber auf die eines beliebigen Dritten ankommt[132]. Auf der Seite des

---

127 *Bruhn/Mehlinger*, Sponsoring, Bd. II, S. 56.

128 *Bruhn/Mehlinger*, Sponsoring, Bd. II, S. 6.

129 *Weiand*, NJW 1994, 227 (230).

130 *Bruhn/Mehlinger*, Sponsoring, Bd. II, S. 57.

131 Allgemein zur Vertragsstrafe im Sponsoringvertrag einschließlich eines Formulierungsbeispiels: *Weiand*, Sponsoringvertrag, S. 112 ff.; vgl. auch *Bruhn/Mehlinger*, Sponsoring, Bd. I, S. 84.

132 *Bruhn/Mehlinger*, Sponsoring, Bd. I, S. 83.

gesponserten Sportlers ist in erster Linie daran zu denken, daß dieser wegen einer Verletzung bestimmte, zuvor vereinbarte Promotiontermine nicht einhalten kann oder vereinbarte Auftritte in der Öffentlichkeit nicht stattfinden. Die Ursachen können unterschiedlichster Natur sein, doch handelt es sich in allen Fällen um eine Unmöglichkeit der vereinbarten Leistung[133]. Im folgenden soll untersucht werden, welche zivilrechtlichen Auswirkungen die Einnahme verbotener Substanzen auf das Vertragsverhältnis zwischen Sportler und Sponsor hat.

I. Unmöglichkeit der Leistung des gesponserten Sportlers

Leistungsstörungen beim Sportsponsoring können auch dann auftreten, wenn die von dem Gesponserten zu erbringende Leistung mangels entsprechendem Werbewert nicht mehr erbracht werden kann. Nach *Bruhn/Mehlinger*[134] sei dies insbesondere dann gegeben, wenn sich der einst hohe Werbewert eines Sportlers durch einen in den Medien dargestellten Dopingfall ins Gegenteil verkehrt. Die Leistung des Sportlers sei dann, sofern das Doping nach Abschluß des Sponsoringvertrages liege, nachträglich unmöglich (§ 275 Abs. 1 BGB) geworden. Auch wenn dies nicht im Vertrag geregelt sei, müsse dem Sponsor in diesen Fällen ein außerordentliches Kündigungsrecht zugestanden werden. Da der Sportler das Doping in der Regel auch zu vertreten haben werde, hafte er zudem auf Schadensersatz wegen Nichterfüllung[135].

Bei Licht besehen muß man aber zu dem Schluß kommen, daß die Dopingmanipulation nicht erst dann zur Unmöglichkeit der Leistung des gesponserten Sportlers führt, wenn ein positiver Befund nach einer Dopingkontrolle in den Medien bekanntgegeben wird und hierdurch das verkaufs- und ansehensfördernde Image des Sportlers praktisch entfällt. Unmöglich wird die Leistung des Sportlers vielmehr bereits im Zeitpunkt der Einnahme der verbotenen Substanzen.

Dieses Ergebnis mag zunächst überraschen, weil es schließlich zu den Vertragspflichten des Sportlers gehört, insbesondere die kommunikativen

133 *Bruhn/Mehlinger*, Sponsoring, Bd. I, S. 86.

134 *Bruhn/Mehlinger*, Sponsoring, Bd. II, S. 5.

135 *Bruhn/Mehlinger*, Sponsoring, Bd. II, S. 5 f.; ebenso *Turner*, NJW 1992, 720 (723).

Ziele des Sponsors über die Entfaltung der gesponserten Aktivität zu unterstützen. Es ließe sich daher auch argumentieren, daß ein gedopter Sportler im Regelfall sogar bessere Plazierungen und Ergebnisse als ein ungedopter erzielt, was wiederum eine höhere Werbewirksamkeit und somit auch einen höheren Imagegewinn für den Sponsor bedeuten würde.

Eine solche Betrachtungsweise wäre aber zu kurzsichtig, da sie die Rechtsfolgen, die die Parteien bei Abschluß des Sponsoringvertrages gewollt haben, wie zu zeigen sein wird, nicht hinreichend berücksichtigt. Der Wortlaut eines Sponsoringvertrages beschränkt sich hinsichtlich der Leistung des Sportlers zwar im Regelfall darauf, die von ihm zu erbringenden Werbehandlungen zu benennen und ggf. genau zu beschreiben[136]. Nicht eindeutig bestimmt ist jedoch, ob der Sportler die geschuldete Leistung auch dann noch erbringt, wenn er gedopt hat. Anknüpfend an den Wortlaut unter Berücksichtigung der Begleitumstände, des Vertragszwecks, der Verkehrssitte und Treu und Glauben muß deshalb ermittelt werden, was die Vertragsparteien gewollt haben[137].

Das Gebot der Auslegung nach Treu und Glauben bedeutet, daß im Zweifel ein Auslegungsergebnis anzustreben ist, das die berechtigten Belange der beiden Vertragsparteien angemessen berücksichtigt und mit den Anforderungen des redlichen Geschäftsverkehrs im Einklang steht[138]. Die Kriterien hierfür sind ähnlich wie zu § 138 BGB zu gewinnen. Es muß also versucht werden, den rechtsgeschäftlichen Regelungen einen Sinn zuzuweisen, „der mit der in der herrschenden Wirtschafts- und Sozialordnung immanenten Rechtsethik verträglich ist“[139].

Es liegt auf der Hand, daß die Vertragsleistung des Gesponserten nur von einem Sportler erbracht werden kann, der während der Laufzeit des Vertrages „sauber“ ist, sich in diesem Zeitraum also nicht dopt oder schon zu Beginn der Vertragslaufzeit unter dem Einfluß von Dopingmitteln steht. Dies ergibt sich aus zwei Überlegungen:

---

136 Vgl. §§ 3, 5 des Mustervertrages (MV) im Anhang.

137 Zur Auslegung von Verträgen vgl. umfassend *Mayer-Maly*, in: MK, § 157 Rdn. 2 ff. m.w.N.; (besser *M. Wolf*, in: Soergel, § 157 Rdn.)

138 *Heinrichs*, in: Palandt, § 133 Rdn. 20; *Mayer-Maly*, in: MK, § 157 Rdn. 2 ff.; BGHZ 47, 75 (78 f.).

139 *Mayer-Maly*, in: MK, § 157 Rdn. 9; vgl. auch *M. Wolf*, in: Soergel, § 157 Rdn. 34.

Die zugesagten Werbehandlungen erfolgen in der Praxis insbesondere über die Entfaltung der gesponserten Aktivität, sei es, daß der Sportler Ausrüstungsgegenstände des Sponsors z. B. bei der Teilnahme an den Wettkämpfen trägt, sei es, daß er das Firmenlogo des Sponsors während der Wettkämpfe präsentiert. Verpflichtet sich nun der Sportler dazu, die kommunikativen Ziele des Sponsors (vor allem) auch bei Wettkämpfen zu unterstützen, so bezieht sich diese Pflicht selbstverständlich nicht auf irgendeine körperliche Teilnahme, sondern auf die den zwingenden Wettkampfzulassungsnormen und somit auch den Dopingbestimmungen entsprechende. Denn auch für den Sponsoringvertrag muß der allgemeine Auslegungsgrundsatz gelten, daß die Parteien im Zweifel nichts Unredliches angestrebt haben[140]. Freilich gilt dies für den gesamten Zeitraum der vertraglich vereinbarten Werbehandlungen, da das Dopingverbot sowohl vor als auch nach den Wettkämpfen einzuhalten ist[141].

Des weiteren ist nur ein Athlet, der während der Vertragslaufzeit nicht dopt, in der Lage, die Ideale wie Fairneß, Unbestechlichkeit, Chancengleichheit etc. *tatsächlich* zu verkörpern. Hat sich der Gesponserte aber gedopt, so verstößt er gegen die einschlägigen Dopingbestimmungen und zugleich gegen die genannten sportethischen Aspekte, ohne die nicht nur der gesamte Sinn und Zweck des Sports an sich[142], sondern auch das Sponsoringengagement in Frage gestellt wird. Hervorzuheben ist in diesem Zusammenhang, daß auch die Applikation von Dopingmitteln im Sport nicht allein unter dem Gesichtspunkt der Gesundheit[143], sondern daneben von Teilen des Schrifttums[144] aufgrund einer sportethischen Betrachtung als sittenwidrig bewertet wird. Diese anhand des § 228 (§ 226a a.F.) StGB ermittelte Wertung berücksichtigt die Belange beider Vertragsparteien in angemessener Weise. Sie führt zu dem einzigen Ergebnis, das bei einer Vertragsauslegung gemäß §§ 133, 157 BGB mit den Anforderungen eines redlichen Geschäftsverkehrs in Einklang gebracht werden kann: Die Parteien

---

140 Zu diesem Grundsatz vgl. LG Darmstadt NJW 1989, 2067; *Mayer-Maly*, in: MK, § 133 Rdn. 52.

141 Siehe oben 1. Teil, § 2 und § 3.

142 Vgl. *Linck*, NJW 1987, 2545 (2551).

143 Vgl. *Tröndle*, § 226 a Rdn. 7 a; *Cramer*, in: S/S, § 263 Rdn. 18 jeweils m.w.N.

144 *Linck*, NJW 1987, 2545 (2551); *ders.*, MedR 1993, 55 (60); *Turner*, MDR 1991, 569 (573 f.)

haben gewollt, daß die Vertragsleistung des Sportlers darin besteht, *während der Vertragslaufzeit* Werbehandlungen als „sauberer" Athlet vorzunehmen, also ohne sich in diesem Zeitraum zu dopen bzw. schon zu Beginn der Vertragslaufzeit unter dem Einfluß verbotener Substanzen zu stehen. Zweck des Sponsoringvertrages ist es letztendlich, einen „sauberen" Athleten finanziell und/oder durch Sachleistungen zu unterstützen, damit dieser im Gegenzug die Kommunikationsziele des Sponsors durch sein während der Vertragsdauer „makelloses" Image fördert. Dopt sich der Sportler innerhalb dieses Zeitraums, so ist der Vertragszweck nicht mehr erreichbar, weil der Athlet das Image, das er verkörpern soll und mit dessen Vermarktung er sich bei Vertragsabschluß einverstanden erklärt hat, nicht mehr verkörpern kann. Ohne Bedeutung ist es schließlich, daß der Sportler, der gedopt hat, - jedenfalls nach außen hin – „makellos" erscheint. Denn der Vertragszweck ist allein durch einen tatsächlich „sauberen" Sportler zu erreichen. Nur dieser kann die Vertragsleistung erbringen.

Festzuhalten bleibt daher: Sofern dies im Sponsoringvertrag nicht bereits ausdrücklich bestimmt ist, führt eine erläuternde Auslegung des Vertrages gemäß §§ 133, 157 BGB - also die Auslegung, die den wahren Willen und das wahre Verständnis der Erklärungen zu ermitteln versucht[145] - dazu, daß der Sportler sich dahingehend verpflichtet, die Werbehandlungen nur als „sauberer", „makelloser" Athlet zu erbringen. Eine solche Leistungspflicht kann aber insbesondere nur dann erfüllt werden, wenn der Sportler während der Vertragslaufzeit keine verbotenen Substanzen einnimmt. Unerheblich ist es dabei, ob die verbotenen Substanzen während dieses gesamten Zeitraums mittels eines Analyseverfahrens immer nachgewiesen werden können. Denn das makellose Bild, das der Sportler während der Vertragsdauer verkörpern soll und zu dessen Vermarktung er sich verpflichtet, ist von dem Augenblick der Einnahme der verbotenen Substanzen an nicht mehr realisierbar; seine Leistung wird infolge des Dopings unmöglich[146].

---

145 Vgl. *M. Wolf*, in: Soergel, § 157 Rdn. 3. Hiervon abzugrenzen ist die ergänzende Auslegung, die dazu dient, Regelungen, an die die Parteien nicht gedacht haben, hinzuzufügen (vgl. *M. Wolf*, a.a.O., Rdn. 3 und 107).

146 Aber selbst wenn man argumentierte, die Leistung sei dem Sportler nur *vorübergehend* unmöglich, und zwar (nur) so lange, wie die verbotenen Substanzen nachweisbar seien, so stünde dieses zeitweilige Erfüllungshindernis einer *dauernden* Unmög-

II. Konsequenzen für den Sponsoringvertrag

1. *Der Sportler ist bei Vertragsabschluß gedopt*

Bei den versprochenen Werbehandlungen des Sportlers handelt es sich um eine höchstpersönliche Leistung, also um eine Leistung, die - vergleichbar mit der Darbietung eines Künstlers - nur von dem Sportler selbst und von sonst niemandem erbracht werden kann, weil bei ihr die persönlichen Fähigkeiten entscheidend sind[147]. Steht nun aufgrund des gedopten Zustandes des Sportlers bereits zum Zeitpunkt des Vertragsabschlusses fest, daß er seine versprochene Leistung - Werbehandlungen eines während der Vertragslaufzeit „sauberen", „makellosen" Sportlers - nicht erbringen kann, so sind weder der Sportler noch der Sponsor zur Leistung verpflichtet. Bei höchstpersönlichen Leistungen, die der Schuldner mit der Einigung zusagt und bereits zu diesem Zeitpunkt nicht erbringen kann, fallen nämlich subjektive und objektive Unmöglichkeit zusammen[148]. Für den Vertrag zwischen dem Sponsor und dem gedopten Sportler bedeutet dies, daß er auf eine unmögliche Leistung gerichtet und daher gemäß § 306 BGB nichtig ist.

2. *Der Sportler dopt sich nach Vertragsabschluß*

In der Fallgestaltung, bei der der Sportler nach Abschluß des Sponsoringvertrages dopt, hat dies, wie schon gesehen, zur Folge, daß die Leistung des Sportlers mit Einnahme der verbotenen Substanzen nachträglich unmöglich wird. Der Sportler kann seine geschuldete Leistung von diesem Zeitpunkt an nicht mehr erbringen. Er wird von der Verpflichtung zur Leistung gemäß

---

lichkeit *gleich*, da hierdurch die Erreichung des oben geschilderten Vertragszwecks in Frage gestellt wird und dem Sponsor die Einhaltung des Vertrages bis zum Wegfall des Leistungshindernisses jedenfalls nicht zuzumuten ist (vgl. BGHZ 47, 48 (50); 83, 197 (200); OLG München NJW-RR 1996, 48; *Heinrichs*, in: Palandt, § 275 Rdn. 18; *Löwisch*, in: Staudinger, § 306 Rdn. 11).

147 Siehe oben 2. Teil, § 3, C.

148 Vgl. RGZ 5, 278 (279); KG OLGE 15, 73; OLG Nürnberg VersR 1969, 1136; LG Berlin NJW 1969, 513 (514); *Battes*, in: Erman, Rdn. 29 a vor §§ 275 ff.; *Heinrichs*, in: Palandt, § 306 Rdn. 4; Enneccerus-*Lehmann*, Bürgerliches Recht II, S. 131; *Thode*, in: MK, § 306 Rdn. 7; *Volkommer* in: Jauernig, Rdn. 16 vor §§ 275 ff.; *M. Wolf*, in: Soergel, § 306 Rdn. 6; a.A. *Löwisch*, in: Staudinger, § 306 Rdn. 11; *Bruhn/Mehlinger*, Sponsoring, Bd. I, S. 87.

§ 275 Abs. 1 BGB frei, und zwar auch dann, wenn er die Unmöglichkeit zu vertreten hat, er also bewußt gedopt hat[149].

Insbesondere im Hinblick auf die im dritten Teil der Arbeit zu betrachtenden Deliktsmerkmale der Vermögensverfügung und der Bereicherungsabsicht soll schon an dieser Stelle zum einen aufgezeigt werden, welche Rechte der Sponsor dem Sportler gegenüber ausüben kann, wenn dieser die nachträgliche Unmöglichkeit der Leistung durch die bewußte Einnahme der verbotenen Substanzen verschuldet. Zum anderen ist zu klären, welche Auswirkungen die nachträgliche Unmöglichkeit auf den Gegenanspruch des Sportlers hat.

Den Ausgangspunkt bildet dabei die Überlegung, daß den gängigen Sponsoringverträgen überwiegend dienstvertragliche Elemente zugrundeliegen: Den Sach- oder Geldleistungen des Sponsors steht eine Dienstleistung des Gesponserten gegenüber. Eine solche kann nach § 611 Abs. 2 BGB ein Dienst jeder Art sein, also auch eine Werbehandlung des Gesponserten[150]. Die Vergütung besteht zwar regelmäßig in Geld, kann aber auch in der Gewährung sonstiger Werte liegen[151], so daß hierfür z. B. auch Ausrüstungsgegenstände des Sponsors in Frage kommen. Dies hat zur Konsequenz, worauf insbesondere *Bruhn/Mehlinger*[152] hinweisen, daß die in den §§ 611 ff. BGB enthaltenen Regelungen, soweit sie nicht speziell Arbeitsverträge betreffen, nahezu ausnahmslos auf Sponsoringverträge anwendbar sind[153]. Dies gilt jedenfalls, sofern der Sponsoringvertrag keine abweichende ausdrückliche Vereinbarung enthält. Die Zahlung einer Vergütung durch den Sponsor erfolgt in der Praxis üblicherweise nach Ablauf der einzelnen Zeitabschnitte[154]. Insoweit ist der Sportler also vorleistungspflichtig.

Wird nun eine Dienstleistung aufgrund des Verschuldens des Dienstverpflichteten unmöglich, so gilt für den Dienstberechtigten wegen der

---

149 Vgl. *Heinrichs*, in: Palandt, § 275 Rdn. 24 m.w.N.

150 Vgl. *Bruhn/Mehlinger*, Sponsoring, Bd. I, S. 68; *Weiand*, Kultur- und Sportsponsoring, S. 81.

151 Vgl. *Putzo*, in: Palandt, § 611 Rdn. 56.

152 *Bruhn/Mehlinger*, Sponsoring, Bd. I, S. 68 f.

153 Ähnlich *Weiand*, Kultur- und Sportsponsoring, S. 81 f.

154 Vgl. § 2 MV (im Anhang), der der gesetzlichen Bestimmung des § 614 BGB Rechnung trägt.

Gegenseitigkeit des Vertrages grundsätzlich die Bestimmung des § 325 BGB[155]. Bei Dienstverträgen besteht allerdings die Besonderheit, daß an die Stelle des Rücktittsrechts das Recht zur fristlosen Kündigung aus wichtigem Grund nach § 626 BGB tritt[156].

Ob die verschuldete Unmöglichkeit dazu führt, daß der gegen den Gläubiger gerichtete Gegenanspruch untergeht, könnte insofern fraglich sein, als § 325 BGB im Gegensatz zu § 323 Abs. 1 BGB hierüber nichts bestimmt. Daß die Rechtsfolge des § 323 Abs. 1 BGB aber auch dann eintritt, wenn die Unmöglichkeit vom Schuldner zu vertreten ist, folgt schon aus der einfachen Überlegung, daß der Schuldner in diesem Fall den Anspruch auf die Gegenleistung nicht gut behalten kann[157]. Im Ergebnis überzeugt jedenfalls die im Vordringen befindliche Auffassung, daß erst recht bei der vom Schuldner zu vertretenden Unmöglichkeit der Leistung analog § 323 Abs. 1 BGB der Anspruch auf die Gegenleistung automatisch erlöschen muß[158]. Das Vertrags- bzw. Schuldverhältnis i.w.S. bleibt allerdings bis zur Ausübung des Wahlrechts des Gläubigers weiter bestehen[159]. Bei Dienstverträgen gilt dies folgerichtig bis zur Ausübung des Rechts zur fristlosen Kündigung durch den Dienstberechtigten.

Für die hier interessierende Konstellation ergibt sich danach folgendes: Dopt sich der Sportler nach Vertragsabschluß, so erlischt sein Vergütungsanspruch von diesem Augenblick an. Er kann den Sponsor nicht mehr auf die Gegenleistung in Anspruch nehmen. Stattdessen darf der Sponsor den Vertrag aus wichtigem Grund gemäß § 626 BGB kündigen[160], wobei

---

155 Vgl. *Emmerich*, Schuldrecht BT, § 9 V Rdn. 26 ff.; *Medicus*, Schuldrecht II, Rdn. 324; *Schlechtriem*, Schuldrecht BT, Rdn. 334; *Müller-Glöge*, in: MK, § 611 Rdn. 8, 15 m.w.N.

156 Vgl. BGH DB 1990, 2017; *Emmerich*, in: MK, § 325 Rdn. 8; *Putzo*, in: Palandt, § 626 Rdn. 3.

157 *Braun*, JuS 1988, 214 (215); zust. *Heinrichs*, in: Palandt, § 323 Rdn. 6.

158 *Meincke*, AcP 171 (1971), 19 (32 ff.); *Emmerich*, in: MK, § 325 Rdn. 30; *Medicus*, Schuldrecht II, Rdn. 324; *Otto*, in: Staudinger, § 325 Rdn. 28; *Teubner*, Vertragsuntreue, S. 37 ff.; *Van den Daele*, Leistungspflichten, S. 102; *Wiedemann*, in: Soergel, § 325 Rdn. 28 m.w.N.

159 Vgl. *Emmerich*, in: MK, § 325 Rdn. 30; *Heinrichs*, in: Palandt, § 323 Rdn. 6; *Otto*, in: Staudinger, § 325 Rdn. 103.

160 Denkbar ist auch die ausdrückliche vertragliche Regelung eines Kündigungsrechts aus wichtigem Grund, vgl. § 10 MV (im Anhang).

der wichtige Grund und die Unzumutbarkeit der Fortsetzung des Dienstverhältnisses auf der von dem Sportler schuldhaft herbeigeführten Unmöglichkeit beruhen.

Zwar ließe sich einwenden, der Augenblick der Einnahme der verbotenen Substanzen und somit der Zeitpunkt, in dem die Verpflichtung des Sponsors entfällt, lasse sich - anders als der Zeitpunkt des Verdachtes bzw. der Dopinganalyse - in der Praxis kaum je sicher feststellen. Auf das Ergebnis der hier vorgenommenen erläuternden Auslegung des Sponsoringvertrages hat diese Überlegung indes keinen Einfluß. Auch die forensische Umsetzung erscheint gewährleistet:

Denn zum einen wird die Konstellation, bei der der Sportler sich nach Vertragsabschluß dopt, in der Praxis i.d.R. nur dann relevant werden können, sofern der positive Befund der A-Probe vorliegt. Vergehen dann aber zwischen der Durchführung der Dopingkontrolle und der Auswertung der Probe - wie es in der Praxis häufig der Fall ist - mehrere Wochen, so sind jedenfalls die in diesem Zeitraum ohne rechtliche Verpflichtung von dem Sponsor erbrachten Leistungen als möglicherweise schädigende Verfügungen i.S.d. § 263 StGB[161] ohne weiteres nachweisbar.

Zum anderen ist es denkbar, daß abhängig davon, welche Substanz der Sportler eingenommen hat und welche Analysemethoden angewandt worden sind, verwertbare Aussagen bzgl. des Einnahmezeitpunktes oder Einnahmezeitraumes erfolgen können. Schließlich ist zu berücksichtigen, daß sich der exakte Zeitpunkt der Einnahme der verbotenen Substanz auch durch die Aussage eines Dritten (z. B. Arzt, Betreuer) nachweisen läßt oder aber durch ein Geständnis des gedopten Sportlers offenbart.

§ 4: Hinweise zum Mustervertrag beim Sponsoring von Einzelpersonen

Die wesentlichen Elemente eines in der Praxis typischen Mustervertrages beim Sponsoring von Einzelpersonen sind im Anhang dieser Arbeit aufgeführt. Die Darstellung eines solchen Vertrages ist erforderlich, um die Be-

161 Siehe dazu noch ausführlich unten 3.Teil, § 3, F. III. 2.

trugskonstellationen zum Nachteil des Sponsors im dritten Teil der Arbeit zweckmäßig und praxisnah erörtern zu können.

Herangezogen wird dafür der Mustervertrag (MV) eines Ausrüstervertrages von *Bruhn/Mehlinger*[162]. Dessen Elemente sind auch für zahlreiche andere Fallgestaltungen, bei denen zwischen Sponsor und Gesponsertem individuell bestimmte Leistungen ausgehandelt werden (Einzelsponsoringvertrag), repräsentativ[163]. In diesen Fällen muß lediglich der Punkt „Ausrüstung“ gestrichen und dafür durch sonstige Werbevereinbarungen differenzierter ausgestaltet werden. Ergänzend sei zu dem Mustervertrag noch auf folgendes hingewiesen:

Der Aufnahme einer Wohlverhaltensklausel (§ 9 MV) kommt letztlich nur deklaratorische Bedeutung zu, da auch ohne eine entsprechende Vereinbarung die vertragliche Nebenpflicht zu Wohlverhalten und Interessenwahrung zwischen den Parteien besteht[164].

Ähnlich verhält es sich mit dem Kündigungsrecht aus wichtigem Grund (§ 10 MV). In den meisten Fällen wird die Gesamtleistung der Vertragspartner zu Beginn des Sponsoringvertrages nicht feststehen und der Vertrag deshalb als Dauerschuldverhältnis zu qualifizieren sein[165]. Als Beispiel sei die während einer Saison erfolgende Versorgung mit Sportausrüstungsgegenständen oder das Tragen von Trikotwerbung eines Sportlers während eines gesamten Wettkampfes oder einer Saison zu erwähnen[166]. In diesen Fällen steht jeder Vertragspartei auch ohne entsprechende vertragliche Regelung ein Recht zur fristlosen Kündigung aus wichtigem Grunde zu[167], wobei wegen der dienstvertraglichen Elemente des Sponsoringvertra-

---

162 *Bruhn/Mehlinger*, Sponsoring, Bd. II, dort S. 59 f.

163 Vgl. *Bruhn/Mehlinger*, Sponsoring, Bd. II, S. 61. Zur weiteren Vertiefung sei auf den umfassenden Mustervertrag von *Weiand*, Sponsoringvertrag, S. 15 ff., verwiesen, dem sich zahlreiche Vertragsvarianten entnehmen lassen.

164 Vgl. *Bruhn/Mehlinger*, Sponsoring, Bd. I, S. 80; *Weiand*, Sponsoringvertrag, S. 101.

165 Zum Begriff und Charakter des Dauerschuldverhältnisses vgl. *Larenz*, Schuldrecht AT, S. 29 f.; *Heinrichs*, in: Palandt, Einl. vor § 241 Rdn. 17 m.w.N.

166 *Bruhn/Mehlinger*, Sponsoring, Bd. I, S. 81.

167 *Bruhn/Mehlinger*, Sponsoring, Bd. I, S. 81; *Weiand*, Sponsoringvertrag, S. 123. Vgl. zum außerordentlichen Kündigungsrecht bei Dauerschuldverhältnissen BGHZ 29, 172; 41, 108; BGH NJW 1989, 1483; *Heinrichs*, in: Palandt, Einl. vor § 241 Rdn. 18 ff. sowie § 326 Rdn. 3 m.w.N.

ges hierzu unmittelbar auf die gesetzliche Regelung des § 626 BGB abgestellt werden kann[168]. Steht die von den Vertragsparteien zu erbringende Gesamtleistung ausnahmsweise von vornherein fest, so führt die Verletzung einer vertraglichen Nebenpflicht i.S.d § 9 MV zu einem Anspruch aus positiver Vertragsverletzung und somit auch zu einem Rücktrittsrecht[169]. Die Ausübung desselben hat allerdings, ebenso wie beim Kündigungsrecht, nur ex-nunc-Wirkung, da in diesen Fällen die gleichen Grundsätze wie beim Sukzessivlieferungsvertrag anzuwenden sind[170]. Etwa bereits erbrachte Vertragsleistungen könnten deshalb auch nicht zurückverlangt werden.

Selbstverständlich kann als Kündigungsgrund i.S.d. § 10 MV auch ausdrücklich ein Verstoß gegen das Dopingverbot aufgeführt werden[171]. So soll nach *Weiand*[172] die Bezugnahme auf Vereins-, Verbands-, Spielregeln sowie Wettkampfordnungen ein Kündigungsrecht des Sponsors im Falle eines schuldhaften Dopingvergehens des Gesponserten sicherstellen. Nach

---

168 Siehe schon oben 2. Teil, § 3, C. II. 2.

169 Vgl. allgemein zu den Voraussetzungen eines solchen Rücktrittsrechts *Heinrichs*, in: Palandt, § 276 Rdn. 124.

170 Vgl. hierzu BGH WM 1979, 674; NJW 1981, 679 (680); *Wiedemann*, in: Soergel, § 323 Rdn. 16.

171 Vgl. z. B. § 9 Abs. 2 b) des Mustervertrages von *Weiand*, Sponsoringvertrag, S.31 f.: „Ein zur fristlosen Kündigung berechtigender wichtiger Grund liegt insbesondere vor, wenn (...) die andere Vertragspartei schuldhaft gegen gesetzliche Vorschriften, die für die Durchführung dieses Vertrages unmittelbar oder mittelbar von Bedeutung sind, gegen die guten Sitten oder gegen Vereinsregeln, Verbandsregeln, Spielregeln oder Wettkampfordnungen verstoßen hat. Hierbei sind sich die Vertragsparteien einig, daß bereits der qualifizierte Verdacht eines schuldhaften Verstoßes der genannten Art einen zur fristlosen Kündigung berechtigenden wichtigen Grund darstellt".
Weil der Sponsor u.a. einen Imagetransfer von der gesponserten Person und den gesponserten Aktivitäten auf seine Produkte oder Dienstleistungen anstrebe, sei der Vertrag - so *Weiand*, a.a.O., S. 125 - aus Sicht des Sponsors bereits dann gescheitert, wenn der qualifizierte Verdacht eines schuldhaften Dopingvergehens des gesponserten Sportlers bestehe. *Weiand* erachtet es in seinem Mustervertrag deshalb für erforderlich, daß der Sponsor sich ein Recht zur fristlosen Kündigung schon für diesen Fall vorbehalte. Denn letztlich vermarkte der Sponsor beim Personensponsoring seinen Ruf. Das Kündigungsrecht des Sponsors im Falle einer Rufbeeinträchtigung, sei diese berechtigt oder unberechtigt, liege daher in der Eigenart des Sponsoringvertrages (*Weiand*, a.a.O., S. 125).

172 *Weiand*, Sponsoringvertrag, S. 125.

den oben[173] erfolgten Ausführungen, führt aber bereits die Einnahme der verbotenen Substanzen zur nachträglichen Unmöglichkeit der Leistung des Sportlers und berechtigt den Sponsor daher auch zur außerordentlichen Kündigung des Vertrages. Die Aufnahme eines Dopingverstoßes als Kündigungsgrund hätte deshalb ebenfalls eine nur klarstellende Funktion.

173 2. Teil, § 3, C. II. 2.

3. TEIL:
Betrug verübt durch Doping im Sport - untersucht anhand der Tatbestandsmerkmale des § 263 StGB

In diesem Teil werden die Schwerpunkte und Problembereiche, die bei den in Rede stehenden Betrugskonstellationen innerhalb eines jeden Tatbestandsmerkmals des § 263 StGB auftreten können, nacheinander aufgezeigt und erörtert. Dabei wird jeweils abschnittsweise eingegangen auf Täuschung, Irrtumserregung bzw. -unterhaltung, Vermögensverfügung, Vermögensschaden, Tatbestandsvorsatz und die Absicht, sich oder einem Dritten einen rechtswidrigen Vermögensvorteil zu verschaffen.

§ 1: Täuschung

Es erfolgt der Blick auf das Tatbestandsmerkmal der Täuschung und die insoweit im Zusammenhang mit Doping im Sport zutage tretenden Aspekte. Die oben[174] aufgezeigten Betrugskonstellationen werden dabei jeweils gesondert betrachtet. Am Anfang steht die Erörterung der Täuschungshandlung beim möglichen Betrug zum Nachteil des Mitkonkurrenten, der eine Plazierung hinter dem gedopten Sportler erreicht hat und deshalb nur eine geringere Geld- oder Sachprämie bzw. überhaupt keine Prämie erhält. Um Wiederholungen zu vermeiden, soll zuvor ohne konkreten Sachverhaltsbezug kurz auf das Merkmal Täuschung eingegangen werden. Diese Ausführungen bilden dann den Anknüpfungspunkt für die weiteren Untersuchungen.

§ 263 StGB setzt eine „Vorspiegelung falscher" oder eine „Entstellung oder Unterdrückung wahrer Tatsachen" voraus. Der Gesetzeswortlaut der Tathandlung des § 263 StGB ist jedoch sprachlich ungenau und teilweise irreführend umschrieben, da die gesetzlich aufgegliederten drei Modalitäten letztlich keine verschiedenartigen Formen darstellen[175]. Denn „wer Falsches

---

174 1. Teil, § 6.

175 So schon *Binding*, Lehrbuch II 1, S. 348; ebenso die heute ganz h.M. vgl. z. B. *Cramer*, in: S/S, § 263 Rdn. 7; *Lackner*, in: LK, § 263 Rdn. 9, 20; *Samson/Günther*, in: SK, § 263 Rdn. 7; *Tröndle*, § 263 Rdn. 6.

vorspiegelt, unterdrückt oder entstellt das Richtige, und umgekehrt."[176] Deshalb unterscheidet man heute bei der Tathandlung des § 263 StGB zwischen ausdrücklicher Täuschung, konkludenter Täuschung und Täuschung durch Unterlassen[177] [178]. Entscheidend ist aber immer die Täuschung über Tatsachen[179].

Tatsachen sind nicht nur konkrete Vorgänge oder Zustände der Vergangenheit oder Gegenwart, die dem Beweis zugänglich sind (äußere Tatsachen), sondern auch psychische Gegebenheiten und Abläufe, wie etwa das Vorhandensein einer Überzeugung oder bestimmter Kenntnisse und Absichten[180]. Täuschung ist ein Verhalten (positives Tun oder pflichtwidriges Unterlassen), das irreführen oder einen Irrtum unterhalten und damit auf das Vorstellungsbild eines anderen einwirken will[181].

A. Täuschung gegenüber dem Mitkonkurrenten

Als relevante Tatsache, über die der gedopte Sportler durch die Wettkampfteilnahme täuschen könnte, kommt allein die Einhaltung der Dopingbestimmungen während des Wettkampfes in Betracht. Die vorausgehende Einnahme der verbotenen Substanzen scheidet als täuschendes Verhalten in Bezug auf den Mitkonkurrenten aus, da hierdurch nicht in betrugsrelevanter Weise auf dessen Vorstellungsbild eingewirkt wird[182].

---

176 *Bockelmann*, BT/1, S. 64.

177 *Cramer*, in: S/S, § 263 Rdn. 7; *Lackner*, in: LK, § 263 Rdn. 9, 20.

178 Die Strafbarkeit einer Täuschung durch bloßes Unterlassen wird von einem Teil der Literatur ausgeschlossen, vgl. *Grünwald*, H. Mayer-FS, S. 281 (291); *H. Mayer*, Strafrecht AT, S. 152; *Naucke*, Betrug, S. 166 ff., 214; *ders*. JZ 1967, 371; (dazu vgl. umfassend die Stellungnahme von *Maaß*, Betrug, S. 6 ff.). Anders zu Recht die ganz herrschende Auffassung vgl. z. B. RGSt 70, 151 (155); BGHSt 39, 392 (398 ff.); OLG Zweibrücken NJW 1983, 694; *Cramer*, in: S/S, § 263, Rdn. 18 ff. m.w.N.

179 *Krey*, Strafrecht BT/2, Rdn. 337 m.w.N.

180 BGHSt 15, 24 (26); *Cramer*, in: S/S, § 263 Rdn. 10; *Lackner*, in: LK, § 263 Rdn. 11; *Lackner/Kühl*, § 263 Rdn. 4; anders nur *Naucke*, Betrug, S. 111, 214.

181 *Cramer*, in: S/S, § 263 Rdn. 11; *Lackner*, in: LK, § 263 Rdn. 17; *Lackner/Kühl*, § 263 Rdn. 6; *Tröndle*, § 263 Rdn. 6; anders *Kindhäuser*, ZStW 103 (1991), 398, der nur Täuschungen genügen läßt, die einen Wahrheitsanspruch des Opfers verletzen.

182 Zu der Frage, welches Vorstellungsbild für § 263 StGB maßgeblich ist, siehe noch unten 3. Teil, § 2, A. III. 2.

Nimmt der Sportler unter dem Einfluß verbotener Substanzen an dem Wettkampf teil, so ist weiter zu überlegen, welche Begehungsform einer Täuschung gegenüber dem Mitkonkurrenten in Frage kommt. Denkbar ist zunächst eine Täuschung durch ausdrückliches Tun.

I. Täuschung durch ausdrückliches Tun

Kontrovers beurteilt wird bereits die Frage, wann eine Täuschungshandlung ausdrücklich erfolgt. Teilweise wird verlangt, daß der Täter die Unwahrheit expressis verbis zum Ausdruck bringe, also die unwahre Tatsache zum Gegenstand einer Aussage mache[183]. Andere sehen ein ausdrückliches Verhalten in jeder unwahren Behauptung über eine Tatsache, die verbal oder auch nur durch Zeichen oder Gesten vermittelt werden könne, selbst wenn sie unklar und auslegungsbedürftig sei[184]. Der entscheidende Punkt, die Tatsache, brauche für ein ausdrückliches Vorspiegeln nicht wörtlich erwähnt zu werden, selbst wenn hier - wie dies der Autor selbst einräumt – „die flüssige Grenzlinie zur schlüssigen Handlung" beginnt[185]. Nach *Lackner*[186] setzt die ausdrückliche Täuschung nicht einmal eine Äußerung voraus, da ein ausdrückliches Vorspiegeln auch durch die irreführende Veränderung von äußeren Umständen denkbar sei.

Auch wenn es offensichtlich ist, daß eine bewußt unwahre, zum Gegenstand einer Aussage gemachte Behauptung des Sportlers, er gehe ungedopt in den Wettkampf, in der bloßen Teilnahme an diesem nicht zu erblikken ist, so kommt - folgte man der weiten Auslegung *Lackners* - gleichwohl ein ausdrückliches Vorspiegeln der täuschungsrelevanten Tatsache in Betracht. *Lackners* Ansatz bedarf zunächst jedoch näherer Darstellung.

Durch Manipulation an und mit Gegenständen, u. U. sogar mit Personen, könne auf den anderen eingewirkt werden, so daß dieser sich seine Überzeugung scheinbar selbst bilde[187]. Eine ausdrückliche Täuschung durch

---

183 *Cramer*, in: S/S, § 263 Rdn. 13.

184 *Lackner*, in: LK, § 263 Rdn. 23.

185 *Maurach/Schroeder/Maiwald*, BT/1, § 41, Rdn. 38; vgl. auch *Lackner*, in: LK, § 263 Rdn. 27, demzufolge die Formen ausdrücklichen und konkludenten Vorspiegelns ineinander übergehen.

186 *Lackner*, in: LK, § 263 Rdn. 19, 25 ff.; ebenso *Lackner/Kühl*, § 263 Rdn. 8.

187 *Lackner*, in: LK, § 263 Rdn. 19.

Manipulation sei dann gegeben, wenn der Täter einem anderen zur Irreführung eine äußere Sachlage vorführe, die für diesen wegen der Benutzung von Gegenständen und Formen, die nach allgemeinen Regeln eine bestimmte Bedeutung hätten, eindeutige, im konkreten Fall jedoch unrichtige Eindrücke oder Schlußfolgerungen nahelegten[188]. Hierzu zählten z. B. Veränderungen beim Kilometerzähler des Kraftfahrzeugs, bei Maßen und Gewichten oder bei Geldscheinen. Wer solche veränderten Gegenstände in der Erwartung in Verkehr bringe, daß sie als echt oder ordnungsmäßig angenommen werden, spiegele in einer der verbalen Zusicherung gleichwertigen Weise etwas Unwahres vor; der andere verlasse sich auf die bestimmte Bedeutung der Sachlage mit der gleichen Selbstverständlichkeit wie auf eine verbale Erklärung. Wegen dieser Gleichwertigkeit sei es berechtigt, ein solches Verhalten nicht anders als eine verbale Täuschung und daher zumindest in einem „übertragenen Sinne" als ausdrückliches Vorspiegeln zu verstehen[189]. Deshalb bedürfe es auch nicht der Konstruktion einer zusätzlichen konkludenten Erklärung des Täuschenden, „das Maß oder die Anzeige sei richtig und der äußere Eindruck der Sache sei nicht trügerisch."[190]

Legte man diesen Ansatz der Betrugskonstellation zum Nachteil des Mitkonkurrenten zugrunde, so bedeutete dies folgendes: Die „äußere Sachlage"[191], die einem anderen, dem Mitkonkurrenten, zur Irreführung vorgeführt wird, besteht in der Teilnahme des gedopten Sportlers an einem Wettkampf, dem die einschlägigen Dopingbestimmungen zugrundeliegen. Tritt nämlich ein gedopter Sportler in den Wettkampf mit einem anderen Athleten, so führt er diesem eine manipulierte Sachlage vor, die wegen der Allgemeingültigkeit der Dopingbestimmungen bei Wettkämpfen eine eindeutige, im konkreten Fall jedoch unrichtige Schlußfolgerung nahelegt. Weil die einschlägigen Dopingbestimmungen gedopten Sportlern in aller Regel bereits die Zulassung an einem Wettkampf verwehren[192], wird dem Mitkonkurrenten durch die Verhaltensweise des Gedopten der Eindruck vermittelt, dieser nehme den Dopingbestimmungen entsprechend an dem Wettkampf

---

188 *Lackner*, in: LK, § 263 Rdn. 25.

189 *Lackner*, in: LK, § 263 Rdn. 25.

190 *Lackner*, in: LK, § 263 Rdn. 27.

191 Vgl. *Lackner*, in: LK, § 263 Rdn. 25.

192 Vgl. *Schwab*, in: Rechtliche Fragen des Dopings, S. 35 (47). Beispielhaft sei nur auf die Regel 53 Nr. 1 e IWB (Leichtathletik, Ausgabe 1998) verwiesen.

teil. Eine ausdrückliche Täuschung gegenüber dem Mitkonkurrenten ließe sich also, folgte man der Konzeption *Lackners*, bejahen.

Auch wenn die Abgrenzung zwischen ausdrücklichem und konkludentem Verhalten für das Ergebnis, eine Täuschung durch positives Tun, unerheblich ist, muß *Lackners* Bestimmung des ausdrücklichen Vorspiegelns mit *Cramer*[193] entgegengehalten werden, daß die Notwendigkeit zu einer solchen den Wortsinn verfälschenden Auslegung nicht besteht, liegt doch in der Vorführung einer manipulierten, irreführenden Sachlage zumeist auch ein schlüssiges Verhalten. Um eine klare Grenzziehung zwischen ausdrücklichem und konkludentem Vorspiegeln zu gewährleisten, soll der weiteren Untersuchung die Auffassung *Cramers*[194] zugrundegelegt werden, derzufolge ein ausdrückliches Vorspiegeln nur dann vorliegt, sofern die Unwahrheit expressis verbis zum Ausdruck gebracht wird. Der Sportler müßte die unwahre Tatsache also jeweils zum Gegenstand einer Aussage machen.

II. Täuschung durch konkludentes Tun

Nach dem Gesagten bleibt die Frage zu beantworten, ob der gedopte Sportler durch seine Wettkampfteilnahme konkludent erklärt, daß er sich während derselben den Dopingbestimmungen entsprechend verhält. In diesem Fall wäre eine Täuschung gegenüber dem Mitkonkurrenten durch schlüssiges Verhalten gegeben.

1. Maßgebliche Kriterien zur Abgrenzung von Tun und Unterlassen beim Betrug

Rein tatsächlich betrachtet hat der Sportler es unterlassen, den Mitkonkurrenten von seinem gedopten Zustand bei der Wettkampfteilnahme zu unterrichten. Unbestritten ist zwar, daß das Verschweigen einzelner Tatsachen im Rahmen eines insgesamt als Erklärung zu würdigenden Verhaltens konkludentes Täuschen durch aktives Tun sein kann[195]. Es liegt allerdings auf

---

193 *Cramer*, in: S/S, § 263 Rdn. 13.

194 *Cramer*, in: S/S, § 263 Rdn. 13.

195 *Cramer*, in: S/S, § 263 Rdn. 18 m.w.N.

der Hand, daß beim Verschweigen eines bestimmten Umstands innerhalb eines Gesamtgeschehens die Grenze zwischen einer konkludenten Täuschung und einer bloßen Unterlassung der Aufklärung fließend ist[196]. Für einen Betrug durch Unterlassen bleibt von vornherein jedenfalls nur dort Raum, wo nicht bereits eine Täuschung durch schlüssiges aktives Tun vorliegt[197]. Denn bei einem Unterlassungsbetrug liegt die Täuschung nach herrschender Auffassung darin, daß der Täter die Entstehung oder Verstärkung eines Irrtums nicht verhindert oder einen bereits bestehenden Irrtum nicht beseitigt, obwohl ihn eine Garantenstellung trifft[198]. Bei einem Täuschen durch positives Vorspiegeln entsteht ein Irrtum hingegen allein dadurch, daß der Getäuschte aus dem Verhalten des Täters im Vertrauen auf dessen Pflichtgemäßheit falsche Schlüsse zieht. Wenn durch die Teilnahme des gedopten Sportlers an dem Wettkampf also bereits eine Täuschung durch konkludentes Tun erfolgt, so erübrigt sich die gesonderte Feststellung einer Garantenstellung, die beim Betrug durch Unterlassen notwendig ist.

Um das Verhalten des gedopten Sportlers unter dem Gesichtspunkt einer konkludenten Täuschung würdigen zu können - damit es ggf. keines Rückgriffs auf eine Täuschung durch Unterlassen bedarf -, ist zunächst zu klären, welche Voraussetzungen für ein konkludentes Vorspiegeln generell vorliegen müssen.

a) *Auf den tatsächlichen Erklärungswert abstellende Ansicht*

Die Rechtsprechung[199] sowie der ganz überwiegende Teil der Literatur[200] setzen für ein konkludentes Vorspiegeln voraus, daß dem Verhalten des

---

196 Eingehend dazu *Maaß*, GA 1984, 264 ff. Zu der Frage, wann Schweigen eine Erklärungshandlung ist oder Erklärungswirkung hat vgl. *Kehl*, Einwilligung, S. 97 ff., der vorschlägt, für das Strafrecht - in entsprechender Anwendung - auf die zivilrechtlichen Willenserklärungslehren zurückzugreifen.

197 RGSt 70, 151 (152); *Cramer*, in: S/S, § 263 Rdn. 18; *Maurach/Schroeder/Maiwald*, BT/1, § 41 Rdn. 50; *Riggert*, MDR 1990, 203 (204); *Wessels*, BT/2, Rdn. 488.

198 *Lackner*, in: LK, § 263 Rdn. 58 m.w.N. zur h.M. in Literatur und Judikatur; sowie unten 3. Teil, § 1, D. III. 4.

199 Vgl. RGSt 62, 415 (416); BGHSt 8, 289 (291); BGH NStZ 1982, 70; BGH NJW 1995, 539; OLG Köln NJW 1961, 1735; BayObLG MDR 1962, 70; OLG Hamburg NJW 1962, 1407; OLG Düsseldorf MDR 1969, 160; NStZ 1982, 249; OLG Köln NJW 1981, 1851; OLG Hamm NJW 1982, 1406; OLG Köln wistra 1991, 115.

Täters ein bestimmter Erklärungswert zukommt, aus dem sich die unwahre Behauptung erschließt. Abgestellt wird dabei auf die verkehrsübliche Bedeutung eines Verhaltens, indem man danach fragt, ob das Verhalten nach den objektiven Maßstäben der jeweiligen Verkehrssitte einen bestimmten Bedeutungsgehalt habe. Sofern dem Verhalten nach der Verkehrssitte ein solcher Erklärungswert zukomme, sei die relevante Tatsache ohne Rücksicht auf einen bestimmten Erklärungswillen des anderen als miterklärt zu unterstellen. Ermittelt werde der konkludent miterklärte Inhalt eines bestimmten Verhaltens nämlich nicht aus der Situation des Erklärenden, sondern aus der des jeweiligen Adressaten[201]. Entscheidend ist nach dieser Auffassung der Empfängerhorizont. Wann ein Verhalten Erklärungswert besitzen soll, wird aufgrund der vielfältigen Gestaltungsmöglichkeiten des Geschäftsverkehrs nicht abstrakt definiert, sondern stattdessen mit Hilfe einer reichhaltigen aber auch teilweise widersprüchlichen Rechtsprechungskasuistik[202] umschrieben[203].

b) Normative Deutung Lackners

Abweichend von der herrschenden Auffassung ist nach *Lackner*[204] für ein schlüssiges Vorspiegeln nicht der Erklärungswert eines Verhaltens maßgeblich. Es sei vielmehr normativ festzustellen, was einem bestimmten Verhalten, namentlich einer Erklärung, über den konkreten Sinngehalt hinaus

---

200 Vgl. *Blei*, Strafrecht II, S. 223; *Cramer*, in: S/S, § 263 Rdn. 12, 14; *Eser*, Strafrecht IV, S. 113; *Gössel*, BT/2, § 21 Rdn. 23; *Hellmann*, JA 1988, 73 (77); *Kaiser*, NJW 1971, 601; *Maurach/Schroeder/Maiwald*, BT/1, § 41 Rdn. 39 ff.; *Schröder*, JR 1969, 110; *Triffterer*, JuS 1971, 181 (182 f.); *Tröndle*, § 263 Rdn. 7; *Wessels*, BT/2, Rdn. 481.

201 Vgl. z. B. *Cramer*, in: S/S, § 263 Rdn. 12.

202 So verneint bspw. BGHSt 16, 120 im Fall des „Spätwetters", der das Rennergebnis im Gegensatz zum Wettbüro schon kennt, eine konkludente Erklärung des Nichtkennens des Rennergebnisses. Dagegen sieht BGHSt 29, 165 im Abschluß einer Rennwette als vom Wetter konkludent miterklärt an, er habe das Rennergebnis nicht etwa durch Bestechung von Rennreitern manipuliert.

203 Vgl z. B. die Übersicht bei *Cramer*, in: S/S, § 263 Rdn. 16 f. sowie *Maaß*, GA 1984, 264 (283 f.), der die entscheidungsbestimmenden Leitlinien der Rechtsprechung zur Abgrenzung von Tun und Unterlassen anschaulich darstellt.

204 *Lackner*, in: LK, § 263 Rdn. 28 ff.

als mitgegebenen Inhalt unterstellt werden dürfe. Dies ergebe sich, unabhängig von Erklärungswille und -bewußtsein, allein aus der jedem Geschäftstyp eigenen Verteilung des Irrtumsrisikos[205].

Wenn die herrschende Ansicht beispielsweise behauptet, das Verlangen eines bestimmten Preises habe regelmäßig nicht den Wert der Erklärung, der geforderte Preis sei der angemessene oder übliche[206], dann ist dies nach dem Ansatz *Lackners* zu kurz gegriffen. Entscheidend für das Ausscheiden einer schlüssigen Täuschung sei nämlich der Umstand, daß der Verkäufer einer Ware nicht verpflichtet sei, den Käufer über die Angemessenheit oder Üblichkeit seiner Preise aufzuklären. Denn das „Orientierungsrisiko" hinsichtlich der Marktüblichkeit des Preises liege nicht beim Verkäufer, sondern beim Käufer[207].

Maßgeblich für die Entscheidung der Wertungsfrage, ob ein irrtumsverursachendes Verhalten ein konkludentes Täuschen sei, seien also normative Erwägungen[208]. Konkludentes Täuschen setze, wie strafbares Unterlassen, die Verletzung einer Aufklärungspflicht voraus, wobei eine Abgrenzung der beiden Verhaltensformen allein nach dem (faktischen) Umstand vorzunehmen sei, „ob der Getäuschte aus dem Verhalten des Täters im Vertrauen auf dessen Pflichtgemäßheit falsche Schlüsse zieht oder er die falsche Vorstellung bereits hat oder aus anderen Hinweisen entnimmt."[209] Soweit der Geschäftspartner aus dem Schweigen keine Schlüsse ziehe, liege nur pflichtwidriges Unterlassen vor. Soweit er dagegen das Verhalten des anderen zum Zeichen für das Fehlen der Tatsache nehme, sei er durch dessen schlüssige Behauptung, also durch positives Tun irregeführt worden[210].

---

205 *Lackner*, in: LK, § 263 Rdn. 29; zust. *Samson/Günther*, in: SK, § 263 Rdn. 36 ff.; *Seelmann*, NJW 1980, 2545 (2546 f.); *Volk*, JuS 1981, 880 (881 f.); auch *Cramer*, in: S/S, § 263 Rdn. 14 will die Risikoverteilung unter den Partnern bei den verschiedenen Geschäftssituationen mit berücksichtigen.

206 Vgl. RGSt 42, 147 (150); BGH MDR/H 1989, 1053; OLG Stuttgart NJW 1966, 990; OLG Stuttgart NStZ 1985, 503; *Cramer*, in: S/S, § 263 Rdn. 17 c; *Tröndle*, § 263 Rdn. 7; *Wessels*, BT/2, Rdn. 482.

207 *Lackner*, in: LK, § 263 Rdn. 29, 46.

208 *Lackner*, in: LK, § 263 Rdn. 30.

209 *Lackner*, in: LK, § 263 Rdn. 53.

210 *Lackner*, in: LK, § 263 Rdn. 54.

Zwar wird durch eine solche Abgrenzung der Begehensbereich des § 263 StGB gegenüber der herrschenden Auffassung ausgedehnt, weil diese das Nichtverhindern der Irrtumsentstehung als Unterlassen einordnet. Andererseits führt dies, worauf *Maaß*[211] hinweist, nicht zu abweichenden Ergebnissen, da nach *Lackners* Ansatz - wie für die Unterlassensstrafbarkeit - insoweit eine Aufklärungspflicht über bestimmte Umstände erforderlich ist[212]. Gleichwohl bestehen gegen diesen Ansatz erhebliche Bedenken. Zunächst insofern, als zur Abgrenzung der jeweiligen Verhaltensform danach gefragt wird, ob das Opfer bereits irrte oder ein Irrtum erst entstanden ist. Da sich die Einordnung eines Verhaltens in die Kategorie von Tun und Unterlassen aber üblicherweise aus der Position des Täters heraus bestimmt, kann die jeweilige Verhaltensform bei § 263 StGB nicht von der psychischen Situation des Opfers abhängig sein[213]. Vor allem aber ist die These angreifbar, daß die Frage nach einer Aufklärungspflicht, aus der sich u. U. eine stillschweigende Erklärung ableiten lasse, mit der Frage nach der Garantenstellung zur Aufklärung, die für die Täuschung durch Unterlassen ausschlaggebend ist, „inhaltlich identisch"[214] sei. Sofern man nämlich auch beim Betrug an den allgemeinen Grundsätzen von Tun und (unechtem) Unterlassen festhält, bedarf es zur Begründung einer Strafbarkeit auch keiner Garantenstellung bei einem als Täuschen durch positives Tun festgestellten Verhalten[215]. Denn dem Täter, der konkludent täuscht, wird nicht zum Vorwurf gemacht, einer Aufklärungspflicht nicht nachgekommen zu sein, sondern daß er sich in einer bestimmten Art und Weise, der ein spezifischer Erklärungswert beizumessen ist, verhalten hat[216]. Unerheblich ist es schließlich, was einem bestimmten Verhalten als Erklärungsinhalt unterstellt werden darf. Da nämlich die Täuschungshandlung als Strafbarkeitsvoraussetzung objektiv festgestellt werden muß, bleibt für Unterstellungen kein Raum, „weil dies einer unzulässigen Schuldpräsumtion gleichkäme."[217]

---

211 *Maaß*, GA 1984, 264 (267); ebenso *Gössel*, BT/2, § 21 Rdn. 25.

212 Vgl. *Samson/Günther*, in: SK, § 263 Rdn. 36; *Samson*, JA 1978, 469 (472); vgl. auch *Seelmann*, NJW 1980, 2545 (2547); *Volk*, JuS 1981, 880 (881).

213 *Cramer*, in: S/S, § 263 Rdn. 15; *Maaß*, GA 1984, 264 (267).

214 So *Lackner*, in: LK, § 263 Rdn. 54.

215 Vgl. *Cramer*, in: S/S, § 263 Rdn. 15.

216 *Maaß*, GA 1984, 264 (267).

217 *Gössel*, BT/2, § 21 Rdn. 25.

Lackners Weg zur Bestimmung des Erklärungsinhalts eines Verhaltens kann daher nicht gefolgt werden.

c) *Kriterium der schadensstiftenden Ausgangssituation von Kühne*

Einen neuartigen Ansatz, eine schlüssige Täuschung in Abgrenzung zur Täuschung durch Unterlassen beim Betrug zu bestimmen, wählt *Kühne*[218], der das Kriterium der „schadensstiftenden Ausgangssituation" eingeführt hat. Habe der Täter durch sein aktives Verhalten eine für den Betrug günstige Lage - die schadensstiftende Ausgangssituation - selbst geschaffen, so sei schlüssiges Täuschen und damit aktives Tun gegeben. Finde der Täter indessen nur eine solche Lage vor, ohne sie verursacht zu haben, und profitiere er nun von dieser, so sei von Unterlassen auszugehen.

Das Kriterium der schadensstiftenden Ausgangssituation erscheint im Vergleich zum Merkmal des Erklärungswerts eines Verhaltens jedoch kaum aussagekräftiger und präziser[219]. In Grenzfällen wird es nur schwer möglich sein, die betrugsgünstige (schadensstiftende) Ausgangssituation hinreichend konkret zu bestimmen[220]. Auf die maßgeblichste Schwäche weist *Lackner*[221] hin. Er hält *Kühne* mit Recht entgegen, daß sein Modell nicht auf der Grundkonzeption der konkludenten Täuschung aufbaue, die durch die Substituierung einer Erklärung, nach h.M. durch den „Erklärungswert" charakterisiert werde. *Kühne* argumentiere vielmehr auf anderer Ebene. Auch wenn das Abgrenzungskriterium von *Kühne* weitgehend zu übereinstimmenden Ergebnissen mit der Konzeption der herrschenden Auffassung führt[222], darf es wegen der angeführten Mängel nicht herangezogen werden.

---

218 *Kühne*, Betrug, S. 35 ff.

219 *Maaß*, GA 1984, 264 (268).

220 Ähnlich *Cramer*, in: S/S, § 263 Rdn. 15.

221 *Lackner*, in: LK, § 263 Rdn. 54 in seiner Fußnote 89 a.

222 *Cramer*, in: S/S, § 263 Rdn. 15; *Maaß*, GA 1984, 264 (268).

2. *Ermittlung des Erklärungswertes unter Berücksichtigung der Verkehrssitte in „Wettkampfkreisen"*

Aus den aufgezeigten Gründen wird der Untersuchung im weiteren Verlauf hinsichtlich der Frage, ob ein Verhalten die stillschweigende Erklärung über eine bestimmte Tatsache beinhaltet, die herrschende Auffassung zugrundegelegt. Entscheidend ist somit, welcher Erklärungswert einem bestimmten Verhalten nach objektiven Maßstäben der jeweiligen Verkehrsauffassung zukommt. Bei der interessierenden Fallgestaltung hat dies zur Konsequenz, daß eine konkludente Täuschung gegenüber den Mitkonkurrenten dann in Betracht kommt, wenn die Teilnahme des Sportlers an dem Wettkampf unter dem Einfluß verbotener Substanzen eine Schlußfolgerung auf die Einhaltung der Dopingbestimmungen während des Wettkampfes zuläßt.

Gegen die Annahme einer konkludenten Täuschungshandlung des gedopten Sportlers wendet sich *Schild*[223]. Seiner Ansicht nach könne „in dem Antreten bei einem Wettkampf nicht ein Verhalten gesehen werden, das nach der Verkehrsanschauung als stillschweigende schlüssige Erklärung über die Tatsache des Nicht-Gedoptseins zu verstehen wäre." Zwar sei anzuerkennen, „daß der Bereich des Sports der Idee nach von dem Grundsatz der Fairneß getragen und durchdrungen" sei, weshalb alle Beteiligten davon ausgingen, daß es fair zugehe. Doch fehle es an dem zu fordernden schlüssigen Erklärungswert des Verhaltens. Eine Begründung für diese These liefert *Schild* nicht. Immmerhin räumt er aber ein, daß man über sein Ergebnis streiten muß[224].

Ob und inwieweit dem Verhalten des gedopten Sportlers ein bestimmter Erklärungswert zukommt, hängt von der Verkehrsauffassung in „Wettkampfkreisen" ab. Bei Wettkämpfen wird von allen beteiligten Sportlern die Einhaltung der Dopingbestimmungen als selbstverständlich vorausgesetzt[225] [226]. Zurückführen läßt sich dies zum einen schlicht darauf, daß die

---

223 *Schild*, in: Rechtliche Fragen des Dopings, S. 13 (28); zust. *Gutheil*, Doping, S. 173.

224 *Schild*, in: Rechtliche Fragen des Dopings, S. 13 (28).

225 Auf die Auswirkungen etwaiger Zweifel des Mitkonkurrenten darüber, ob die übrigen am Wettkampf teilnehmenden Sportler tatsächlich die Dopingbestimmungen einhalten, wird - weil dies (nur) dort Relevanz hat - im Rahmen der Erörterung des Irrtums einzugehen sein (siehe unten 3. Teil, § 2, A. II.).

226 Von einer vergleichbaren Prämisse geht *Ditz*, Doping, S. 501, bei seiner Untersu-

Dopingverbote der einzelnen Verbände in aller Regel bereits ein Wettkampfzulassungshindernis darstellen[227], was allen Beteiligten auch bekannt ist. Zum anderen ließe sich ein gegenteiliger Standpunkt mit dem allen sportlichen Veranstaltungen zugrundeliegenden Wettkampfcharakter nicht nur nicht in Einklang bringen, sondern würde diesen sogar ad absurdum führen. *Preis*[228] führt hierzu, allerdings im Zusammenhang mit dem sog. „Bundesligaskandal"[229], der sich Anfang 1971 im deutschen Fußball ereignete, treffend aus: Zu den bewahrenswerten Prinzipien des Sports gehöre die Aufrechterhaltung seines Wettkampfcharakters. Auch wer sich ungern auf die „Natur der Sache" berufe, werde zugeben, daß der Wettkampf zum Wesen des leistungsmäßig betriebenen Sports gehöre. Ein Verbot, den Wettkampf durch außersportliche Mittel zu beeinflussen, sei spezifisch wettkampfbezogen. Denn ein solches Verbot diene der Erhaltung und Sicherung eines echten und ehrlichen Wettkampfes, der notwendige Voraussetzung auch für den Berufssport sei, wenn er nicht zur bloßen Artistik und Show absinken wolle.

Die Verkehrsauffassung in „Wettkampfkreisen" mißt dem Verhalten eines am Wettkampf teilnehmenden Sportlers daher auch immer den Erklärungswert bei, er bestreite diesen ohne „außersportliche Mittel" und somit in einer den Dopingregeln entsprechenden Art und Weise.

Zwar ist zuzugeben, daß es sich hierbei angesichts der regelmäßig auftretenden Dopingfälle um eine idealisierte Form der Verkehrsauffassung handelt. Da aber die Dopingbestimmungen dem gedopten Athleten die Teilnahme an einem Wettkampf verbieten, würde ein Erklärungsinhalt, der nicht dem der vorbeschriebenen Idealform entspricht, dem Wettkampfcharakter einer Sportveranstaltung den Boden entziehen. Ferner ist letztlich jede Verkehrsauffassung, die für die Bestimmung des Erklärungsinhaltes eines Verhaltens heranzuziehen ist, idealisiert, weil sie das „Minimum an

---

chung der Betrugsstrafbarkeit eines dopenden Pferdebesitzers zum Nachteil des Mitkonkurrenten aus: Bei Pferderennen werde von allen Beteiligten als selbstverständlich vorausgesetzt, daß die Regeln der Rennordnung eingehalten werden; ähnlich und ebenfalls zum Betrug im Pferderennsport *Faber*, Doping, S. 172.

227 Vgl. *Schwab*, in: Rechtliche Fragen des Dopings, S. 35 (47) und als Beispiel die Regel 53 Nr. 1 e IWB (Leichtathletik, Ausgabe 1998).

228 *Preis*, DB 1971, 1570 (1572).

229 Zu diesem siehe noch unten 3. Teil. § 1, D. I. 2. b) cc) (1) und § 4, E. II. 1. a).

Redlichkeit"[230] innerhalb des maßgeblichen Geschäfts- oder Verkehrskreises verbürgt und auch verbürgen soll.

Ist der wettkämpfende Sportler aber gedopt, so spiegelt er den übrigen Wettkampfteilnehmern die unwahre Tatsache vor, daß er sich bei der Wettkampfteilnahme den Dopingbestimmungen gemäß verhält[231]. Der für eine Täuschung durch konkludentes Tun erforderliche bestimmte Erklärungswert, aus dem sich die unwahre Behauptung erschließen läßt, ist dem Verhalten des Sportlers demzufolge zu entnehmen. Festzuhalten bleibt, daß eine Täuschung gegenüber dem Mitkonkurrenten durch schlüssiges Verhalten des Sportlers gegeben ist[232].

B. Täuschung gegenüber dem Veranstalter

In den Fällen, bei denen der Wettkampfveranstalter einen Sportler gegen ein Antrittsgeld zur Teilnahme an dem Wettkampf verpflichtet bzw. verpflichtet hat, ist ein täuschendes Verhalten des Sportlers sowohl bei als auch nach der Startzusage denkbar.

I. Täuschungshandlung bei der Startzusage des Sportlers

Steht der Sportler bei Vertragsabschluß (Startzusage) mit dem Veranstalter derart unter dem Einfluß verbotener Substanzen, daß seine fehlende Startberechtigung am Tage des Wettkampfes schon feststeht, weil er die Dopingbe-

230 *Cramer*, in: S/S, § 263 Rdn. 14.

231 Ähnlich *J. Kühl*, in: Doping - verbotene Arzneimittel, S. 156 (160), demzufolge der Sportler vorspiegele, den Wettkampf mit seinen Konkurrenten unter gleichen Bedingungen aufzunehmen.

232 Anderer Ansicht *Dury*, in: Der Trainer und das Recht, S. 9 (23), der eine Täuschungshandlung des am Wettkampf teilnehmenden Sportlers verneint. Denn dieser täusche „weder über sein überlegenes Wissen - daß er nämlich unerlaubte Substanzen genommen hat - noch über die Ungewißheit des Ausgang des Wettkampfes, zumal die positive Wirkung des Dopings und der Verlauf des Wettkampfs völlig ungewiß sind." Abgesehen davon, daß *Dury* eine Begründung für seine Ergebnisse nicht liefert, verkennt er, daß hier allein maßgeblich der Verstoß gegen die einschlägigen Dopingbestimmungen ist (siehe oben 1. Teil, § 5). Auf die Wirkungsweise einer verbotenen Substanz ist nicht abzustellen.

stimmungen während des Wettkampfes nicht wird einhalten können[233], so bereitet die Bejahung des Deliktsmerkmals der Täuschungshandlung keine größeren Schwierigkeiten.

Die relevante Tatsache, über die der gedopte Sportler bei der vertraglichen Zusicherung seiner Wettkampfteilnahme täuschen könnte, ist die Fähigkeit, den Wettkampf den Dopingbestimmungen gemäß zu bestreiten also seine Vertragsleistung auch erbringen zu können. Schließen Veranstalter und Sportler nämlich einen Vertrag, so ist regelmäßig davon auszugehen, daß ein Dopingverbot als Wettkampfzulassungshindernis aufgenommen ist[234]. Aber auch wenn dies nicht ausdrücklich erfolgt ist, bezieht sich die vertraglich eingegangene Pflicht des Sportlers zur Mitwirkung natürlich nicht auf irgendeine körperliche Teilnahme, sondern allein auf die den Wettkampf- und somit auch den Dopingbestimmungen entsprechende, für deren Voraussetzungen der Sportler selbst zu sorgen hat[235].

Hinsichtlich der Art und Weise der Täuschung gilt in dieser Konstellation folgendes: Im allgemeinen Geschäftsverkehr ist es anerkannt, daß derjenige, der eine vertragliche Verpflichtung übernimmt, sofern sich aus den Umständen nichts anderes ergibt, nach der Verkehrsanschauung die stillschweigende Erklärung abgibt, daß er zur Erfüllung seiner vertraglichen Pflichten willens und nach seiner Überzeugung bei Fälligkeit hierzu auch in der Lage sein wird[236]. Dabei ist es gleichgültig, ob es sich um die Eingehung vertraglicher Pflichten innerhalb schon bestehender oder erst neu begründeter Vertragsverhältnisse handelt. Denn die Erklärung des Erfüllungswillens und der Erfüllungsfähigkeit gehören zu den Bedingungen, „die im Rahmen des unerläßlichen Minimums an Redlichkeit im Geschäftsverkehr

---

233 Das Beispiel erfolgt in Anlehnung an einen gleichlautenden Fall, den *Schwab*, in: Rechtliche Fragen des Dopings, S. 35 (48), zivilrechtlich beleuchtet.

234 *Turner*, NJW 1992, 720 (723).

235 Ebenso *Friedrich*, SpuRt 1995, 8 (10); *Schwab*, in: Rechtliche Fragen des Dopings, S. 35 (47); *Turner*, NJW 1992, 720 (723).

236 Vgl. RGSt 41, 27 (31); 65, 106 (107); BGHSt 15, 24 (26); BGH NJW 1954, 1414 (1415); BGH GA 1972, 209; BGH NStZ 1982, 70; BGH BB 1992, 523; OLG Stuttgart NJW 1958, 1833; OLG Braunschweig NJW 1959, 2175 (2176); OLG Köln NJW 1967, 740 (741); *Cramer*, in: S/S, § 263 Rdn. 16 a; *Gössel*, BT/2, § 21 Rdn. 30; *Lackner*, in: LK, § 263 Rdn. 34; *Lackner/Kühl*, § 263 Rdn. 9; *Samson/Günther*, in: SK, § 263 Rdn. 32; *Tröndle*, § 263 Rdn. 7.

liegen“[237]. Die vertragliche Verpflichtung eines Sportlers, gegen ein Antrittsgeld am Wettkampf teilzunehmen[238], enthält daher die schlüssige Erklärung des Sportlers, er sei willens und auch fähig, den Wettkampf in einer den Dopingbestimmungen entsprechenden Art und Weise zu bestreiten, den Vertrag also auch zu erfüllen. Wird dies aufgrund der Einnahme verbotener Substanzen nicht möglich sein, so erfolgt bei der Startzusage des Sportlers (Vertragsabschluß) eine konkludente Täuschung gegenüber dem Veranstalter.

II. Täuschungshandlung nach der Startzusage des Sportlers

Ebenfalls problemlos bejahen läßt sich eine Täuschungshandlung bei der Betrugskonstellation zum Nachteil des Veranstalters, der dem Sportler nach dem Wettkampf ein Antrittsgeld auszahlt, obwohl dieser verbotene Substanzen nach der Startzusage, spätestens jedoch unmittelbar vor dem Wettkampf einnimmt und unter dem Einfluß dieser Substanzen denselben bestreitet.

Die täuschungsrelevante Tatsache ist, ebenso wie bei der Betrugskonstellation zum Nachteil des Mitkonkurrenten, die Einhaltung der Dopingbestimmungen während des Wettkampfes. Bezüglich der Art und Weise der Täuschung wird auf die Ausführungen zur Täuschung gegenüber dem Mitkonkurrenten verwiesen[239]. Demzufolge spiegelt der gedopte Sportler dem Veranstalter durch seine Teilnahme an dem Wettkampf konkludent vor, daß er sich den Dopingbestimmungen gemäß verhält[240].

---

237 *Lackner*, in: LK, § 263 Rdn. 34.

238 Nach überwiegender Auffassung wird die Verpflichtung eines an der Veranstaltung teilnehmenden Sportlers als Dienstleistung (§ 611 BGB) qualifiziert, vgl. *Koller*, RdA 1982, 46 (47); *Richtsfeld*, SpuRt 1995, 153; *Turner*, NJW 1992, 720 (723); a.A. *Schwab*, in: Rechtliche Fragen des Dopings, S. 35 (47), der die werkvertragliche Komponente betont: Der Sportler sei zur Herstellung eines Erfolgs in Gestalt seiner Teilnahme am Wettbewerb verpflichtet. Auf eine rechtliche Einordnung des Vertragsverhältnisses zwischen Veranstalter und Sportler als Dienst- oder Werkvertrag kommt es im Rahmen dieser Untersuchung jedoch nicht an.

239 Siehe oben 3. Teil, § 1, A.

240 Eine Täuschung gegenüber dem Veranstalter bejahen ebenfalls *Lackner/Kühl*, § 263 Rdn. 9: „Der gedopte Sportler täuscht den Veranstalter über sein regelwidriges Verhalten.“ sowie *Otto*, SpuRt 1994, 10 (15): „Mit der Teilnahme am Wettbewerb er-

C. Täuschung gegenüber dem Preisspender und dem Zuschauer

Auch bei den Betrugskonstellationen zum Nachteil des Preisspenders und des Zuschauers sei hinsichtlich des Tatbestandsmerkmals der Täuschung auf die Ausführungen beim möglichen Betrug zum Nachteil des Mitkonkurrenten verwiesen[241]. Der gedopte Sportler spiegelt dem Preisspender und dem Zuschauer demnach durch seine Teilnahme an dem Wettkampf konkludent vor, daß er sich den Dopingbestimmungen entsprechend verhält[242].

D. Täuschung gegenüber dem Sponsor

Hinsichtlich eines möglichen Betrugs zum Nachteil des Sponsors wird zunächst die Konstellation zu erörtern sein, bei der der Sportler einen Sponsoringvertrag abschließt, dem Ergebnisse und Wettkampferfolge zugrundeliegen, die er unter dem Einfluß unerlaubter Substanzen erzielt hat. Daran im Anschluß wird der Fall betrachtet, bei dem der Sportler bereits bei Abschluß des Sponsoringvertrages unter dem Einfluß verbotener Substanzen steht. Schließlich gilt es noch die Konstellation zu untersuchen, bei der der Sportler erst nach Vertragsabschluß dopt, seinen Sponsor hiervon jedoch nicht in Kenntnis setzt.

---

klärt der Sportler konkludent, daß er sich den sportlichen Regeln entsprechend verhält."

Vergleichbar auch *Mestwerdt*, Doping - Sittenwidrigkeit, S. 65: „Dadurch, daß der Sportler bei einem Wettkampf antritt und damit die jeweils geltenden Wettkampfbedingungen akzeptiert, erklärt er gleichzeitig, nicht gedopt zu sein. Damit täuscht er konkludent. Sowohl beim Zuschauer als auch beim Veranstalter und meist auch beim Mitkonkurrenten wird die Vorstellung erzeugt, daß er nicht gedopt sei." Offen bleibt indes, aus welchem Grund und inwieweit *Mestwerdt* beim Mitkonkurrenten differenzieren will.

241 Siehe oben 3. Teil, § 1, A.

242 So im Ergebnis auch *Otto*, SpuRt 1994, 10 (15), der in seiner Fallgestaltung allerdings davon ausgeht, daß Veranstalter und Preisspender dieselbe Person sind. Ähnlich *Ditz*, Doping, S. 508, zur vergleichbaren Betrugskonstellation im Pferderennsport: Indem der Besitzer mit einem therapeutisch gedopten Pferd am Rennen teilnehme, täusche er den Preisspender darüber, daß er sich wie alle anderen den Normen der Rennordnung unterwerfe und mit einem völlig gesunden, nicht gedopten Pferd im Rennen starte.

I. Täuschungshandlung durch den Sportler, der einen Sponsoringvertrag abschließt, dem Ergebnisse und Wettkampferfolge zugrundeliegen, die mittels Doping zustandegekommen sind

Den nachstehenden Ausführungen liegt der folgende Sachverhalt zugrunde: Ein Sportler nimmt unentdeckt unter Zuhilfenahme verbotener leistungsfördernder Substanzen an Wettkämpfen teil und erzielt dabei gute Ergebnisse[243] und Wettkampferfolge[244]. In Kenntnis dieser Leistungen schließt ein Sponsor mit dem nunmehr ungedopten Sportler einen Vertrag ab, der diesem für den Zeitraum der Vertragslaufzeit einmalige oder fortlaufende Zuwendungen von Geldern und/oder Ausrüstungsgegenständen verspricht.

Die relevante Tatsache über die der Sportler bei Abschluß des Sponsoringvertrages täuschen könnte, ist sein tatsächliches sportliches Leistungsvermögen, also das Leistungspotential über das er zum Zeitpunkt des Vertragsabschlusses ohne Doping verfügt. Falsch und daher für einen Betrug zum Nachteil des Sponsors möglicherweise erheblich ist diese Tatsache dann, wenn der Sportler seine guten Leistungen vor Vertragsabschluß nur unter Zuhilfenahme verbotener Substanzen erzielen konnte, nunmehr aber ungedopt ist und deshalb vergleichbare sportliche Leistungen während der Vertragslaufzeit auch nicht mehr erreichen kann.

Das täuschende Verhalten könnte darin zu erblicken sein, daß der Sportler den Sponsor bei Vertragsabschluß nicht darüber informiert, daß die im Vorfeld erzielten guten Leistungen primär aufgrund der Zuhilfenahme verbotener leistungsfördernder Substanzen zustandegekommen sind. Maßgebend für den Umstand, ob ein Sponsor mit dem Sportler einen Vertrag abschließt bzw. wenn ja, zu welchen Konditionen, ist vor allem das tatsächliche sportliche Leistungsvermögen des Athleten zum Zeitpunkt des Vertragsabschlusses. Dies ergibt sich aus der bereits aufgezeigten wirtschaftlichen Bedeutung des Sportsponsorings[245]: Je besser die während der Vertragslaufzeit erbrachten Leistungen eines Sportlers sind, desto höher ist auch sein Werbewert für den Sponsor. Das sportliche Leistungsniveau des Gesponserten hat nämlich immer auch Auswirkungen auf die Steigerung

243 Z. B. Landesrekord, Deutscher Rekord, Europarekord oder Weltrekord.

244 Z. B. der Gewinn eines Titels wie etwa „Landesmeister“, „Deutscher Meister“, „Weltmeister“, „Olympiasieger“ etc.

245 Siehe oben 2. Teil, § 2, B.

bzw. Stabilisierung des Bekanntheitsgrades, des Images eines Produktes oder eines Unternehmens und somit letztlich auch auf den Absatz der Produkte oder Dienstleistungen, für die der Sportler wirbt. Die Konsequenz zeigt sich zudem in der Praxis: Bringt ein Sportler nicht mehr die von dem Sponsor erwartete Leistung, so wird der Sponsoringvertrag nach Ablauf der vereinbarten Vertragsdauer i.d.R. nicht mehr verlängert. Das tatsächlich vorhandene Leistungsvermögen, das für den Vertragsabschluß bzw. die Höhe der versprochenen Gegenleistung ausschlaggebend ist, läßt sich für den Sponsor naturgemäß am ehesten anhand der bisherigen Ergebnisse und Wettkampferfolge des Sportlers ermitteln. Problematisch ist allerdings, welche Begehungsform einer Täuschung in Betracht zu ziehen ist.

1. Ausdrückliche Täuschung durch bewußt unwahre Behauptung

Zu denken ist zunächst an eine Täuschung durch ausdrückliches Tun. Dies setzt voraus, daß der Täter die Unwahrheit expressis verbis zum Ausdruck bringt, also die unwahre Tatsache zum Gegenstand einer Aussage macht[246]. Eine bewußt unwahre, zum Gegenstand einer Aussage gemachte Behauptung des dopenden Sportlers läßt sich bei der hier interessierenden Fallgestaltung nur unter engen Voraussetzungen annehmen. Und zwar nur dann, wenn zwischen Sponsor und Sportler eine ausdrückliche Abrede dahingehend getroffen wird, daß die Leistungen des Sportlers vor dem Zeitpunkt des Vertragsabschlusses ohne die Zuhilfenahme verbotener Substanzen zustandegekommen sind, die dabei erzielten Ergebnisse und Wettkampferfolge somit auch seinem gegenwärtigen Leistungsvermögen entsprechen. Dazu müßte der Sportler vor oder mit dem Vertragsabschluß eine solche Erklärung dem Sponsor gegenüber mündlich oder schriftlich abgeben, was in der Praxis jedoch regelmäßig nicht der Fall sein wird.

2. Täuschung durch konkludentes Tun

Im folgenden ist die Frage zu klären, ob der Sportler dem Sponsor bei Vertragsabschluß schlüssig vorspiegelt, er habe die im Vorfeld erreichten Ergebnisse und Wettkampferfolge ohne den Einfluß verbotener leistungsfördernder Substanzen erzielt. Sollte dies bejaht werden können, so ist dem

---

246 *Cramer*, in: S/S, § 263 Rdn. 13 sowie oben 3. Teil, § 1, A. I. a.E.

Verhalten des Sportlers nach dem einleitend Gesagten weiterhin der Erklärungswert beizumessen, er besitze zum Zeitpunkt des Vertragsabschlusses ein sportliches Leistungsvermögen, das mit dem im Vorfeld gezeigten vergleichbar ist.

Ob und welchen Erklärungswert ein Gesamtverhalten des Täters besitzt, beurteilt sich nach der jeweiligen Verkehrsanschauung[247]. Zu ermitteln ist daher, ob dem Verhalten des Sportlers, also dem Vertragsabschluß mit dem Sponsor unter Zugrundelegung der zuvor erreichten guten Ergebnisse und Wettkampferfolge, nach der Verkehrsauffassung in Sportsponsoringkreisen ein Erklärungswert zukommt, der eine Schlußfolgerung auf das Vorliegen bzw. Nichtvorliegen der täuschungsrelevanten Tatsache zuläßt.

a) *Nach allgemeiner Verkehrsauffassung konkludent miterklärte Tatsache*

Ebenso wie sich der Dienstherr im Vorfeld eines Anstellungsverhältnisses durch Einsichtnahme in die Bewerbungsunterlagen und bei der persönlichen Vorstellung des Bewerbers erst ein Bild von dessen beruflichen Leistungen und persönlichen Qualitäten zu gewinnen sucht, kommt es dem Sponsor beim Abschluß eines Sponsoringvertrages mit einem Sportler maßgebend auf die im Vorfeld durch diesen erzielten Leistungen an. Denn die Kenntnis des Sponsors hierüber ist Voraussetzung für eine leistungsadäquate Festsetzung von Höhe und Umfang seiner Sponsoringleistung[248]. Während der Vertragsverhandlungen wird der Sponsor deshalb auch regelmäßig durch den Sportler auf seine bisher erbrachten Leistungen hingewiesen.

Der Sponsor geht aber ebenso wie der Mitkonkurrent, Veranstalter, Preisspender und Zuschauer[249] davon aus, daß Sportler an Wettkämpfen regelgerecht, also ungedopt teilnehmen. Die Einhaltung der Dopingbestimmungen bei Wettkämpfen wird von ihm, wie von den übrigen Personen in

247 Zu den Voraussetzungen einer Täuschung durch konkludentes Tun siehe schon oben 3. Teil, § 1, A. II.

248 Je besser die bisher im Vorfeld erbrachten Leistungen des Sportlers sind, desto höher ist der Marktwert des Sportlers und desto umfangreicher werden auch die finanziellen und/oder sachlichen Zuwendungen des Sponsors sein.

249 Siehe oben 3. Teil, § 1, A. II. 2.; B. II. und C.

„Wettkampfkreisen“ auch, als selbstverständlich vorausgesetzt[250] [251]. Wird nun der Sponsor während der Vertragsverhandlungen durch den Sportler auf dessen bisher erreichte Ergebnisse und Wettkampferfolge hingewiesen, so impliziert diese Mitteilung die weitere Tatsache, der Sportler habe diese Leistungen durch eine den Dopingbestimmungen entsprechende Art und Weise und somit ohne Zuhilfenahme verbotener Substanzen erzielt. Hierdurch spiegelt der Sportler dem Sponsor aber zugleich vor, er besitze gegenwärtig ein sportliches Leistungsvermögen, das dem im Vorfeld gezeigten entspricht[252]. Der für eine Täuschung durch konkludentes Tun erforderliche bestimmte Erklärungswert ist dem Verhalten des Sportlers demzufolge zu entnehmen.

b) Stillschweigende Behauptung einer die Grundlage des Geschäfts bildenden Tatsache

Die konkludente Täuschung gegenüber dem Sponsor könnte sich zudem durch eine weitere Überlegung begründen lassen. Nach der Verkehrsanschauung enthält der Abschluß eines Vertrages schlüssig die Erklärung jener Tatsachen, die nach Treu und Glauben (§ 242 BGB) Grundlage des Geschäfts sind[253]. So ist z. B. bei dem Abschluß eines Wettvertrages über

---

250 Auf die Auswirkungen etwaiger Zweifel des Sponsors hierüber wird im Rahmen der Erörterung des Irrtums einzugehen sein (siehe unten 3. Teil, § 2, C. I.).

251 Vergleichbar *Ditz*, Doping, S. 517 f., der bei dem Verkauf eines Rennpferdes unterstellt, daß der Käufer des Pferdes immer darauf vertraue, daß die bisherigen Rennen unter Einhaltung der Normen der Rennordnung bestritten worden seien und daß alle Aktiven nur mit gesunden, nicht gedopten Pferden an den Start gingen. Zur Begründung führt *Ditz*, Doping, S. 518, an, daß die Pferderennen andernfalls als Maßstab für eine maximale Zuchtauslese sinnlos und uninteressant seien.

252 Eine ähnliche Begründung findet sich bei *Ditz*, Doping, S. 517 f., 520. Er erblickt bei seiner Untersuchung eines Betrugs zum Nachteil des Käufers eines Rennpferdes, das unter Dopingmitteln gute Leistungen erbrachte, die Täuschungshandlung des Verkäufers darin, daß dieser beim Verkauf durch den Hinweis auf bisher erzielte Laufleistungen und erreichte Plazierungen dem Käufer schlüssig vorspiegele, die bisherigen Ergebnisse seien ohne Hilfe von Dopingmitteln erreicht worden. Dies lasse darauf schließen, daß die in den bisherigen Rennen gezeigten Leistungen dem tatsächlichen Können des Pferdes entsprächen.

253 Vgl. BGHSt 29, 165 (167); *Cramer*, in: S/S, § 263 Rdn. 16 e; *Hellmann*, JA 1988, 73 (77); *Lackner*, in: LK, § 263 Rdn. 43; *Lackner/Kühl*, § 263 Rdn. 10; *Maaß*, GA 1984, 264 (283); *Triffterer*, NJW 1975, 612 (615).

Pferderennen nach der Verkehrsanschauung im Pferderennsport als von dem Wetter konkludent miterklärt anzusehen, er kenne den Ausgang des Rennens nicht[254]. Der Umstand, der die Geschäftsgrundlage bildet, das für beide Vertragsparteien bestehende Wettrisiko[255], wird schlüssig mitbehauptet.

Ditz[256] hat diese Konstruktion bei einer mit der hier erörterten vergleichbaren Betrugskonstellation im Pferderennsport herangezogen und eine konkludente Täuschung durch die stillschweigende Behauptung einer Tatsache, die die Geschäftsgrundlage bildet, angenommen. Im folgenden werden daher zunächst die Ausführungen von *Ditz* dargestellt. Sodann bleibt zu prüfen, ob sich dessen Lösungsansatz auf die Betrugskonstellation zum Nachteil des Sponsors übertragen läßt.

aa) Begründung von Ditz zur vergleichbaren Konstellation im Pferderennsport als Ausgangspunkt für die weitere Argumentation

Ditz untersucht den Fall, in dem jemand ein Rennpferd kauft, das unbemerkt in gedoptem Zustand an Rennen teilgenommen und mit Hilfe der künstlichen Leistungsveränderung gute Ergebnisse erzielt hat, ohne diese „Hilfsmittel" jedoch nicht in der Lage ist, die gleichen Rennleistungen zu erbringen[257]. Eine konkludente Täuschung gegenüber dem Käufer des Pferdes ergebe sich aus der zwingenden Überlegung, daß in der gesamten Praxis des Kaufes und Verkaufes von Rennpferden unstreitig die Gesundheit des Rennpferdes sowie die theoretische Möglichkeit, mit dem Pferd dieselben guten Leistungen zu erzielen wie der Vorbesitzer, die Geschäftsgrundlage bilde. Sei diese Geschäftsgrundlage nicht gegeben, weil das Pferd nur unter dem Einfluß von therapeutischen Dopingmitteln gute Leistungen erbringe, da diese vorhandene Verletzungen verbergen, so täusche der Verkäufer schlüssig über das Vorhandensein von Tatsachen, die nach dem Vertrags-

---

254 Vgl. RGSt 62, 415 (416); *Bockelmann*, NJW 1961, 1934 (1935); *Ditz*, Doping, S. 479; *Cramer*, in: S/S, § 263 Rdn. 16 e; *Lackner*, in: LK, § 263 Rdn. 43; *Lackner/Kühl*, § 263 Rdn. 9; *Maurach/Schroeder/Maiwald*, BT/1, § 41 Rdn. 39; *Mittelbach*, JR 1961, 506 (507); *Tröndle*, § 263 Rdn. 7; *Welzel*, Strafrecht, S. 369; *Wersdörfer*, JZ 1962, 450 (451); a.A. BGHSt 16, 120 (121); zust. *Faber*, Doping, S. 146.

255 *Lackner*, in: LK, § 263 Rdn. 43.

256 *Ditz*, Doping, S. 518 f.

257 *Ditz*, Doping, S. 514 ff.; siehe auch schon oben in Fußnote 252.

inhalt die Grundlage des Geschäftes bilden[258]. Da ein Rennpferd, das nur mit Hilfe von Medikamenten eine bestimmte Leistung zu erbringen imstande sei, für den Käufer sowohl aus züchterischer als auch aus der Sicht der Rennteilnahme nicht zu gebrauchen und damit wertlos sei, begehe derjenige Verkäufer eine konkludente Täuschung, der mit Hilfe von Dopingmitteln bestimmte bestehende Mängel „maskiere“[259].

Die Begründung von *Ditz* kann von ihrem Ansatz her ohne weiteres auf die Betrugskonstellation zum Nachteil des Sponsors übertragen werden. Sofern nämlich der Umstand, daß die Leistungen, die von dem Sportler in den bisherigen Wettkämpfen erzielt wurden, dem bei Vertragsabschluß tatsächlich vorhandenen sportlichen Leistungsvermögen des Sportlers entsprechen, zur Geschäftsgrundlage des Sponsoringvertrages geworden ist, so ist dieser Umstand auch als eine von dem Sportler bei Abschluß des Vertrages schlüssig miterklärte Tatsache i.S.d § 263 StGB anzusehen. Eines ausdrücklichen Hinweises des Sportlers während der Vertragsverhandlungen auf bisher erreichte Leistungen und Wettkampferfolge bedürfte es dann zur Begründung einer konkludenten Täuschung nicht mehr. Ein schlüssiges Vorspiegeln würde durch den bloßen Abschluß des Sponsoringvertrages erfolgen. Eine Täuschungshandlung des Sportlers käme also auch dann in Betracht, wenn der Sponsor schon vor Beginn der Vertragsverhandlungen, z. B. durch die Medien, Kenntnis von den bisherigen Ergebnissen und Wettkampferfolgen des Sportlers erlangt hat. In der Praxis wird dies bei dem Abschluß von Verträgen mit erfolgreichen Athleten die Regel sein. In diesen Fällen ist es nämlich der Sponsor, der in Kenntnis der zuvor erzielten Leistungen des Sportlers an diesen mit dem Ziel künftiger Zusammenarbeit herantritt.

Im folgenden gilt es festzustellen, ob der Umstand, daß das bei Vertragsabschluß tatsächlich vorhandene sportliche Leistungsvermögen des Athleten dem im Vorfeld gezeigten entspricht, die Geschäftsgrundlage des Vertrages zwischen Sportler und Sponsor bildet. Dazu bedarf es zunächst einer Abgrenzung zum Vertragsinhalt der Vereinbarung.

---

258 *Ditz*, Doping, S. 518.

259 *Ditz*, Doping, S. 519.

bb) Abgrenzung zum Vertragsinhalt

Geschäftsgrundlage kann nur ein Umstand sein, der nicht Vertragsinhalt ist[260]. Denn die Elemente der Geschäftsgrundlage sind gerade nicht Inhalt, sondern außerhalb des Vertrages stehende Grundlage des Vertrages[261]. Zunächst muß deshalb ermittelt werden, ob der in Rede stehende Umstand nicht bereits Inhalt des Sponsoringvertrages geworden ist. Wie schon aufgezeigt[262], beinhaltet ein Sponsoringvertrag Vereinbarungen über die Leistungen des Sponsors und die Gegenleistungen des Gesponserten. Im Rahmen des Sponsorings von Spitzensportlern werden in einem solchen Vertrag regelmäßig Bestimmungen getroffen, die dem Sportler die Pflicht auferlegen, Werbehandlungen vorzunehmen und die eine Nutzung des allgemeinen Persönlichkeitsrechts des Sportlers durch den Sponsor gestatten. Der Sponsor verpflichtet sich seinerseits zur Bereitstellung von Geld- und/oder Sachleistungen für den Gesponserten.

Eine ausdrückliche Vereinbarung des Inhalts, der Sportler befinde sich bei Vertragsabschluß auf einem sportlichen Leistungsniveau, das dem seiner im Vorfeld erzielten Ergebnisse und Wettkampferfolge entspricht, wird in der Praxis regelmäßig nicht vorliegen, weil dies als selbstverständlich vorausgesetzt wird. Eine derartige Vereinbarung läßt sich dem Vertragsinhalt auch nicht im Wege einer erläuternden Auslegung des Sponsoringvertrages zuordnen, die den gewollten und verstandenen Sinn des wirklich Erklärten ermittelt[263]. Denn die erläuternde Auslegung findet ihre Grenzen im möglichen Wort- und Erklärungssinn, also dort, wo eine bestimmte Bedeutung mit dem Wortlaut oder dem sonstigen Verhalten für einen objektiven Betrachter in gerade noch vertretbarer Weise verbunden werden kann[264]. Wenn im Sponsoringvertrag indessen, was der Regelfall sein wird, weder eine undeutliche noch mißverständliche Erklärung zu dem fraglichen Umstand existiert, so kann auch nichts erläuternd ausgelegt werden.

---

260 BGHZ 90, 69 (74); *Esser*, MDR 1958, 287; *Heinrichs*, in: Palandt, § 242 Rdn. 116; *Mayer-Maly*, in: MK, § 133 Rdn. 23.

261 BGHZ 16, 4 (8); BGHZ 90, 69 (74); BGH WM 1969, 335 (336); 1237 (1239); *Roth*, in: MK, § 242 Rdn. 571; *Sirp*, in: Erman, § 242 Rdn. 169.

262 Siehe oben 2. Teil, § 3.

263 Vgl. *Wolf*, in: Soergel, § 157 Rdn. 3 und 107.

264 *Wolf*, in: Soergel, § 157 Rdn. 32.

Denkbar wäre es noch, den Sponsoringvertrag ergänzend, also über den möglichen Wortsinn hinaus, auszulegen. Sofern es nämlich an einer Vereinbarung fehlt, kann im Wege der ergänzenden Vertragsauslegung eine Vertragslücke durch Ermittlung des hypothetischen Willens im Wege des „Zuendedenkens“ der vertraglichen Regelung geschlossen werden[265]. Voraussetzung wäre also, daß in dem Sponsoringvertrag eine Lücke besteht. Lückenhaft erweist sich eine rechtsgeschäftliche Regelung immer dann, wenn die Parteien es bewußt oder unbewußt[266] unterlassen haben, eine Vereinbarung über die Frage zu treffen, deren Regelung - und zwar regelmäßig in einem bestimmten Sinn - durch den Vertragszweck gefordert wird[267]. Zu ermitteln wäre demzufolge, wie Sponsor und Sportler vernünftigerweise die offen gebliebene Frage geregelt haben würden, wenn sie diese bei Abschluß des Sponsoringvertrages bedacht hätten (sog. hypothetischer Parteiwille)[268]. Allerdings kann es sich hierbei nicht um die Frage handeln, ob der Sportler sich auf dem gleichen sportlichen Leistungsvermögen befindet wie im Vorfeld des Vertragsabschlusses. Wüßte der Sponsor nämlich positiv, daß dies nicht der Fall ist, der Sportler künftig zu vergleichbaren Leistungen also auch nicht imstande wäre, so würde er den Vertrag entweder überhaupt nicht oder aber zu völlig anderen Konditionen abschließen.

Da sich eine Vereinbarung des in Rede stehenden Inhalts nicht mittels einer Auslegung des Sponsoringvertrages dem Vertragsinhalt zuordnen läßt, bleibt nunmehr zu untersuchen, ob der interessierende Umstand die Geschäftsgrundlage des Vertrages zwischen Sportler und Sponsor bildet.

cc) Geschäftsgrundlage eines Sponsoringvertrages

Die Geschäftsgrundlage wird nach der gefestigten Rechtsprechung des Bundesgerichtshofs gebildet durch die „nicht zum eigentlichen Vertragsinhalt erhobenen, aber bei Vertragsschluß zutage getretenen gemeinschaftli-

---

265 BGHZ 84, 1 (7); *Brox*, Allgemeiner Teil, Rdn. 138; *Heinrichs*, in: Palandt, § 157 Rdn. 7; *Wolf*, in: Soergel, § 157 Rdn. 129.

266 BGH WM 1976, 251 (252 f.); *Köhler*, Allgemeiner Teil, § 16, Rdn. 19; *Mayer-Maly*, in: MK, § 157 Rdn. 34.

267 *Larenz*, NJW 1963, 737 (739).

268 Vgl. BGH LM Nr. 5 zu § 157; *Brox*, Allgemeiner Teil, Rdn. 138; *Köhler*, Allgemeiner Teil, § 16, Rdn. 19; *Mayer-Maly*, in: MK, § 157 Rdn. 41.

chen Vorstellungen beider Parteien oder die dem Geschäftsgegner erkennbaren und von ihm nicht beanstandeten Vorstellungen der einen Vertragspartei von dem Vorhandensein oder dem künftigen Eintritt gewisser Umstände, auf denen der Geschäftswille der Parteien aufbaut"[269]. Fragen der Geschäftsgrundlage ergeben sich häufig im Zusammenhang mit der besonderen oder weiteren Verwendbarkeit des Leistungsgegenstandes. So hatte der 3. Zivilsenat des Bundesgerichtshofs im Jahr 1975 im Zusammenhang mit dem „Bundesligaskandal"[270] den folgenden, mit der hier interessierenden Konstellation in der zivilrechtlichen Thematik ähnlichen Fall zu entscheiden[271].

(1) Entscheidung des Bundesgerichtshofs zum Transfer eines in den „Bundesligaskandal" verwickelten Lizenzspielers (BGH NJW 1976, 565)

Der Kläger, ein Verein der Fußballregionalliga, hatte am 24.06.1971 mit dem Beklagten, einem Bundesligaklub, einen Vertrag über den Transfer eines Lizenzspielers abgeschlossen und zahlte dafür 40.000 DM als Ablösung. Beiden Parteien ist nicht bekannt gewesen, daß der Spieler in den „Bundesligaskandal" verwickelt war; er hatte anläßlich des Bundesligaspiels des Beklagten gegen Arminia Bielefeld am 29.05.1971 eine zur Verfälschung des Spielresultats gezahlte Geldsumme angenommen. Der Spieler legte Anfang August 1971, noch ehe er nennenswert eingesetzt werden konnte, ein Geständnis ab und wurde dann vom Deutschen Fußballbund (DFB) mit einer Sperre belegt. Der Kläger hatte den Transfervertrag angefochten und von dem Beklagten die Rückzahlung der gleisteten Ablösesumme verlangt. Der BGH bejahte ebenso wie die beiden Vorinstanzen

---

269 BGH NJW 1985, 313 (314), ähnlich jüngst BGHZ 120, 10 (23); 121, 378 (391) und schon RGZ 103, 328 (332); 168, 121 (126 f.). Die Literatur bemüht sich demgegenüber um eine klarere, insbesondere die Abgrenzung zwischen Geschäftsgrundlage und unbeachtlichem Motiv schärfer hervorhebendere Definition (vgl. z. B. *Medicus*, Bürgerliches Recht, Rdn. 165 a; *Fikentscher*, Schuldrecht, Rdn. 175 m.w.N.), ohne daß sich in der Sache jedoch ein wesentlicher Unterschied ausmachen ließe.

270 Vgl. dazu aus strafrechtlicher Sicht BGH NJW 1975, 1234; LG Bielefeld JZ 1977, 692; *Bringewat*, JZ 1977, 667 ff.; *Schreiber/Beulke*, JuS 1977, 656 ff.; *Seelmann*, JuS 1982, 914 (917 f.); *Steinke*, Kriminalistik 1975, 403 ff.; *Triffterer*, NJW 1975, 612 ff.; siehe auch die Ausführungen unten 3. Teil, § 4, E. II. 1. a).

271 BGH, Urt. v. 13.11.1975 - III ZR 106/72 - NJW 1976, 565.

einen Rückzahlungsanspruch des Klägers nach den Grundsätzen über das Fehlen bzw. den Wegfall der Geschäftsgrundlage und gab der Klage statt.

Zur Beschreibung der Geschäftsgrundlage eines Vertrages verwendet der BGH in seiner Entscheidung die übliche, oben dargelegte Formulierung. Für den Transfervertrag ergebe sich, daß die Vorstellung, der Spieler sei nicht in einer Weise belastet, die seine Spielerlaubnis für den übernehmenden Verein gefährde, für die Vertragsparteien eine Selbstverständlichkeit gewesen sei. Diese Vorstellung habe die Geschäftsgrundlage des Transfervertrages gebildet. Sofern nämlich zwei Fußballvereine die Zahlung einer Ablöseentschädigung vereinbarten, um eine nach den Statuten des DFB notwendige Voraussetzung dafür zu schaffen, daß ein Spieler die Spielerlaubnis für den übernehmenden Verein erhalte, so setzten sie bei verständiger Würdigung ihrer beiderseitigen Belange als Grundlage ihres Vertragswillens voraus, daß der Spieler keine persönlichen Eigenschaften aufweise, die ihn für die Erteilung der Spielerlaubnis objektiv ungeeignet machten[272].

(2) Konsequenzen für den Sponsoringvertrag

Die Parallelen zu der hier interessierenden Konstellationsind deutlich. Der Fußballspieler im BGH-Fall begeht ebenso wie der Sportler, der den Sponsoringvertrag abschließt, eine unsportliche Handlung, die noch vor Abschluß des jeweiligen Vertrages steht und auch ersichtlich Auswirkungen auf das spätere Vertragsverhältnis hat. Der BGH[273] führt aus, daß der Spieler bereits im Zeitpunkt des Vereinswechsels nicht mehr die rechtlichen Voraussetzungen dafür erfüllt habe, bei einem Verein im DFB zum Einsatz

---

272 BGH NJW 1976, 565 (566). Den späteren Lizenzentzug weist der BGH dem Risikobereich des früheren Vereins zu und hält die Gewähr eines Rücktrittsrechts als Folge des Fehlens der Geschäftsgrundlage nach Treu und Glauben für geboten (BGH NJW 1976, 565 [567]). Gegen die von dem BGH vorgenommene Risikoverteilung richtet sich die Kritik von *Dörner*, JuS 1977, 225 (227 f.). Ob die zur Geschäftsgrundlage gewordene Fehlvorstellung einen Umstand betrifft, der nach dem Vertragszweck allein in den Risikobereich des neuen Vereins fällt und diesem daher auch kein Recht gibt, sich auf eine Störung der Geschäftsgrundlage zu berufen, kann hier dahingestellt bleiben. Denn die Voraussetzungen des *Fehlens* der Geschäftsgrundlage (vgl. dazu *Heinrichs*, in: Palandt, § 242 Rdn. 125 ff.) haben für die in diesem Abschnitt aufzuzeigende schlüssige Täuschung durch Vorspiegelung einer Tatsache, die die Grundlage des Geschäfts bildet, keine Relevanz.

273 BGH NJW 1976, 565 (567).

zu kommen. Ein solcher Spieler werde durch eine unsportliche Handlung der hier vorliegenden Art auch für den Stammverein objektiv „wertlos". Werde aber der dem Spieler anhaftende Mangel erst nach der Ablösevereinbarung aufgedeckt, so werde dadurch nur offengelegt, daß der Spieler die Eigenschaften, die ihn für einen Verein im DFB wertvoll machen, bereits eingebüßt hatte.

Letztlich gleich zu beurteilen ist es, wenn ein Sportler die im Vorfeld des Vertragsabschlusses gezeigten Leistungen nur unter Zuhilfenahme verbotener Substanzen erzielen konnte. Wird der Sportler während der Vertragsdauer nämlich nicht an die zuvor gezeigten Leistungen anknüpfen können, weil er nunmehr, wie es auch der Vertrag erfordert[274], ungedopt ist, so hat er, um es mit dem BGH zu sagen, die Eigenschaft, die ihn für den Sponsor wertvoll macht - das potentielle, dem Vertrag zugrundegelegte sportliche Leistungsvermögen - bereits eingebüßt.

Für den Sponsoringvertrag steht nach dem Gesagten fest: Bei Abschluß eines Vertrages geht der Sponsor davon aus, der Sportler besitze zu diesem Zeitpunkt ein sportliches Leistungsvermögen, das dem vor Vertragsabschluß gezeigten entspricht, die bisher erzielten Ergebnisse und Wettkampferfolge somit auch das gegenwärtige (potentielle) Leistungsvermögen widerspiegeln. Er setzt also voraus, daß sein Vertragspartner während der Vertragslaufzeit theoretisch dazu in der Lage sein wird, die Wettkämpfe auf dem gleichen Leistungsniveau bestreiten zu können, wie er dies im Vorfeld getan hat. Diese Vorstellung bildet auch die Geschäftsgrundlage des Sponsoringvertrages. Wüßte der Sponsor nämlich, daß dies tatsächlich nicht der Fall ist, so hätte er den Vertrag mit dem Sportler entweder überhaupt nicht oder zumindest zu anderen Konditionen abgeschlossen.

dd) Zwischenergebnis

Der Sportler erklärt bei Abschluß des Sponsoringvertrages konkludent, daß sein tatsächlich vorhandenes sportliches Leistungsvermögen dem im Vorfeld gezeigten entspricht, weil dieser Umstand die Geschäftsgrundlage des Sponsoringvertrages bildet. Ist der Sportler aber im Gegensatz zur Vorvertragszeit, wie es die Vereinbarung verlangt, ungedopt und kann deshalb ver-

---

274 Siehe oben 2. Teil, § 3, C. II.

gleichbare Leistungen während der Vertragslaufzeit jedenfalls ohne Zuhilfenahme verbotener Substanzen auch nicht mehr erreichen, so täuscht er den Sponsor bei Vertragsabschluß über eine Tatsache, die die Grundlage des Geschäfts bildet.

II. Täuschungshandlung durch den Sportler, der bei Abschluß des Sponsoringvertrages unter dem Einfluß verbotener Substanzen steht

Die vorangegangene Untersuchung hat ergeben, daß eine Täuschungshandlung desjenigen (nicht gedopten) Sportlers zu bejahen ist, der einen Sponsoringvertrag abschließt, dem Leistungen zugrundeliegen, die der Athlet unter dem Einfluß verbotener leistungsfördernder Substanzen erzielt hat. Nunmehr gilt es die Fallkonstellation zu betrachten, bei der aufgrund des gedopten Zustandes des Sportlers bereits zum Zeitpunkt des Vertragsabschlusses feststeht, daß er seine versprochene Leistung, Werbehandlungen eines während der Vertragslaufzeit „sauberen", „makellosen" Sportlers, nicht erbringen kann[275].

Die relevante Tatsache über die der gedopte Sportler bei Abschluß des Sponsoringvertrages täuschen könnte, ist die Fähigkeit, seine Vertragsleistung erbringen zu können. Als Begehungsform einer Täuschung gegenüber dem Sponsor kommt erneut ausdrückliches oder konkludentes Tun in Frage.

1. Täuschung durch ausdrückliche Abgabe einer Erklärung

Eine ausdrückliche Täuschungshandlung des gedopten Sportlers läßt sich in dieser Fallgestaltung nur dann annehmen, wenn zwischen Sponsor und Sportler bereits vor oder bei Vertragsabschluß eine ausdrückliche Abrede (mündlich oder schriftlich) dahingehend getroffen wird, daß sich der Sportler nicht unter dem Einfluß von Substanzen befindet, die nach den für seinen Verband geltenden Dopingbestimmungen verboten sind. In diesem Fall brächte der gedopte Sportler die Unwahrheit expressis verbis zum Ausdruck. Fehlt es an einer solchen Abrede, so wird man eine Täuschung durch schlüssiges Verhalten in Betracht ziehen können.

---

275 Zu der vertraglichen Verpflichtung des Sportlers siehe schon ausführlich oben 2. Teil, § 3, C. I.

2. *Täuschung durch konkludentes Tun*

Will man eine konkludente Täuschung gegenüber dem Sponsor aufzeigen, so kann zur näheren Begründung ohne weiteres auf die Ausführungen bei der Betrugskonstellation zum Nachteil des Veranstalters verwiesen werden[276]. Dort wurde in der Fallgestaltung, bei der die fehlende Startberechtigung des Sportlers aufgrund des Einflusses verbotener Substanzen schon bei der Startzusage feststeht, eine konkludente Täuschung im Ergebnis deshalb bejaht, weil der Sportler bei Eingehung der vertraglichen Verpflichtung stillschweigend die unwahre Tatsache erklärt, er sei willens und auch fähig, den Vertrag zu erfüllen.

Nicht anders ist bei der in Rede stehenden Konstellation zum Nachteil des Sponsors zu argumentieren. Steht nämlich aufgrund des gedopten Zustandes des Sportlers bereits zum Zeitpunkt des Vertragsabschlusses fest, daß er seine versprochene Leistung - Werbehandlungen eines während der Vertragslaufzeit „sauberen", „makellosen" Athleten - nicht erbringen kann, so begeht der Sportler bei Abschluß des Sponsoringvertrages eine konkludente Täuschung gegenüber dem Sponsor.

III. Täuschungshandlung durch den Sportler, der nach Abschluß des Sponsoringvertrages verbotene Substanzen einnimmt

Die eben skizzierte Konstellation hat gezeigt, daß eine Täuschungshandlung desjenigen Sportlers gegeben ist, der bei Abschluß des Sponsoringvertrages unter dem Einfluß verbotener Substanzen steht. Im folgenden gilt es, eine Täuschungshandlung des Sportlers aufzuzeigen, der erst nach Abschluß des Sponsoringvertrages wissentlich verbotene Substanzen einnimmt, seinen Sponsor hiervon aber - auch im weiteren Vertragsverlauf - nicht in Kenntnis setzt.

Die relevante Tatsache, über die der Sportler in dieser Fallgestaltung täuschen könnte, ist die Einhaltung des Dopingverbots während der Vertragslaufzeit und somit die weiterhin vertragsgemäße Leistungserfüllung[277].

---

276 Siehe oben 3. Teil, § 1, B. I.

277 Daß der Sportler seine Vertragsleistung vom Zeitpunkt der Einnahme der verbotenen Substanzen an nicht mehr erbringt, sie ihm unmöglich geworden ist, wurde bereits oben (2. Teil, § 3, C. II. 2.) dargelegt.

Verheimlicht der Sportler dem Sponsor die Einnahme der verbotenen Substanzen und somit den Umstand, daß er von diesem Zeitpunkt an seine Vertragsleistung in Wirklichkeit nicht mehr erbringt, so ist zu überlegen, ob als Begehungsform der Täuschung positives Tun oder Unterlassen in Betracht kommt.

1. Täuschung durch ausdrückliche Abgabe einer Erklärung

Eine ausdrückliche Täuschung gegenüber dem Sponsor kommt nach Vertragsabschluß nur dann in Frage, wenn der Sportler die Unwahrheit expressis verbis zum Ausdruck bringt. Dazu müßte er die Tatsache, daß er nicht gedopt hat und somit auch weiterhin vertragsgemäß erfüllt, zum Gegenstand einer Aussage gegenüber seinem Sponsor machen. Da es in der Praxis aber kaum denkbar ist, daß der Sportler im Zeitraum nach Abschluß des Sponsoringvertrages und nach Einnahme der verbotenen Substanzen seinem Sponsor gegenüber eine Behauptung dieses Inhalts expressis verbis (mündlich oder schriftlich) trifft, scheidet eine ausdrückliche Täuschung im Regelfall aus.

2. Keine konkludente Täuschung durch Entgegennahme der vertraglich zugesicherten Leistungsgegenstände

Eine Täuschung über Tatsachen kann aber auch durch schlüssiges Verhalten erfolgen. Nach der herrschenden und auch hier vertretenen Auffassung[278] setzt eine solche Täuschung voraus, daß das Gesamtverhalten einer Person als stillschweigende Erklärung über die relevante Tatsache zu werten ist; dabei kommt der Verkehrsanschauung eine wesentliche Bedeutung zu.

Mit Abschluß des Sponsoringvertrages hat der Sportler sich dazu verpflichtet, für den Sponsor Werbehandlungen als „sauberer", „makelloser" Athlet zu erbringen[279]. Dieser Verpflichtung handelt der Sportler mit der Einnahme der verbotenen Substanzen jedoch zuwider. Für die Annahme einer konkludenten Täuschung kommt es nunmehr darauf an, ob einem Verhalten des Sportlers im Zeitraum nach Einnahme der Dopingsubstanzen nach der Verkehrsanschauung in Sponsoringkreisen der Erklärungswert zu-

278 Siehe oben 3. Teil, § 1, A. II. 2.

279 Siehe oben 2. Teil, § 3, C. I.

kommt, der Sportler habe sich nicht gedopt und erfülle deshalb auch weiterhin vertragsgemäß.

Als ein solches Verhalten käme die Entgegennahme der im Sponsoringvertrag zugesicherten Leistungen in Betracht. Ob hierin eine konkludente Täuschung gegenüber dem Sponsor erblickt werden kann, muß allerdings bezweifelt werden. Die Sachlage ist nämlich vergleichbar mit den sog. „Hotelgastfällen“, in denen ein Gast nach Eintritt einer bei Vertragsabschluß noch nicht absehbaren Mittellosigkeit weiter im Hotel verbleibt und die Leistung im üblichen Umfang weiter entgegennimmt. Einem solchen Verhalten kann nach nahezu einhelliger und zutreffender Ansicht nicht der erneute Erklärungswert beigemessen werden, der Gast könne und wolle seine Gegenleistung erbringen, er sei also noch zahlungsfähig[280]. Andernfalls würde man das Verhalten des Gastes „in lebensfremder Weise“ überinterpretieren[281].

Sehr deutlich in diesem Sinne sind die Ausführungen von *Triffterer*[282]: „Ob eine Täuschung durch konkludentes Verhalten vorliegt, bestimmt letztlich - auch bei Nicht-Rechtsgeschäften - der am rechtsgeschäftlichen Verkehr orientierte Erklärungswert des Verhaltens. Jedem Schritt eines Gastes, der ein bestelltes Hotelzimmer in Anspruch nimmt, den Erklärungswert beizulegen: Ich bin (noch) zahlungsfähig, erscheint jedoch weltfremd. Auch die stillschweigende Entgegennahme geschuldeter Leistung ist nicht geeignet, bei einem Wirt die Vorstellung zu wecken: Der Gast schläft und frühstückt, also ist er (weiterhin) zahlungsfähig.“[283]

---

280 OLG Hamburg NJW 1969, 335 f.; BGH MDR 1973, 729; BGH GA 1974, 284; BGH wistra 1987, 213; *Eser*, Strafrecht IV, S. 114; *Gössel*, BT/2, § 21 Rdn. 32; *Krey*, Strafrecht BT/2, Rdn. 344 f.; *Lackner/Kühl*, § 263 Rdn. 9; *Lackner*, in: LK, § 263 Rdn. 39; *Otto*, Strafrecht BT, S. 215; *Schröder*, JR 1969, 110; *Triffterer*, JuS 1971, 181 ff.; *Wessels*, BT/2, Rdn. 482; a.A. *G.E. Hirsch*, NJW 1969, 853 f.; *Maurach/Schroeder/Maiwald*, BT/1, § 41 Rdn. 42.

281 *Krey*, Strafrecht BT/2, Rdn. 345.

282 *Triffterer*, JuS 1971, 181 (182 f.).

283 Anders ist freilich zu entscheiden, wenn der Gast noch nach Eintritt seiner Zahlungsunfähigkeit weitere, vom bisherigen Vertrag nicht mehr gedeckte Leistungen bestellt oder den Beherbergungsvertrag verlängert, weil er dann wieder konkludent seine Leistungsfähigkeit und seinen Zahlungswillen erklärt, vgl. BGH GA 1974, 284; OLG Hamburg NJW 1989, 335; *Eser*, Strafrecht IV, S. 114; *Schröder*, JR 1969, 110.

Tatsächlich handelt es sich bei der bloßen Annahme einer bereits bindend vereinbarten Leistung nur um die Ausnutzung eines vom Täter schon vorgefundenen Irrtums[284]. So ist auch die Vorstellung des Hotelinhabers von der Zahlungsfähigkeit des Gastes zunächst richtig; sie wird aber in dem Zeitpunkt falsch, in dem sich ihr Gegenstand beispielsweise durch den Verlust des Geldes, das die Begleichung der noch ausstehenden Hotelleistungen unmöglich macht, ändert[285].

Im Ergebnis ist das Verhalten des mittellos gewordenen Hotelgastes und des gedopten Sportlers, der die vertraglich vereinbarten Leistungsgegenstände entgegennimmt, obwohl die Gegenleistungspflicht des Sponsors mit Einnahme der verbotenen Substanzen entfallen ist[286], nicht anders zu beurteilen, als etwa das Verhalten desjenigen, der unberechtigt Sozialleistungen entgegennimmt: Daß die Bewilligungsvoraussetzungen noch vorliegen, wird dadurch nicht zum Ausdruck gebracht[287]. Es gelten vielmehr die gleichen Grundsätze wie bei der sonstigen stillschweigenden Entgegennahme einer nicht geschuldeten Leistung[288], z. B. einer durch Versehen des Bankkassierers überhöhten Geldsumme[289]. Das *OLG Köln*[290] führt dazu aus, es sei anerkannt, daß in der bloßen Entgegennahme einer Leistung nicht die schlüssige Erklärung enthalten sei, daß sie von dem anderen geschuldet sei. Denn es gehöre grundsätzlich in den Risikobereich des Leistenden, daß die Schuld bestehe und die Leistung den Anspruch nicht übersteige. Aus diesem Grund sei - unter der Voraussetzung, daß eine Offenbarungspflicht des Leistungsempfängers nicht bestehe - namentlich die Annahme zuviel gezahlten Geldes kein Betrug[291].

---

284 BGH wistra 1987, 213; *Lackner*, in: LK, § 263 Rdn. 39.

285 Vgl. *Triffterer*, JuS 1971, 181 (183); *Samson*, Strafrecht II, S. 145.

286 Siehe oben 2. Teil, § 3, C. II. 2.

287 RGSt 46, 414 (416); 65, 211 (213); vgl. auch OLG Köln NJW 1984, 1979; *Cramer*, in: S/S, § 263 Rdn. 17 a.

288 Vgl. dazu *Cramer*, in: S/S, § 263 Rdn. 17 a und *Maaß*, Betrug, S. 108 mit zahlreichen Nachweisen zur Rechtsprechung.

289 Vgl. BGHSt 39, 392 (397); OLG Düsseldorf NJW 1969, 623; OLG Köln NJW 1980, 2366.

290 OLG Köln NJW 1987, 2527 f.

291 Vgl. auch BGHSt 39, 392 (398) zum Betrug durch Unterlassen der Aufklärung gegenüber der überweisenden Bank, wenn ein Bankkunde den versehentlich zuviel überwiesenen Betrag abhebt: „Das bloße Schweigen nach Entgegennahme einer Zu-

Festzuhalten bleibt, daß die Entgegennahme der im Sponsoringvertrag zugesicherten Leistungsgegenstände nicht als stillschweigende Erklärung des Sportlers, er habe sich nicht gedopt und erfülle deshalb auch weiterhin vertragsgemäß, zu werten ist. Vielmehr nutzt der Sportler lediglich einen bereits bestehenden Irrtum des Sponsors aus.

3. *Fehlende Relevanz einer Täuschung durch positives Tun*

Eine konkludente Täuschung könnte hingegen in jedem auf Vertragserfüllung gerichteten Verhalten des Sportlers zu erblicken sein, das im Zeitraum nach der Einnahme der Dopingsubstanzen erfolgt. Hier wären insbesondere die Teilnahme an Presseterminen und Empfängen des Sponsors, die Verwendung der von dem Sponsor zur Verfügung gestellten Produkte bei Medienauftritten, Wettkämpfen oder im Training sowie die Mitwirkung an Werbemaßnahmen zu nennen[292].

Auch wenn diesem Verhalten im Ergebnis jeweils der Erklärungswert beigemessen werden kann, der Sportler habe sich nicht gedopt und erfülle deshalb vertragsgemäß, so muß es indes mangels Kausalität für die evtl. schädigende Verfügung des Sponsors nach Abschluß des Sponsoringvertrages außer Betracht bleiben[293]. Denn die Ursache eines möglichen Schadens, der dem Sponsor aufgrund der wissentlichen Einnahme der verbotenen Substanzen entstanden sein könnte, wird zu diesem Zeitpunkt bereits gesetzt,

---

vielleistung stellt in aller Regel als reine Ausnutzung eines bereits vorhandenen Irrtums keine strafbare Handlung dar. Strafbar wird ein solches Verhalten - unter Beachtung des § 13 StGB - nur, wenn im Einzelfall eine Garantenpflicht den Betreffenden zur Offenbarung zwingt."

292 Zum Inhalt der vertraglichen Gegenleistung des Gesponserten vgl. insbes. §§ 3 und 5 MV (im Anhang).

293 An diesem Punkt wird offenbar, daß es sich jedenfalls in einem Gutachten empfehlen kann, die Subsumtion des Betrugs durch Unterlassen nach dem üblichen Prüfungsschema des unechten Unterlassungsdelikts vorzunehmen, also mit dem Erfolgseintritt (schädigende Vermögensverfügung) zu beginnen (vgl. das Aufbauschema bei *Samson*, Strafrecht II, S. 142). Vertretbar ist es jedoch auch, die Prüfungsreihenfolge - wie hier - an der des Betrugs durch positives Tun zu orientieren (Täuschung durch Unterlassen, Garantenstellung, Irrtum usw.), zumal sich auf diesem Wege die Sachzusammenhänge und Finalbeziehungen zwischen den einzelnen Betrugsmerkmalen gut darstellen lassen (vgl. *Wessels*, BT/2, Rdn. 487). Entscheidend ist letztlich, daß die maßgeblichen Gesichtspunkte zutreffend erörtert werden.

die zur möglicherweise schädigenden Verfügung führende Fehlvorstellung bei dem Sponsor nämlich bereits eingetreten sein. Denn die Vorstellung des Sponsors, der Sportler erbringe seine Leistung vertragsgemäß und halte deshalb auch das Dopingverbot ein, ist in dem Augenblick falsch geworden, als der Sportler die verbotenen Substanzen eingenommen hat. Jedes spätere Verhalten des Sportlers wäre für eine schädigende Verfügung nicht mehr kausal. Die dann bereits endgültig bestehende Fehlvorstellung könnte nicht mehr intensiviert bzw. bestärkt werden[294]; der schon vorhandene Irrtum würde nur noch einmal bestätigt[295].

Gleiches gilt für eine ggf. vorliegende ausdrückliche Täuschung, bei der der Sportler die Unwahrheit dem Sponsor gegenüber nach Einnahme der unerlaubten Substanzen expressis verbis zum Ausdruck bringt. Da andere Verhaltensweisen nicht mehr kausal für die evtl. schädigende Vermögensverfügung des Sponsors werden können, ist als täuschendes Verhalten des Sportlers deshalb allein ein Unterlassen in Betracht zu ziehen[296].

4. Täuschung durch Schweigen trotz gebotener Aufklärung

Nach dem oben Gesagten nutzt der gedopte Sportler bei der Entgegennahme der im Sponsoringvertrag vereinbarten Leistungsgegenstände nur einen bereits bestehenden Irrtum des Sponsors aus. Eine ausdrückliche oder konkludente Täuschung muß, wie gesehen, außer Betracht bleiben. Denkbar ist daher allein eine Täuschung durch Unterlassen der gebotenen Aufklärung[297].

---

294 Nach h.M. kann ein Irrtum auch durch das Bestärken einer bestehenden Fehlvorstellung *unterhalten* werden (vgl. OLG Celle StV 1994, 188 (189); *Lackner/Kühl*, § 263 Rdn. 20; *Lackner*, in: LK, § 263 Rdn. 92 m.w.N.). Diese Bezeichnung ist aber ungenau. Man muß vielmehr mit *Cramer*, in: S/S; § 263 Rdn. 46 und *Samson/Günther*, in: SK, § 263 Rdn. 39 unterscheiden: Beseitigt der Täter noch (letzte) Zweifel bei dem Opfer oder fügt er einem schon vorhandenen Irrtum weitere Einzelheiten hinzu, so *erregt* er einen neuen Irrtum, indem er den Intensitätsgrad der Fehlvorstellung steigert. Liegt ein Irrtum dagegen bereits endgültig vor, so kann dieser nicht mehr gesteigert bzw. bestärkt werden. Für das Ergebnis - das Vorliegen eines Irrtums - hat diese von der h.M abweichende Unterscheidung jedoch keine Relevanz.

295 Vgl. *Cramer*, in: S/S, § 263 Rdn. 46; *Samson/Günther*, in: SK, § 263 Rdn. 39.

296 Vgl. *Cramer*, in: S/S, § 263 Rdn. 46; *Samson/Günther*, in: SK, § 263 Rdn. 64.

297 Zur Abgrenzung von Tun und Unterlassen bei § 263 StGB siehe schon oben 3. Teil, § 1, A. II. 1.

Voraussetzungen dafür sind, daß der Täter die ihm nach den Umständen mögliche und zumutbare Aufklärung eines anderen unterläßt, daß eine dem Vermögensschutz dienende[298] Garantenstellung besteht und daß das Unterlassen der Aufklärung der Verwirklichung durch aktives Tun entspricht[299]. Das Unterlassen der Aufklärung ist dadurch möglich, daß der Täter die Entstehung eines Irrtums nicht verhindert oder einen bereits vorhandenen Irrtum nicht beseitigt[300]. Im ersten Fall handelt es sich um die Erregung eines Irrtums durch Unterlassen, im zweiten um das Unterhalten eines Irrtums durch Unterlassen.

a) Unterlassen der dem Sportler möglichen und zumutbaren Aufklärung

Der Sponsor hat vom Zeitpunkt des Vertragsschlusses an die Vorstellung, der Sportler verhalte sich vertragsgemäß und werde während der Vertragslaufzeit deshalb auch nicht dopen. In dem Augenblick, in dem der Sportler die verbotenen Substanzen eingenommen hat, ist die Vorstellung des Sponsors jedoch falsch geworden. Von diesem Zeitpunkt an befindet er sich in einem Irrtum, denn Realität und Vorstellung sind auseinandergefallen. Wenn der Sportler aber im weiteren Verlauf der Vertragsdauer[301] es unterläßt, den Sponsor auf die Einnahme der Dopingsubstanzen und die dadurch

298 KG JR 1984, 292.

299 Vgl. BayObLG NJW 1987, 1654; *Lackner*, in: LK, § 263 Rdn. 57; *Wessels*, BT/2, Rdn. 486.

300 *Lackner*, in: LK, § 263 Rdn. 58 m.w.N. zu Rechtsprechung und Schrifttum; a.A. *Bockelmann*, Eb.- Schmidt-FS, S. 437, der einen Betrug durch Unterlassen nur dann für möglich hält, wenn der Täter das Entstehen eines Irrtums nicht verhindert. Dagegen begehe keinen Betrug durch Unterlassen, wer lediglich einen schon entstandenen Irrtum nicht beseitige, denn die Pflicht zur Zerstreuung desselben könne nicht Inhalt der Erfolgsabwendungspflicht eines Garanten sein. *Bockelmann* läßt jedoch außer acht, daß auch das Aufrechterhalten (Unterhalten) eines Irrtums in § 263 StGB genannt ist. Zudem übersieht er, daß der Erfolg des Betruges nicht der Irrtum, sondern der Vermögensschaden ist, auf den sich die Erfolgsabwendungspflicht ebenfalls bezieht. Denn bei der Nichtbeseitigung eines bereits vorhandenen Irrtums muß der Schaden noch nicht eingetreten sein. In solchen Fällen unterläßt es der Täter daher, den drohenden Schadenseintritt zu verhindern (vgl. *Lackner*, in: LK, § 263 Rdn. 58).

301 Die Leistungs- und Gegenleistungspflicht der Vertragsparteien sind zwar mit Einnahme der verbotenen Substanzen erloschen. Das Vertrags- bzw. Schuldverhältnis i.w.S. bleibt zunächst jedoch weiterhin bestehen; siehe oben 2. Teil, § 3, C. II. 2.

bedingte Leistungsunfähigkeit hinzuweisen, so unterhält er bei dem Sponsor einen Irrtum durch Unterlassen, da er eine bereits vorhandene Fehlvorstellung nicht beseitigt[302].

Der Sportler wird in jedem Fall auch die Möglichkeit haben, den Sponsor schon unmittelbar nach Einnahme der verbotenen Substanzen hierüber zu informieren, sei es durch einen Telefonanruf, einen Brief oder durch ein persönliches Gespräch.

Bedenken könnten hinsichtlich der Zumutbarkeit der Aufklärung bestehen, die sich nach den allgemeinen Regeln bei unechten Unterlassensdelikten bestimmt[303]. Nicht zuzumuten ist dem Täter die Pflichterfüllung dann, wenn durch sie eigene billigenswerte Interessen in einem dem drohenden Erfolg nicht angemessenen Umfang gefährdet würden[304].

Der Sportler setzt sich durch die Offenbarung seines Dopingverstoßes seinem Sponsor gegenüber allein der Gefahr aus, daß dieser von seinem außerordentlichen Kündigungsrecht Gebrauch machen, eine etwa vereinbarte Vertragsstrafe einfordern oder z. B. Schadensersatzansprüche nach einer dann ausgesprochenen Kündigung (vgl. § 628 Abs. 2 BGB) geltend machen könnte. Sollte der Sportler die genannten Sanktionen durch das Unterlassen der gebotenen Aufklärung verhindern wollen, so ist dies allein wirtschaftlich begründete Interesse aber bereits nicht billigenswert. Denn es richtete sich letztlich allein gegen die zivilrechtlichen Folgen einer von ihm

---

302 Strenggenommen müßte man bereits an dieser Stelle die Frage aufwerfen, ob bei dem Sponsor die für den Irrtum *erforderliche* Fehlvorstellung überhaupt besteht. Aus Gründen der Übersichtlichkeit wird diese für alle Betrugskonstellationen beim Doping im Sport u.a. maßgebliche Frage, nämlich die des erforderlichen *Intensitätsgrades* einer Fehlvorstellung, erst im Zuge der Untersuchung der Irrtumserregung bzw. -unterhaltung erörtert (3. Teil, § 2, A. II. und C. III.).

303 In Rechtsprechung und Schrifttum besteht Einigkeit darüber, daß die Zumutbarkeit des erwarteten Verhaltens die strafrechtliche Haftung bei den unechten Unterlassungsdelikten einschränkt. Umstritten ist allerdings, ob das Fehlen der Zumutbarkeit schon den Unterlassungstatbestand oder erst die Rechtswidrigkeit bzw. Schuld ausschließt (zum Meinungsstand siehe die Nachweise bei *Cramer*, in S/S, Vorbem. §§ 13 ff. Rdn. 155 m.w.N.). Die Streitfrage kann an dieser Stelle jedoch auf sich beruhen, weil davon das Ergebnis der Untersuchung nicht abhängt.

304 Vgl. BGHSt 6, 46 (57); BGH NStZ 1984, 164; *Stree*, in: S/S, Rdn. 156 vor § 13; *Lackner*, in: LK, § 263 Rdn. 71.

selbst verschuldeten Unfähigkeit, die bei Vertragsabschluß versprochene Leistung erbringen zu können. Dem Sportler ist es daher schon aus diesem Grund zuzumuten, den Sponsor über die Einnahme der verbotenen Substanzen zu unterrichten. Hinzu kommt der Gesichtspunkt der Schadensminderungspflicht, verursacht doch ein durch die Medien bekannt gewordener positiver Dopingbefund den bereits oben[305] aufgezeigten negativen Imagetransfer, der mit ganz erheblichen finanziellen Einbußen und Absatzverlusten beim Sponsor des Athleten einhergehen kann.

Daneben entfällt die Zumutbarkeit in der Regel nicht schon dann, wenn die Aufklärung für den Täter die Gefahr eigener Strafverfolgung oder eines Disziplinarverfahrens mit sich brächte[306]. Insofern kann die Pflichterfüllung erst recht dann nicht unzumutbar sein, wenn der Täter sich - wie es hier der Fall ist - durch die Aufklärung der Gefahr aussetzt, lediglich (sport-)verbandsrechtlich geahndet[307] oder aufgrund eines vertragswidrigen Verhaltens von seinem Vertragspartner, in welcher Form auch immer, sanktioniert zu werden.

Zur Bewertung des hier ermittelten Ergebnisses - einer Zumutbarkeit der Aufklärung durch den Sportler - bietet es sich an, den in der vertraglichen Beziehung zwischen Arzt und Patient vornehmlich im Schrifttum erörterten Fragenkreis des Umfangs der Aufklärungspflicht nach einem möglichen Behandlungsfehler heranzuziehen. Dort steht insbesondere der Gedanke der strafrechtlichen Freiheit vor Selbstbezichtigung im Vordergrund.

Nach der wohl überwiegenden Ansicht ergibt sich eine Aufklärungspflicht des Arztes über fehlerhafte Behandlung oder Diagnose als vertragliche Nebenpflicht bzw. aus dem dem Vertragsverhältnis zugrundeliegenden

---

305 2. Teil, § 2, C.

306 *Lackner*, in: LK, § 263 Rdn. 71; *Lackner/Kühl*, § 263 Rdn. 13; vgl. auch BGHSt 11, 353 (355); BGH NStZ 1985, 24; BGH NJW 1964, 731 (732); *Ulsenheimer*, GA 1972, 1, (8, 22); a.A. AG Tiergarten NStZ 1994, 243; *Krey*, Strafrecht BT/2, Rdn. 349; *Wessels*, JZ 1965, 631 (635).

307 Aus eigenem wirtschaftlichen Interesse des Sponsors (negativer Imagetransfer, finanzielle Einbußen etc., siehe oben 2. Teil, § 2, C.) ist es aber bereits unwahrscheinlich, daß dieser dem jeweiligen Sportverband Meldung über den Dopingverstoß des Sportlers machen wird.

besonderen Vertrauensverhältnis[308]. Es bestehe also eine Pflicht zur Information über eigene Fehler wie bei Rechtsanwälten, Steuerberatern und Architekten. Die Aufklärungspflicht werde auch nicht durch den Gedanken des Schutzes des Arztes vor Selbstbezichtigung (nemo tenetur se accusare) eingeschränkt, da dieser Schutzgedanke nur gegenüber Strafverfolgungebehörden bestehe und nicht die Belange schutzwürdiger Dritter beeinträchtigen solle[309].

Taupitz[310] hingegen will die Aufklärungspflicht des Arztes auf die Fälle schwerer Fehlverhalten beschränken, die dann außerdem - wegen des nemo tenetur-Satzes - durch ein strafprozessuales Verwertungsverbot abzusichern seien. Denn ein leichtes Fehlverhalten gehöre gewissermaßen zu den typischen Risiken eines jeden Geschäfts, und zwar um so mehr, je „gefahrgeneigter" die übertragene Tätigkeit sei[311]. Die Parallele zum Rechtsanwalt lasse sich - so *Laufs*[312] - deshalb nicht ziehen, weil dessen Sorgfaltsverstöße - anders als beim Arzt - regelmäßig ohne strafrechtliche Folgen blieben.

Will man die vorgeschilderten Grundsätze auf das Verhältnis zwischen Sportler und Sponsor, das in ungleich höherem Maße als viele andere Dauerschuldverhältnisse auf gegenseitigem Vertrauen beruht[313], übertragen, so gelangt man auch bei Anwendung der von *Taupitz* entwickelten Kriterien zu dem Ergebnis, daß es dem Sportler zuzumuten ist, den Sponsor über die Einnahme der verbotenen Substanzen aufzuklären.

Denn zum einen führt die Einnahme der verbotenen Substanzen zu einer Unmöglichkeit der Leistung des Sportlers[314], was ein „schweres Fehl-

---

308 *Brüggemeier*, Deliktsrecht, Rd. 671; *Giesen*, JZ 1990, 1053 (1057); *ders.*, Arzthaftungsrecht, Rdn. 94; *Uhlenbruck*, Weißauer-FS, S. 305 ff., 150 (157), der dies nur in - allerdings nicht näher beschriebenen – „Einzelfällen" bejahen will, dabei aber mit Recht auch den Aspekt der Schadensminderungspflicht des Arztes herausstellt (zust.: *Laufs*, Arztrecht, § 65, Rdn. 15).

309 Siehe die Nachweise oben in Fußnote 308.

310 *Taupitz*, NJW 1992, 713 (718).

311 *Taupitz*, NJW 1992, 713 (718).

312 *Laufs*, Arztrecht, § 65, Rdn. 15.

313 Siehe dazu noch unten 3. Teil, § 1, D. III. 4. b) bb).

314 Siehe oben 2. Teil, § 3, C. I.

verhalten" des Athleten ohne weiteres impliziert. Zum anderen löst die Anzeigepflicht gegenüber dem Sponsor - anders als bei dem fehlerhaft behandelnden Arzt - keine strafrechtliche Sanktion aus. Im Zeitpunkt bevor der Sponsor über sein Vermögen verfügt, mithin in dem Augenblick, in dem der Eintritt des (möglichen) tatbestandlichen Erfolges naherückt, befände der Sportler sich nämlich im Stadium des Betrugsversuchs. Dies aber bedeutet, daß der Sportler bei sinngemäßer Übertragung der auf die Begehungsdelikte zugeschnittenen Regeln des § 24 StGB[315] aufgrund der erfolgsabwendenden Tätigkeit - der Aufklärung des Sponsors - nicht wegen versuchten Betruges bestraft werden kann.

b) Garantenstellung

Nach § 13 Abs. 1 StGB setzt die Gleichstellung mit einem Tun eine Garantenstellung voraus. Der gedopte Sportler muß als Unterlassender imstande und rechtlich verpflichtet gewesen sein, die Fortdauer des Irrtums bei dem Sponsor zu verhindern.

aa) Garantenstellung aufgrund ausdrücklicher Vereinbarung

Eine Garantenstellung des Sportlers könnte sich zunächst aufgrund einer in dem Sponsoringvertrag ausdrücklich vereinbarten Aufklärungspflicht ergeben. Voraussetzung für das Bestehen einer solchen Garantenstellung ist hierbei, daß jene zum Vertragsinhalt gemachte Offenbarungspflicht gerade den Schutz des Vermögens des Vertragspartners bezweckt[316].

Dementgegen ist *Cramer*[317] der Auffassung, daß der Umstand, daß eine Aufklärungspflicht vertraglich festgelegt werde, für sich gesehen selbst dann noch nicht ausreiche, eine Garantenstellung zu begründen, wenn die Vereinbarung den Zweck habe, den Partner vor Schaden zu bewahren, „da es ansonsten zu einer Kriminalisierung bloßer Vertragsverstöße käme und

---

315 Zur Anwendbarkeit der Rücktrittsregeln des § 24 StGB auf unechte Unterlassungsdelikte vgl. *Eser* in: S/S, § 24 Rdn. 27 ff. m.w.N.

316 So die überwiegende Meinung, vgl. *Eser*, Strafrecht IV, S. 116; *Gössel*, BT/2, § 21 Rdn. 54; *Krey*, Strafrecht BT/2, Rdn. 351; *Lackner*, in: LK, § 263 Rdn. 62; *Tröndle*, § 263 Rdn. 15.

317 *Cramer* in: S/S, § 263 Rdn. 22.

auch der wirtschaftlich Mächtigere (etwa durch AGB) seine typischen Vertragsrisiken auf die Gegenseite verlagern könnte." Auch bei vertraglich vereinbarten Aufklärungspflichten müsse daher ein „besonderes Vertrauensverhältnis" hinzukommen[318].

Eine ausdrückliche Vereinbarung des Inhalts, der Sportler habe dem Sponsor die Einnahme verbotener Substanzen mitzuteilen, wird in der Praxis jedoch kaum vorkommen. Eine derartige Vereinbarung läßt sich auch nicht der ggf. niedergelegten (deklaratorischen[319]) Wohlverhaltensklausel (§ 9 MV) entnehmen. Gleichwohl könnte dieser eine Indizwirkung für eine aus dem „Charakter des Vertrages im ganzen"[320] hervorgehende Garantenstellung des Sportlers seinem Sponsor gegenüber zukommen, auf die nachfolgend einzugehen ist.

bb) Garantenstellung aufgrund eines besonderen Vertrauensverhältnisses

Eine Garantenstellung des Sportlers könnte sich aus dem Gesamtcharakter des Vertrages ergeben. Entgegen der früheren z.T. weitergehenden höchstrichterlichen Rechtsprechung[321], läßt sich eine Aufklärungspflicht jedoch nicht schon aus dem allgemeinen Grundsatz von Treu und Glauben herleiten. Die Konturenlosigkeit dieses Grundsatzes wirft nämlich zum einen bereits Bedenken im Hinblick auf das Bestimmtheitserfordernis des Art. 103 Abs. 2 GG auf[322]. Zum anderen brächte die Herleitung von Offenbarungspflichten aus diesem Rechtsprinzip die Möglichkeit mit sich, jeden Vertragsbruch, der dem anderen Teil unbekannt bleibt, strafrechtlich zu sanktionieren, was jedoch eine Überdehnung der garantenbegründenden Pflichten bedeutete[323]. Eine zum offenbarenden Handeln verpflichtende Garanten-

---

318 Ähnlich *Maaß*, Betrug, S. 94; hiergegen z. B. *Maurach/Schroeder/Maiwald*, BT/1, § 41 Rdn. 52.

319 Siehe oben 2. Teil, § 4.

320 *Lackner*, in: LK, § 263 Rdn. 63.

321 RGSt 66, 56 (58); 69, 284; 70, 151, (155); 225 (227); BGHSt 6, 198 (199).

322 Vgl. *Krey*, Strafrecht BT/2, Rdn. 353; *Seelmann*, JuS 1982, 268 (269); *Gössel*, BT/2, § 21 Rdn. 56 m.w.N.

323 Vgl. *Samson/Günther*, in: SK, § 263 Rdn. 43; kritisch insoweit auch *Gössel*, BT/2, § 21 Rdn. 56.

stellung setzt bei Vertragsbeziehungen vielmehr das Vorliegen besonderer Umstände voraus, nämlich auf gegenseitigem Vertrauen beruhende Verbindungen oder ein besonderes Vertrauensverhältnis[324], wonach der Unterlassende aufgrund einer besonders begründeten Einstandspflicht für die vermögensrechtliche Entscheidungsfreiheit des anderen „auf Posten gestellt"[325] ist.

Als Mangel des Kriteriums „Vertrauen"[326] als Grundlage der Begründung von Garantenstellungen wird als Haupteinwand vorgebracht, es sei nicht hinreichend geklärt, was „Vertrauen" sei und anhand welcher objektivierbarer Merkmale festgestellt werden könne, welche Art von Vertrauensverhältnissen eine Garantenstellung begründe[327]. Diese Kritikpunkte dürften im Rahmen der allgemeinen Unterlassungsdogmatik zwar grundsätzlich Platz greifen. Geht es indes wie hier um die Verletzung von Vermögenswerten bei der Abwicklung zuvor geschlossener Verträge, so sind die entscheidenden, vertrauensbildenden und die Garantenstellung begründenden Kriterien seit langem herausgearbeitet, mithin hinreichend konturenhaft und somit auch praktikabel:

Die bloße Entgegennahme der geschuldeten Leistung verpflichtet außerhalb besonderer Vertrauensverhältnisse nicht zur Aufklärung über eine

324 So die neuere Rechtsprechung des Bundesgerichtshofs (wistra 1988, 262 [263] m.w.N.; BGHSt 39, 392 [398 ff.]), die nun dem Schrifttum (vgl. *Krey*, Strafrecht BT/2, Rdn. 353; *Lackner*, in: LK; § 263 Rdn. 65; *Otto*, JZ 1993, 652 [653]; *ders.*, Strafrecht BT, S. 216; *Ranft*, Jura 1992, 66 [67]) folgt. Noch weitergehend und die Strafbarkeit über das angemessene Maß hinaus ausdehnend z. B. BayObLG JZ 1987, 626, das eine Aufklärungspflicht des Vermieters gegenüber seinem Mieter bei Wegfall des Eigenbedarfs allein aus § 242 BGB herleitet (dazu krit. *Otto*, JZ 1993, 652 [653] m.w.N.). Hingewiesen sei auch auf die Rechtsprechung einiger Obergerichte, die für eine Offenbarungspflicht „besondere Umstände im zwischenmenschlichen Bereich" genügen lassen, vgl. OLG Frankfurt NJW 1971, 527; OLG Düsseldorf NJW 1987, 853 (854); OLG Köln NJW 1980, 2366 (2367); 1984, 1979 (1980); JZ 1988, 101 (102).

325 *Ranft*, Jura 1992, 66 (67).

326 Zum „Vertrauensprinzip" als Grundlage von Garantenstellungen vgl. die Nachweise bei *Albrecht*, Garantenstellungen, S. 57.

327 Vgl. *Albrecht*, Garantenstellungen, S. 57 f.; *Lilie*, JZ 1991, 541 (545); *Maiwald*, ZStW 91 (1979), 967 (975).

inzwischen eingetretene Leistungsunfähigkeit[328]. Ein derartiges Vertrauensverhältnis, das für jeden der Partner Pflichten in bezug auf die Rechtsgüter des anderen schafft, kann im Einzelfall dann vorliegen, wenn die gegenseitigen Rechte und Pflichten - wie z. B. bei Verträgen mit Anwälten, Steuerberatern oder Strafverteidigern[329] - ihrem Inhalt nach auch die Aufgabe einschließen, die Vermögensinteressen des anderen Teils zu berücksichtigen. Es kann ferner bei Vertragsverhältnissen gegeben sein, durch die sich mehrere Parteien zur gemeinsamen Verfolgung wirtschaftlicher Ziele auf Dauer verbinden[330], wie z. B. Gesellschaftsverträge[331] oder bei längeren Geschäftsbeziehungen, bei denen auf Abruf oder weitere Bestellung Waren auf laufende Rechnungen geliefert werden[332]. Bei letzteren ergibt sich der besondere Vertrauenscharakter aus dem Umstand, daß der Vorleistende angesichts des Dauerkontaktes darauf angewiesen ist, von seinem Geschäftspartner darüber unterrichtet zu werden, ob dieser trotz neuer Warenanforderungen seine Gegenleistung auch weiterhin ohne wesentliche und nicht nur auf vorübergehenden Zahlungsschwierigkeiten beruhenden Verzögerungen erbringen kann[333].

Mit diesen Fällen, die ein besonders ausgeprägtes Vertrauensverhältnis der Beteiligten kennzeichnet, ist das Verhältnis zwischen Sponsor und gesponsertem Sportler vergleichbar. Es entspricht etwa dem, das in der Beziehung zwischen langjährigen Geschäftspartnern besteht, die eine auf gegenseitigem Vertrauen basierende kontokorrentartige Geschäftsabwicklung vereinbart haben, wonach zu bestimmten Terminen eine Überprüfung an-

---

328 *Otto*, JZ 1993, 652 (653) m.w.N. Der Mieter eines Hotelzimmers ist deshalb auch nicht verpflichtet, eine erst nach der Anmietung eingetretene Zahlungsunfähigkeit dem Vermieter mitzuteilen; vgl. BGH MDR 1973, 729; BGH GA 1974, 284; OLG Hamburg NJW 1969, 335; *Cramer*, in: S/S, § 263 Rdn. 22.

329 Vgl. BGH NStZ 1982, 70; BGH LM Nr. 40 zu § 263 StGB; BayObLGSt 1964/65, 116 (122).

330 Vgl. *Gössel*, BT/2, § 21 Rdn. 59 m.w.N.

331 RGSt 65, 106 (107); *Lackner*, in: LK, § 263 Rdn. 63.

332 BGH bei *Pfeiffer/Maul/Schulte*, § 263 Rdn. 9 (4. StR 603/54 vom 07.07.1955). Zur Garantenbegründung bei gegenseitigem Austausch von Waren und Leistungen im Rahmen einer laufenden Geschäftsverbindung vgl. BGH wistra 1988, 262 (263); *Gössel*, BT/2, § 21 Rdn. 62.

333 *Lackner*, in LK, § 263 Rdn. 64 m.w.N.

hand einer Abrechnung zu erfolgen hat, wobei dann Schweigen als Anerkennung gilt[334].

Es liegt, insbesondere aufgrund der oben dargelegten ideellen Ziele des Sponsors[335], in der Natur des üblicherweise auf längere Laufzeit ausgerichteten Sponsoringvertrages, daß dieser in hohem Maße auf Wohlverhalten und gegenseitiger Unterrichtung basiert[336]. Diese für den Erfolg des Sponsoringengagements unabdingbaren Fundamente implizieren ein besonderes Vertrauensverhältnis zwischen Sponsor und Gesponsertem, und zwar in ungleich höherem Maße als bei den Vertragsparteien vieler anderer Dauerschuldverhältnisse[337]. Indiz für ein solches, eine Garantenstellung begründendes Vertrauensverhältnis und letztlich auch Konsequenz des Gesagten bildet die in der Praxis als besondere Schutzvorschrift häufig ausdrücklich in den Sponsoringvertrag aufgenommene gegenseitige Wohlverhaltens- bzw. Interessenwahrungsklausel[338].

Freilich könnte man die Aufklärungspflicht des gedopten Sportlers deshalb in Frage stellen, weil der Sponsor die Möglichkeit hat, sich laufend danach zu erkundigen, ob der Sportler mittlerweile vielleicht gedopt hat. Ein solches Verlangen ginge jedoch zu weit. Denn schließlich hat der Sportler sich bei Abschluß des Vertrages dazu verpflichtet, die Werbehandlungen nur als „sauberer", „makelloser" Athlet zu erbringen[339]. Deshalb

---

334 Vgl. dazu *Herzberg*, Unterlassung, S. 81; *Maaß*, Betrug, S. 124. Entdeckt beim Kontokorrentverhältnis der Gläubiger einen Fehler zu seinen Gunsten, schweigt er aber dennoch auf die Abrechnung hin, so verstößt er - aufgrund des bestehenden besonderen Vertrauensverhältnisses - gegen eine „betrugsspezifische Garantenpflicht" (*Maaß*, a.a.O., S. 95).

335 Siehe oben 2. Teil, § 2, B. (Erhöhung des Bekanntheitsgrades, Imagetransfer etc.).

336 *Weiand*, Sponsoringvertrag, S. 101. *Weiand*, a.a.O., S. 102, weist zu Recht darauf hin, daß bei Sponsoringverträgen auch ohne eine entsprechende Vereinbarung eine vertragliche Nebenpflicht besteht, die andere Partei über die für die Vertragsdurchführung wesentlichen Umstände zu unterrichten.

337 Anderer Ansicht ist *Mestwerdt*, Doping - Sittenwidrigkeit, S. 130, demzufolge es sich bei einem Sponsoringvertrag um ein „allein an wirtschaftlichen Interessen orientiertes gegenseitiges Vertragsverhältnis" handele, weshalb ein „pflichtbegründendes Vertrauensverhältnis" ausscheide. *Mestwerdt* verkennt jedoch, daß auch die rein wirtschaftliche Ausrichtung eines Vertrages nicht von vornherein vertrauensbildende und die Garantenstellung begründende Kriterien entfallen läßt.

338 Vgl. § 9 MV (im Anhang).

339 Siehe oben 2. Teil, § 3, C. I.

fällt es auch in seinen Verantwortungsbereich, die bei Vertragsabschluß entstandene und durch die spätere Einnahme der verbotenen Substanzen falsch gewordene Vorstellung des Sponsors zu korrigieren. Eine Garantenstellung des Sportlers zu seinem Sponsor ist demzufolge aufgrund des besonderen Vertrauensverhältnisses zu bejahen.

cc) *Keine Garantenstellung aus Ingerenz*

Möglicherweise bedarf es der vorstehend erörterten, mehr oder weniger betrugsspezifischen Konstruktion dann nicht, wenn sich die Aufklärungspflicht des gedopten Sportlers bereits aus der allgemeinen Unterlassungsdogmatik[340], namentlich einer Garantenstellung aus Ingerenz ableiten ließe[341]. Bei dieser Garantenstellung geht es um die Frage, inwieweit jemand, der eine Gefahr geschaffen hat, zur Abwendung des drohenden Erfolges verpflichtet ist. Das Vorverhalten muß zum einen objektiv pflichtwidrig sein, d.h. eine Norm verletzen, die gerade dem Schutz des betroffenen Rechtsguts dient[342], zum anderen muß es eine nahe (adäquate) Gefahr eines Schadenseintritts schaffen.

Ein solches Verhalten könnte in der bloßen Einnahme der verbotenen Substanzen gesehen werden, da dieses die Vorstellung des Sponsors vom ungedopten Zustand des Sportlers „falsch" werden läßt[343]. Mit der Einnahme solcher Substanzen verstößt der Sportler zwar gegen das in den Satzungen der jeweiligen Sportverbände normierte Dopingverbot, welches selbst-

---

340 Siehe dazu *Jescheck*, in: LK (11.), § 13 Rdn. 19 ff.; *Wessels/Beulke*, Allg. Teil, Rdn. 706 ff.

341 Hierbei ist vieles streitig. So wird von einem Teil der Literatur bereits die Figur der Garantenstellung aus Ingerenz abgelehnt; vgl. *Lampe*, ZStW 72 (1960), 93 (106); *Schünemann*, GA 1974, 231 ff. Heftig umstritten sind auch die Anforderungen an das Vorverhalten; wie hier die h.M., die ein pflichtwidriges Vorverhalten voraussetzt, z. B. BGHSt 23, 327; 25, 218; 34, 82; *Blei*, Strafrecht I, S. 324; *Jescheck/Weigend*, Strafrecht AT, S. 625; *Schmidhäuser*, Strafrecht AT, S. 673 f.; *Stree*, in: S/S, § 263 Rdn. 35; *Welzel*, Strafrecht, S. 216; anders - auch rechtmäßiges Vorverhalten einbeziehend - z. B. *Arzt*, JA 1980, 712 (713 ff.); *Baumann/Weber*, Strafrecht AT, S. 248; *Maurach/Gössel/Zipf*, AT/2, § 46 Rdn. 98 ff.

342 Vgl. BGHSt 37, 106 (115 f); *Jescheck/Weigend*, Strafrecht AT, S. 625; *Jescheck*, in: LK (11.), § 13 Rdn. 33; *Rudolphi*, in: SK, § 13 Rdn. 39 a; *Stree*, Klug-FS, S. 395 (399 ff.); *Wessels/Beulke*, Allg. Teil, Rdn. 725.

343 Siehe oben 3. Teil, § 1, D. III. 3.

verständlich auch im Vorfeld von Wettkämpfen einzuhalten ist[344]. Pflichtwidrig gegenüber dem Sponsor ist dieses Verhalten aber nur dann, wenn die verletzte Norm, also das Dopingverbot, dem Schutz des betroffenen Rechtsguts (Vermögen des Sponsors) dient. Ob der Verstoß gegen das Dopingverbot unter diesem Gesichtspunkt eine Aufklärungspflicht des Sportlers begründen kann, muß bezweifelt werden.

Zum einen richtet sich die Schutzwirkung des Dopingverbots primär gegen einen unlauteren, durch unzulässige Substanzen manipulierten Wettkampf und gegen die von diesen Substanzen ausgehende Gesundheitsgefährdung der Sportler. Dem in den Verbandssatzungen normierten Dopingverbot zugleich auch eine Schutzwirkung für das Vermögen des Sponsors eines Sportlers zuzusprechen, dürfte indes zu weit gehen. Würde die Grenze der Ingerenzhandlung so ausdehnend gesteckt, bestünde zum anderen die Gefahr, daß bereits jedes Verhalten, das die Erfüllung von Vertragspflichten gefährdet oder, wie es hier der Fall ist, unmöglich macht[345], zur Grundlage einer strafrechtlichen Haftung werden kann[346]. Dies erscheint jedoch bedenklich. Eine Garantenstellung des Sportlers ist deshalb allein auf das schon festgestellte besondere Vertrauensverhältnis zwischen ihm und dem Sponsor zurückzuführen.

c) *Modalitätenäquivalenz*

§ 13 Abs. 1 StGB fordert neben der Garantenstellung noch, daß das Unterlassen der Verwirklichung des gesetzlichen Tatbestandes durch ein Tun entspricht, also Modalitätenäquivalenz besteht. Dieser kommt nach herrschender Auffassung nur bei sog. „verhaltensgebundenen" Delikten Bedeutung zu, d.h. gerade bei solchen Tatbeständen wie § 263 StGB, die eine besonde-

---

344 Siehe oben 1. Teil, § 3.

345 Siehe oben 2. Teil, § 3, C. II.

346 Vgl. *Triffterer*, JuS 1971, 181 (183). Ebensowenig läßt sich bei den bereits angeführten „Hotelgastfällen" (siehe oben 3. Teil, § 1, D. III. 2.) in dem Ausgeben des Geldes, welches zur Zahlungsunfähigkeit des Gastes geführt hat, ein pflichtwidriges Vorverhalten erblicken. Andernfalls hätte dies nämlich, worauf *Triffterer*, a.a.O., zutreffend hinweist, die nicht hinnehmbare Folge, daß ein Schuldner, dem im Hinblick auf seine berufliche Stellung „(gerne) Kredit gewährt und Stundung eher aufgenötigt worden ist, bei Zahlungsunfähigkeit durch Verlust dieser Stellung zur Aufklärung verpflichtet wäre."

re Handlungsweise - hier eine durch Täuschung herbeigeführte Vemögensbeschädigung - voraussetzen[347]. Wenn also nicht jede vermögensschädigende Handlung zur Tatbestandsverwirklichung ausreicht, kann auch nicht jede Unterlassung einem tatbestandsmäßigen Tun „entsprechen". Eine Unterlassensstrafbarkeit setzt bei § 263 StGB vielmehr voraus, daß der Täter dafür einzustehen hat, daß das Opfer sich nicht selbst schädigt; die bloße Verletzung einer Aufklärungspflicht um der Wahrheit willen genügt nicht[348]. Dem Entsprechenserfordernis des verhaltensgebundenen Merkmals der Täuschung ist für den Unterlassensfall deshalb dadurch Rechnung zu tragen, daß an das pflichtbegründende Vertrauensverhältnis erhöhte, also besondere, Anforderungen gestellt werden[349]. Hieraus folgt aber, daß sich die Gleichstellungsfrage dann mit der Feststellung einer Garantenstellung aufgrund eines besonderen Vertrauensverhältnisses erledigt[350]. Da ein solches, wie oben aufgezeigt[351], zwischen Sportler und Sponsor besteht, entspricht das Unterlassen der Aufklärung des Sponsors durch den Sportler darüber, daß er verbotene Substanzen eingenommen hat, auch einer Täuschung durch positives Tun.

5. *Zusammenfassung*

Sofern der Sportler nach Abschluß des Sponsoringvertrages und nach Einnahme der verbotenen Substanzen gegenüber seinem Sponsor expressis verbis oder durch konkludentes Verhalten zum Ausdruck bringt, er habe nicht gegen das Dopingverbot verstoßen, liegt eine Täuschung durch positives Tun vor. Dieser Täuschungsmodalität kommt jedoch mangels Kausalität für die evtl. schädigende Vermögensverfügung keine Bedeutung mehr zu. Denn die Fehlvorstellung des Sponsors, die zur möglicherweise schädigenden Verfügung führt, ist im Zeitpunkt einer Täuschung durch positives Tun bereits gegeben. Zu bejahen ist dafür eine Täuschung durch Unterlassen. Die-

---

347 Dazu *Jescheck/Weigend*, Strafrecht AT, S. 629; *Rudolphi*, in: SK, § 13 Rdn. 18; *Stree*, in: S/S, § 13 Rdn. 4.

348 *Maaß*, Betrug, S. 23 ff.

349 Vgl. *Maaß*, Betrug, S. 32 ff.; *Cramer*, in: S/S, § 263 Rdn. 19 m.w.N.

350 Vgl. *Lackner*, in: LK, § 263 Rdn. 69 m.w.N., demzufolge die Rechtsprechung dies seit jeher so praktiziert habe.

351 Siehe oben 3. Teil, § 1, D. III. 4. b) bb).

se ergibt sich daraus, daß der Sportler es unterläßt, den Sponsor auf die Einnahme der verbotenen Substanzen und die dadurch bedingte Leistungsunfähigkeit hinzuweisen. Eine Garantenstellung folgt aus dem besonderen Vertrauensverhältnis, das dem Vertrag zwischen Sponsor und Sportler zugrundeliegt.

§ 2: Irrtumserregung bzw. -unterhaltung

Bei der Betrachtung der in Rede stehenden Betrugskonstellationen richtet sich der Blick nachfolgend auf das Deliktsmerkmal des Irrtums. Bevor die Fallgestaltungen unter diesem Aspekt untersucht werden, soll kurz auf die Funktion und den Begriff des Merkmals Irrtum eingegangen werden.

Durch die Täuschungshandlung muß bei dem Getäuschten ein Irrtum erregt oder unterhalten werden. Es reicht also nicht, daß zwischen dem täuschenden Verhalten, der Verfügung und dem eintretenden Schaden Kausalität vorliegt. Vielmehr liegt der spezifische Unrechtsgehalt des Betruges darin, daß der Täter durch „Überlistung" des Opfers dessen vermögensschädigende Verfügung herbeiführt[352]. Ein Irrtum i.S.d. § 263 StGB ist jeder Widerspruch zwischen Vorstellung und Wirklichkeit, also jede unrichtige, der Wirklichkeit nicht entsprechende Vorstellung über Tatsachen[353]. Erregen bedeutet Verursachen oder auch nur Mitverursachen der Fehlvorstellung[354]. Unterhalten wird ein Irrtum, wenn der Täter verhindert, daß eine bereits existierende Fehlvorstellung, die von ihm selbst nicht verursacht zu sein braucht, beseitigt wird[355].

---

352 *Lackner*, in: LK, § 263 Rdn. 76.

353 *Blei*, Strafrecht II, S. 225; *Cramer*, in: S/S, § 263 Rdn. 33; *Lackner*, in: LK, § 263 Rdn. 73; *Lackner/Kühl*, § 263 Rdn. 18; *Tröndle*, § 263 Rdn. 18; *Welzel*, Strafrecht, S. 370.

354 *Lackner/Kühl*, § 263 Rdn. 20.

355 *Cramer*, in: S/S, § 263 Rdn. 42 ff. m.w.N. Zur Abgrenzung zwischen Erregen und Unterhalten eines Irrtums siehe schon oben in Fußnote 294.

A. Irrtum des Mitkonkurrenten, Preisspenders, Zuschauers und Veranstalters (nach der Startzusage des Sportlers)

Als Gegenstand des Irrtums beim möglichen Betrug zum Nachteil des Mitkonkurrenten, Preisspenders, Zuschauers und Veranstalters (letzterer in der Betrugskonstellation nach Vertragsabschluß) kommt jeweils die unrichtige Vorstellung über die Tatsache der Einhaltung der Dopingbestimmungen während des Wettkampfes durch den in Wirklichkeit gedopten und somit regelwidrig teilnehmenden Sportler in Betracht.

I. Positive Vorstellung bei dem getäuschten Personenkreis

Zweifelhaft könnte zunächst sein, ob die durch den Sportler Getäuschten diesbezüglich überhaupt eine entsprechende positive Vorstellung haben. Allerdings sind die Anforderungen an die Bewußtseinsform des Getäuschten gering: Der Irrtum braucht nicht das Ergebnis eines im Bewußtsein durch Tatsachen belegt ablaufenden Denkprozesses zu sein[356]. Ein aktuelles Bewußtsein, auch wenn es nur in Form eines unreflektierten „sachgedanklichen Mitbewußtseins", „ständigen Begleitwissens" oder im „Bewußtsein am Rande" vorliegen sollte, genügt zur Bejahung eines Irrtums ebenso wie die aus bestimmten Tatsachen abgeleitete Vorstellung, daß in der betreffenden Hinsicht „alles in Ordnung" sei[357]. Eine solche Vorstellung trifft beispielsweise für den Kellner im Restaurant zu, der bei der Entgegennahme von Bestellungen auch ohne „gezieltes Nachdenken" in der Annahme handelt, der Gast sei bereit und imstande in bar zu zahlen[358]. Entsprechend verhält es sich im Fall der Spätwette[359], bei der der Buchmacher seinen Geschäftspartner, auch ohne sich das besonders klarzumachen, für bereit hält, das Rennwettrisiko einzugehen[360].

Betrachtet man die durch den gedopten Sportler Getäuschten, so stellt man fest, daß diese sich regelmäßig eine positive Vorstellung darüber ma-

---

356 *Wessels*, BT/2, Rdn. 493.

357 Vgl. *Lackner*, in: LK, § 263 Rdn. 77 f. m.w.N.

358 *Wessels*, BT/2, Rdn. 493; vgl. auch *Cramer*, in: S/S, § 263 Rdn. 16 a; *Krey*, Strafrecht BT/2, Rdn. 340.

359 Siehe dazu schon oben 3. Teil, § 1, D. I. 2. b).

360 *Lackner*, in: LK, § 263 Rdn. 77.

chen, ob der am Wettkampf teilnehmende Sportler bzw. Mitkonkurrent gedopt und somit zur Wettkampfteilnahme nicht berechtigt, oder ob er ungedopt, also auch teilnahmeberechtigt ist. Zurückführen läßt sich dies schlicht darauf, daß die Wettkampfordnungen der einzelnen Verbände, die der Sportveranstaltung zugrundeliegen, in aller Regel Bestimmungen enthalten, die den Sportlern die Teilnahme in gedoptem Zustand untersagen[361]. Die Mitkonkurrenten, Veranstalter, Preisspender und Zuschauer werden also innerlich in irgendeiner Form zu der Frage Stellung beziehen, ob der am Wettkampf teilnehmende Sportler die Dopingbestimmungen einhält oder nicht[362]. Da von allen Beteiligten aber die Einhaltung der Dopingregeln als selbstverständlich vorausgesetzt wird[363], muß man davon ausgehen, daß diese während des Wettkampfes, bei dem der gedopte Sportler teilnimmt, immer die (unrichtige) Vorstellung haben, daß bei der konkreten Veranstaltung „alles in Ordnung" ist[364] und deshalb ein Wettkampf stattfindet, bei dem die Teilnehmer allesamt ungedopt sind[365].

Dabei ist es noch nicht einmal entscheidend, ob die Betroffenen konkret über die Einhaltung der Dopingbestimmungen reflektieren. Die vorgestellte Tatsache braucht nämlich nicht die Umkehrung, also das genaue Gegenteil, einer bestimmten wirklichen Tatsache zu sein. Vielmehr kann die Vorstellung sehr viel allgemeiner sein, „als die in ihr enthaltene Unwahrheit

---

361 Siehe schon oben 3. Teil, § 1, A. II. 2.

362 Zu dem Vorstellungsbild des Mitkonkurrenten siehe schon oben 3. Teil, § 1, A. II. 2.

363 Siehe schon oben 3. Teil, § 1: A. II. 2., B. II., C.

364 Eine solche Vorstellung und deshalb auch den Irrtum des Veranstalters, Zuschauers und Mitkonkurrenten pauschal verneinend: *Schild*, in: Rechtliche Fragen des Dopings, S. 13 (29).

365 Zu einem korrespondierenden Ergebnis gelangt *Ditz*, Doping, S. 502, 508, bei der Untersuchung einer Betrugsstrafbarkeit des dopenden Pferdebesitzers zum Nachteil des Mitkonkurrenten und des Preisspenders. Hinsichtlich des Mitkonkurrenten begründet er den Irrtum wie folgt: Man müsse davon ausgehen, „daß alle Beteiligten, die am Rennen teilnehmen, sich Gedanken machen über die persönlichen Eigenschaften der übrigen Mitkonkurrenten und darüber, ob alle Pferde ohne eine künstliche Leistungsveränderung an den Start gehen. Damit haben die Mitkonkurrenten, die von dem Doping eines anderen Konkurrenten keine Kenntnis hatten, eine irrige Vorstellung, denn sie glaubten, kein Mitkonkurrent habe sein Pferd gedopt." (*Ditz*, a.a.O., S. 502). Der Preisspender irre darüber, daß alle Pferde unter den gleichen durch die Reiterordnung normierten Bedingungen am Rennen teilnehmen (*Ditz*, a.a.O., S. 508).

und auch als die Vorspiegelung des Täters“[366]. Sie muß nur diese Tatsache miteinschließen, braucht daher auch lediglich insoweit unrichtig zu sein[367]. Infolgedessen genügt es für einen Irrtum bei den durch den gedopten Sportler Getäuschten, daß diese die bewußtseinsmäßig im Hintergrund bleibende Vorstellung haben, der Wettkampf („alles“) laufe den (allgemeinen) Wettkampfbestimmungen gemäß („in Ordnung“) ab.

II. Intensitätsgrad der Fehlvorstellung

Die andere und bereits Gegenstand lebhafter Kontroversen in der Literatur gewordene Frage ist die des erforderlichen Intensitätsgrades einer Fehlvorstellung[368], also „wie intensiv der Verfügende an die Behauptungen des Täuschenden glauben muß, damit man bei ihm von einem Irrtum sprechen kann.“[369]

Aus dem Erfordernis des Widerspruchs zwischen Vorstellung und Wirklichkeit ergibt sich, daß der Getäuschte die vorgespiegelte Tatsache jedenfalls für wahr halten muß, da ansonsten kein Irrtum vorläge[370]. Anerkannt ist auch, daß ein Für-wahr-halten nicht nur bei (absoluter) Gewißheit, sondern bereits bei Zweifeln des Getäuschten vorliegen kann[371].

Der letztgenannte Aspekt erlangt für diese Untersuchung maßgebende Bedeutung. Denn die im Schrifttum nahezu einhellig vertretene Ansicht[372],

---

366 *Lackner*, in: LK, § 263 Rdn. 78.

367 *Lackner*, in: LK, § 263 Rdn. 78.

368 Vgl. dazu im Überblick *Cramer*, in: S/S, § 263 Rdn. 40; *Lackner*, in: LK, § 263 Rdn. 79 ff. m.w.N. Vertiefende Ausführungen zum Streitstand folgen im weiteren Verlauf der Untersuchung.

369 *Amelung*, GA 1977, 1.

370 *Lackner*, in: LK, § 263 Rdn. 79.

371 Vgl. z. B. BGH wistra 1990, 305; 1992, 95 (96); *Amelung*, GA 1977, 1; *Cramer*, in: S/S, § 263 Rdn. 40 m.w.N.

372 *Gutheil*, Doping, S. 173; *Kohlhaas*, in: Sport und Recht, S. 48 (55); *ders.* NJW 1970, 1958 (1960); *J. Kühl*, in: Doping - verbotene Arzneimittel, S. 156 (160); *Linck*, MedR 1993, 55 (61); *ders.* NJW 1987, 2545 (2551); *Sehling/Pollert/Hackfort*, Doping, S. 146; *Schild*, in: Rechtliche Fragen des Dopings, S. 13 (29); *Schlund*, Praktische Sport-Traumatologie und Sportmedizin 1991, 100 (106); *Summerer*, in: Praxishandbuch, 2. Teil, Rdn. 247; *Turner*, MDR 1991, 569 (574); pauschal *Fritzweiler*, in: Praxishandbuch, 1. Teil, Rdn. 10: „Der Gebrauch von Dopingmitteln

ein Betrug scheide zumindest mangels Irrtumserregung beim Mitkonkurrenten, Zuschauer und Veranstalter aus[373], könnte insofern fehlgehen, als sie schlechterdings nicht berücksichtigt, daß eine Irrtumserregung bei dem betroffenen Personenkreis auch dann möglich ist, wenn bei diesem Zweifel im Hinblick auf eine den Dopingbestimmungen entsprechende Wettkampfteilnahme des (gedopten) Sportlers bestehen.

So meint *J. Kühl*[374]: „Unter Berücksichtigung der in der Vergangenheit weiten Verbreitung der Einnahme von Dopingmitteln - zumindest in einigen Sportarten - kann eine derartige Irrtumserregung jedenfalls bei dem Personenkreis nicht ohne weiteres angenommen werden, der über die Bedingungen informiert ist, unter denen heute Hochleistungssport betrieben wird. Ein Betrug gegenüber den Konkurrenten oder den Veranstaltern von Wettbewerben scheitert daher bereits aus diesem Grund."

Auch *Linck*[375] verneint einen Betrug zum Nachteil von Konkurrent, Zuschauer oder Veranstalter, da man angesichts der „weiten Verbreitung von Doping und der allgemeinen Kenntnis davon" bereits eine Irrtumserregung verneinen müsse.

Vergleichbar argumentiert *Turner*[376]: „Regelmäßig dürfte bereits der Irrtum nicht vorliegen. Bei der Diskussion um die Verbreitung von Doping

---

als solcher ist nach dem Tatbestand des Betruges (§ 263 StGB) in Zusammenhang mit der Wettkampfteilnahme und Täuschen gegenüber den übrigen Beteiligten nicht strafbar (...)."

373 Anderer Ansicht *Otto*, SpuRt 1994, 10 (15), der eine Irrtumserregung bei dem Mitkonkurrenten, Veranstalter und Zuschauer bejaht. Auch *Schneider-Grohe*, Leistungssteigerung im Sport, S. 148, geht von einer Irrtumserregung bei dem Mitkonkurrenten aus und begründet diese damit, daß andernfalls eine Strafbarkeitslücke geschaffen werde, „die den unfairen Sportler ohne sachlichen Grund priviligiert und denjenigen Sportler, der auf die Einhaltung der Wettkampfbestimungen achtet, vom strafrechtlichen Schutz freistellt." Hierbei handelt es sich jedoch nicht um eine Begründung de lege lata, sondern allenfalls um eine rechtspolitische Überlegung (so zu Recht *Linck*, MedR 1993, 55 [61] in seiner Fußnote 80; gegen *Schneider-Grohe* vgl. auch *Schild*, a.a.O., S. 13 [29]).

374 *J. Kühl*, in: Doping - verbotene Arzneimittel, S. 156 (160).

375 *Linck*, MedR 1993, 55 (61); *ders*. NJW 1987, 2545 (2551); zust. *Summerer*, in: Praxishandbuch, 2. Teil, Rdn. 247.

376 *Turner*, MDR 1991, 569 (574); zust. *Summerer*, in: Praxishandbuch, 2. Teil, Rdn. 247.

kann eine allgemeine Kenntnis über möglicherweise gedopte Sportler bei den Beteiligten nicht ausgeschlossen werden. Eine Garantie für einen fairen und gleichen Wettkampf ist derzeit nicht mehr möglich."

Schließlich lehnt auch *Schild*[377] eine Irreführung ab, denn: „Weder der Veranstalter noch die Zuschauer noch die Mitbewerber bilden aufgrund des Verhaltens des Sportlers die Vorstellung, daß er nicht gedopt sei, m.E. nicht einmal die für § 263 StGB für ausreichend gehaltene Vorstellung, daß alles seine Richtigkeit habe. Sondern die Betreffenden machen sich entweder überhaupt keine Vorstellung oder - vor allem als Mitbewerber - wissen um die Verhältnisse genau Bescheid."

Wenn die genannten Verfasser eine Irrtumserregung bei dem betroffenen Personenkreis aufgrund der weiten Verbreitung der Einnahme von Dopingmitteln und der allgemeinen Kenntnis davon verneinen, so lassen sie mit dieser Argumentation unberücksichtigt, daß ein Irrtum i.S.d. § 263 StGB nicht nur dann vorliegen kann, wenn sich der Getäuschte der behaupteten Tatsache gewiß ist, sondern - wie schon erwähnt - auch dann, wenn er zweifelt und trotz seiner Zweifel die Vermögensverfügung vornimmt. Hierüber besteht in Rechtsprechung und Schrifttum Einigkeit[378]. Umstritten und für die weitere Untersuchung eines Irrtums erheblich ist allerdings, unter welchen Voraussetzungen man bei Zweifeln des Getäuschten von einem Irrtum sprechen kann, wie intensiv bzw. welcher Qualität die Zweifel also sein dürfen, um noch einen Irrtum bejahen zu können. Dies zu ermitteln wird Gegenstand der folgenden Ausführungen.

1. Ansicht von Amelung

Am weitesten eingeschränkt wird der Anwendungsbereich des Irrtumsmerkmals insoweit von *Amelung*[379], der Zweifel, die auf einem konkreten, in Selbstschutzmaßnahmen umsetzbaren Anhaltspunkt beruhen, aus dem Irrtumsbegriff ausscheiden möchte. *Amelung* legt seiner Ansicht die

---

377 *Schild*, in: Rechtliche Fragen des Dopings, S. 13 (29); zust. *Summerer*, in: Praxishandbuch, 2. Teil, Rdn. 247.

378 Siehe dazu die Nachweise in Fußnote 371.

379 *Amelung*, GA 1977, 1 ff.; ähnlich *Beulke*, JR 1978, 390; *Blei*, Strafrecht II, S. 227; *ders*. JA 1977, 91 f.; *Schünemann*, Bockelmann-FS, S. 117 (130 f.); *ders*., ZStW 90 (1978), 11 (32).

Erwägung zugrunde, daß es Aufgabe des Merkmals Irrtum im Betrugstatbestand sei, dem Prinzip der „Subsidiarität des strafrechtlichen Rechtsgüterschutzes“ Geltung zu verschaffen. Denn im Gegensatz zu demjenigen, der von der Richtigkeit der Angaben des Täuschenden überzeugt sei, sehe der Zweifelnde noch Alternativen, die er seiner Entscheidung als Tatsachenbasis zugrundlegen könne. Deshalb sei er auch nicht Werkzeug des Täters, sondern könne sich einer Schädigung entziehen, indem er die zweifelhaften Behauptungen überprüfe[380]. Die Strafe, die § 263 StGB für die „Lüge im Geschäftsverkehr“ androhe, solle lediglich gewährleisten, daß auch „unter den Bedingungen einer anonymen Gesellschaft noch relativ gefahrlos Vertrauen in die Behauptungen anderer investiert werden kann.“[381] Die allein schutzwürdige Form des Zweifels sei dabei die „allgemeine, durch keinen konkreten Anhaltspunkt gewährte Unsicherheit, ob man einem anderen Menschen trauen kann“, nicht aber der „Zweifel, der auf einem konkreten Anhaltspunkt beruht.“[382]

Folgte man dieser Auffassung, hätte man bei der Beantwortung der Frage, ob eine Irrtumserregung bei dem am Wettkampf beteiligten Personenkreis bejaht werden kann, erhebliche Schwierigkeiten.

Abgesehen davon, daß der betroffene Personenkreis die (zweifelhafte) Behauptung des Sportlers, er nehme ungedopt an dem Wettkampf teil, vor einer ggf. vermögensschädigenden Verfügung faktisch kaum wird überprüfen können, ist es schon nicht feststellbar, wann ein konkreter Anhaltspunkt gegeben ist, auf den sich Zweifel an der Behauptung des Sportlers, er starte ungedopt, stützen ließen. Genügt als ein solcher bereits die weite Verbreitung von Doping und die allgemeine Kenntnis davon? Oder läßt sich ein konkreter Anhaltspunkt, der eine Irrtumserregung entfallen ließe, etwa erst dann annehmen, wenn der am Wettkampf teilnehmende Sportler schon bei früheren Wettkämpfen durch Doping aufgefallen ist?

Hier wird bereits die erste Schwachstelle bei der Argumentation von *Amelung* deutlich, nämlich die mangelnde Präzision seines Abgrenzungsmerkmals[383]. Ob nur eine wegen Dopings im Vorfeld erfolgte Wettkampf-

---

380 *Amelung*, GA 1977, 1 (6).

381 *Amelung*, GA 1977, 1 (7).

382 *Amelung*, GA 1977, 1 (6 f.).

383 Vgl. *Krey*, Strafrecht BT/2, Rdn. 373; *Samson*, JA 1978, 469 (474); *Samson/Günther*, in: SK, § 263 Rdn. 57.

sperre des teilnehmenden Sportlers oder auch schon die weite Verbreitung von Doping im Wettkampfsport Anhaltspunkte enthalten, die zu hinreichend fundierten Zweifeln führen und somit nach *Amelungs* Ansatz einen Irrtum bei dem betroffenen Personenkreis ausschließen ließen, ist kaum zu entscheiden.

Forderte man wie *Amelung* jedenfalls eine Schutzwürdigkeit des Opfers, die nur dann gegeben sei, wenn bei diesem keine begründeten Zweifel vorlägen, so ließe man außeracht, daß der Strafrechtsschutz gerade für Unerfahrene und Leichtgläubige unentbehrlich ist[384]. Zwar ist der Getäuschte in dem Maße, in dem er auch die Unwahrheit der vorgespiegelten Tatsache ins Auge faßt, weniger schutzwürdig. Sein Schutzbedürfnis hat jedoch gegenüber dem mißbilligten Interesse des täuschenden Täters ein erheblich größeres Gewicht, solange er bei der Verfügung trotz seines Zweifels auf die Wahrheit baut und durch den Täter in seiner Erwartung enttäuscht wird. Schutzwürdig ist gerade auch der, der sich trotz des Zweifels von der Möglichkeit der Wahrheit der behaupteten Tatsache positiv motivieren läßt. Dieser bezieht nämlich, wie *Lackner*[385] es formuliert, „trotz seines Zweifels zur Wahrheitsfrage innerlich Position, indem er die Vorstellung der Unwahrheit beiseiteschiebt und für seine Entschließung nur der Erwartung (u. U. auch nur Hoffnung) der Wahrheit Raum gibt."

Die Ausführungen *Amelungs* sind schließlich auch insofern nicht überzeugend, als es nach üblichem Verständnis nicht Aufgabe des Subsidiaritätsprinzips ist, den Rechtsgüterschutz dann zu verwehren, wenn sich das Opfer gegen einen rechtswidrigen Angriff hätte selbst verteidigen können (was bei dem am Wettkampf beteiligten Personenkreis schon zu bezweifeln ist); unterbleiben soll vielmehr bereits der friedensstörende Angriff. Das Subsidiaritätsprinzip bezieht sich auf die Gesellschafts- und Rechtsordnung im ganzen, nicht aber auf die Fähigkeiten und Möglichkeiten des einzelnen[386].

---

384 Vgl. BGHSt 34, 199 (201); BGH MDR 1972, 387; *Maurach/Schroeder/Maiwald*, BT/1, § 41 Rdn. 61; *Otto*, Strafrecht BT, S. 217; *Wessels*, BT/2, Rdn. 494.

385 *Lackner*, in: LK, § 263 Rdn. 80.

386 *Ranft*, JA 1984, 723 (732); vgl. dazu auch *Frisch*, Bockelmann-FS, S. 647 (656); *Lackner*, in: LK, § 263 Rdn. 80 sowie *Herzberg*, GA 1977, 289 (294).

Herzberg[387] tritt der These *Amelungs*, derzufolge es Aufgabe des Merkmals „Irrtum" im Betrugstatbestand sei, der Subsidiarität im strafrechtlichen Rechtsgüterschutz zur Geltung zu verhelfen, noch durch einen weiteren Gesichtspunkt entgegen. Er verweist auf einen engen systematischen Zusammenhang zwischen dem Irrtumsmerkmal beim Betrug und den Willensmängeln bei der Einwilligung. Dabei vertritt er die These, daß es Funktion des Merkmals Irrtum bei § 263 StGB sei, „den Fall der mangelfreien Einwilligung in den Vermögensverlust aus dem Tatbestand des vollendeten Betruges auszuscheiden." Um Wertungswidersprüche zu vermeiden, könne ein Irrtum nur dann verneint und damit der Schutz des Betrugstatbestandes dem Getäuschten nur dann entzogen werden, wenn dieselbe Fehlvorstellung bei einer Eigentumsverletzung die Wirksamkeit der Einwilligung nicht berührt hätte, so daß auch der Schutz des Eigentumsdelikts nicht eingreife. Die Argumentation *Herzbergs* ist jedoch insofern problematisch, als eine Strafbarkeit des Täters direkt aus der Rechtswidrigkeit abgeleitet würde. Die zueinander in Beziehung gebrachten Rechtslagen liegen auf unterschiedlichen Ebenen und sind deshalb nicht unmittelbar vergleichbar[388].

2. *Ansicht von Giehring*

Giehring[389] interpretiert den Irrtumsbegriff mit Hilfe der teleologischen Methode: § 263 StGB bezwecke den Schutz des Vermögens gegen die besondere Angriffsart der Überlistung. In dem Maße allerdings, in dem das Opfer an der Wahrheit der vorgetäuschten Tatsachen zweifle, der wahre Sachverhalt für möglich und weiter sogar für wahrscheinlich gehalten werde, verliere das Angriffsmittel der List an Gefährlichkeit. Gleichzeitig mindere sich auch die Schutzwürdigkeit des Opfers. Dieses gehe das mit der für ihn zweifelhaften Tatsachengrundlage verbundene Risiko nämlich bewußt ein und erlange in der Regel als Ausgleich die Chance von Vermögensvorteilen, die seinen Einsatz weit überstiegen[390]. Dennoch sei es verfehlt und

---

387 *Herzberg*, GA 1977, 289 (295 f.).

388 *Lackner*, in: LK, § 263 Rdn. 80 in seiner Fußnote 134; insoweit ebenfalls kritisierend *Frisch*, Bockelmann-FS, S. 647 [653 f.]; *Hassemer*, Schutzbedürftigkeit, S. 122 ff.; *Samson/Günther*, in: SK, § 263 Rdn. 56.

389 *Giehring*, GA 1973, 1 (17).

390 *Giehring*, GA 1973, 1 (18).

würde den Betrugstatbestand unangemessen einschränken, einen Irrtum nur dort anzunehmen, wo das Opfer von der Wahrheit der Angaben des Täuschenden fest überzeugt sei. Deutlich werde dies, wenn man sich klarmache, in wievielen Situationen des sozialen Lebens Vermögensdispositionen getroffen werden müßten, ohne daß Gewißheit über die für die Entscheidung relevanten äußeren oder inneren Tatsachen bestehe[391]. Die Lösung könne daher nur „in dem breiten Mittelfeld" zwischen den extremen Positionen einer festen Überzeugung und der Einbeziehung jeden Zweifels liegen[392]. Kriterien für die genaue Festlegung des Punktes, an dem Zweifel des Getäuschten an der Wahrheit der Tatsache die Anwendbarkeit des § 263 StGB ausschließen, gewinnt *Giehring* insbesondere aus der zur Abgrenzung von bedingtem Vorsatz und Fahrlässigkeit entwickelten „Wahrscheinlichkeitstheorie"[393]. Auf dieser Grundlage gelangt er zu folgender Definition: Der Irrtumsbegriff des Betrugstatbestandes lasse sich in Ergänzung der gebräuchlichen Umschreibung kennzeichnen als die der Wirklichkeit nicht entsprechende Vorstellung, das Vorliegen (Nichtvorliegen) einer Tatsache sei sicher oder doch jedenfalls wahrscheinlicher als ihr Nichtvorliegen (Vorliegen)[394].

Bedenken gegen diesen Ansatz ergeben sich zunächst aus methodischen Gründen. Die von *Giehring* u.a. herangezogene „Wahrscheinlichkeitstheorie" dient der Bestimmung der Strafwürdigkeit von Tätern. Hier geht es indes um die entgegengesetzte Zielrichtung - der Schutzwürdigkeit von Opfern[395]. Deshalb ist, wie es *Amelung*[396] formuliert, „nicht zu erken-

---

391 *Giehring*, GA 1973, 1 (18); als Beispiel für die Eingehung eines „sozial üblichen Risikos" führt *Giehring* u.a. den Kreditsachbearbeiter an, „der trotz ausreichender Unterlagen allein aufgrund seines persönlichen Eindrucks vom Darlehensnehmer von dessen Rückzahlungswillen nicht voll überzeugt ist."

392 *Giehring*, GA 1973, 1 (18 f.).

393 Vertreten von *H. Mayer*, Strafrecht AT, S. 121; ähnlich auch *Welzel*, Strafrecht, S. 68 f.

394 *Giehring*, GA 1973, 1 (22). *Krey*, Strafrecht BT/2, Rdn. 373, modifiziert - ohne nähere Begründung - die These *Giehring*s dadurch, daß er es nicht auf eine überwiegende Wahrscheinlichkeit ankommen läßt. Ihm „erscheint der Getäuschte, der Zweifel an der Wahrheit der Tatsachenbehauptung hat, nur schutzwürdig, wenn er es für *wahrscheinlich* hält, jene Behauptung sei zutreffend, und auf diese Einschätzung seine Vermögensverfügung baut."

395 *Amelung*, GA 1977, 1 (3 f.).

396 *Amelung*, GA 1977, 1 (4).

nen, wie Argumente aus dem einen Bereich irgendwelche Bedeutung in dem anderen gewinnen können."

Daneben erweist sich die Konzeption von *Giehring* als kaum durchführbar. Wann z. B. die Mitkonkurrenten, Veranstalter, Preisspender und Zuschauer die Richtigkeit ihrer Vorstellung, das Stattfinden eines Wettkampfes, bei dem die Teilnehmer die Dopingbestimmungen einhalten, für wahrscheinlicher gehalten haben als die Unrichtigkeit, wird selten sicher festzustellen sein. Dies gilt um so mehr, als verschiedene Grade einer Wahrscheinlichkeitsvorstellung schwer beweisbar und in der Regel auch schon gar nicht zu ermitteln sind[397]. Die Frage, ob das Opfer die vorgetäuschte Tatsache für schlicht oder überwiegend wahrscheinlich hielt, läßt sich vielmehr in nachträglicher Rekonstruktion des Sachverhalts - was *Giehring*[398] selbst einräumt - selten ohne Willkür bestimmen.

Daß die Methode *Giehring*s unpraktikabel ist, zeigt sich schließlich auch daran, daß der Getäuschte sich auf einen bestimmten Intensitätsgrad einer Möglichkeitsvorstellung in der Regel gar nicht festlegt. Er steht nämlich nicht vor der Entscheidung, „ob er die Behauptung für mehr oder weniger wahrscheinlich halten, sondern ob er trotz seines Zweifels verfügen soll."[399] Letzteres tut er aber schon dann, wenn er die Wahrheit nur für möglich hält und daraufhin verfügt.

3. *Herrschende Auffassung*

So berechtigt die kriminalpolitische Frage nach einer sinnvollen Begrenzung des Betrugstatbestandes auch ist, so wenig können die von *Amelung* und *Giehring* aufgezeigten Differenzierungskriterien, insbesondere wegen derer mangelnden Präzision, überzeugen. Für die Frage, wann ein Irrtum i.S.d. § 263 StGB trotz bestehender Zweifel des Opfers an der Richtigkeit der behaupteten Tatsache vorliegt, kann es - wie schon verdeutlicht - nur entscheidend sein, ob sich das Opfer, auch auf der Basis erheblicher Zweifel, durch die Möglichkeit der Wahrheit tatsächlich zu der Vermögensver-

397 Vgl. *Samson/Günther*, in: SK, § 263 Rdn. 57.

398 *Giehring*, GA 1973, 1 (21 f.).

399 *Lackner*, in: LK, § 263 Rdn. 80.

fügung motivieren läßt[400]. Im Regelfall des Betruges ist der Getäuschte, worauf *Lackner*[401] richtig hinweist, der „List des anderen" nämlich schon dann zum Opfer gefallen, wenn er die Vermögensverfügung trotz des Zweifels vornimmt; denn i.d.R. wird dadurch offenbar, „daß auf Grund einer Abwägung der jeweiligen Interessenlage die Erwartung der Wahrheit den Zweifel wirkungslos gemacht und dem Täter zur Erreichung seines Ziels verholfen hat." Zu verneinen ist ein Irrtum lediglich dann, wenn der Getäuschte die Tatsachenbehauptung zwar für möglich hält, ihm die Wahrheit derselben jedoch gänzlich gleichgültig ist, das Verhalten des Täuschenden bei ihm also keine falsche, sondern eine völlig undifferenzierte, „nach jeder Richtung offene"[402] Vorstellung hervorruft[403].

Geht man - wie hier - mit der herrschenden Auffassung davon aus, daß die tatsächlich motivierende Wirkung auch der bloßen Möglichkeitsvorstellung für einen Irrtum i.S.d. § 263 StGB genügt, so gilt es im weiteren zu ermitteln, welche Konsequenzen diese Prämisse für die zu untersuchenden Betrugskonstellationen hat.

4. Konsequenz für die zu untersuchenden Betrugskonstellationen

Zur Bejahung eines Irrtums beim getäuschten Mitkonkurrenten, Veranstalter, Preisspender und Zuschauer genügt deren bloße Vorstellung von der Möglichkeit der Wahrheit der vorgespiegelten Tatsache. Daß die Genannten

---

400 So die herrschende Auffassung im Schrifttum vgl. *Arzt/Weber*, LH 3, Rdn. 416; *Bokkelmann*, BT/1, S. 269; *Cramer*, in: S/S, § 263 Rdn. 40; *Lackner*, in: LK, § 263 Rdn. 80; *Lackner/Kühl*, § 263 Rdn. 18; *Maurach/Schroeder/Maiwald*, BT/1, § 41 Rdn. 62; *Otto*, Strafrecht BT, S. 217; *Ranft*, JA 1984, 723 (731); *ders.*, Jura 1992, 66 (68); *Samson/Günther*, in: SK, § 263 Rdn. 57; *Samson*, JA 1978, 469 (474); *Tröndle*, § 263 Rdn. 18; *Wessels*, BT/2, Rdn. 494. In der Rechtsprechung wird die Frage der Behandlung von Zweifeln des Opfers kaum ausführlich behandelt; vgl. insoweit nur *Samson/Günther*, in: SK, § 263 Rdn. 55, mit dem Nachweis einiger Reichsgerichts-Entscheidungen, die einen engen Irrtumsbegriff zugrundelegen. Indessen orientiert sich die jüngere Rechtsprechung des BGH an der aufgezeigten herrschenden Ansicht im Schrifttum, vgl. BGH wistra 1990, 305; 1992, 95 (96).

401 *Lackner*, in: LK, § 263 Rdn. 80.

402 *Lackner*, in: LK, § 263 Rdn. 81.

403 Vgl. *Cramer*, in: S/S, § 263 Rdn. 40; *Otto*, Jura 1983, 16 (21 f.); AG Tiergarten NJW 1989, 846.

im Regelfall zumindest von der Möglichkeit ausgehen, der Sportler halte die Dopingbestimmungen bei der Teilnahme an dem Wettkampf ein, ergibt sich insbesondere auf dem Hintergrund der oben[404] dargelegten erhöhten Bemühungen der einzelnen Sportverbände, die Kontrolldichte vor und während der Wettkämpfe in zunehmendem Maße zu steigern[405]. Wie bereits an anderer Stelle ausgeführt[406], kann den Personen, die durch den gedopten Sportler getäuscht werden, auch kein Desinteresse bzw. gänzliche Gleichgültigkeit in bezug auf die Einhaltung der Dopingbestimmungen des am Wettkampf Teilnehmenden unterstellt werden. Daher ist bei diesen auch nicht von einer völlig undifferenzierten, nach jeder Richtung offenen, sondern vielmehr von der falschen Vorstellung auszugehen, der Sportler sei zumindest möglicherweise ungedopt und halte deshalb die Dopingbestimmungen bei seiner Teilnahme an dem Wettkampf ein[407]. Entgegen der ganz überwiegenden Ansicht im Schrifttum[408] ist im Ergebnis ein Irrtum bei dem vom gedopten Sportler getäuschten Personenkreis zu bejahen.

---

404 1. Teil, § 3.

405 *Donike/Rauth*, Dopingkontrollen, S. 41, weisen darauf hin, daß die Anzahl von Wettkampf- und Trainingskontrollen mittlerweile so groß ist, „daß erfolgreiche Athleten mit einer Kontrolle rechnen müssen.“

406 3. Teil, § 2, A. I.

407 Das aufgezeigte Vorstellungsbild haben Veranstalter großer internationaler Leichtathletikwettkämpfe (*Manfred Germar*, Meeting Director Internationaler Sparkassen-Cup des ASV Köln und *Rudolf Thiel*, Meeting Director Internationales Stadionsportfest, ISTAF Berlin) dem Verfasser in Gesprächen am 10.10.1996 bzw. 08.11.1996 als für sich zutreffend bestätigt. Das hier u.a. ermittelte Ergebnis einer Irrtumserregung bei dem Mitkonkurrenten des gedopten Sportlers steht auch im Einklang mit den Aussagen von Kaderathleten des Deutschen Leichtathletik-Verbandes (*Lutz Becker*, u.a. Deutscher Vizemeister über 400 m 1994; *Kai Karsten*, u.a. Deutscher Meister über 400 m 1994; *Melanie Paschke*, mehrfache Deutsche Meisterin über 100 m und 200 m, u.a. Dritte der Europameisterschaften über 100 m 1994, Zweite der Hallenweltmeisterschaften 1995 über 60 m; *Christian Schenk*, u.a. Olympiasieger im Zehnkampf 1988), die diese gegenüber dem Verfasser am 29.05.1995 trafen. Hiernach hielten sie ihre Mitkonkurrenten während der Teilnahme an Deutschen Meisterschaften übereinstimmend für „sehr wahrscheinlich nicht gedopt“ und bei Wettkämpfen mit internationaler Beteiligung für „zumindest möglicherweise nicht gedopt“.

408 Siehe die Nachweise oben in Fußnote 372.

III. Kausalität zwischen Täuschung und Irrtum

Der gedopte Sportler muß die aufgezeigte Fehlvorstellung bei den Getäuschten i.S.d. Bedingungstheorie verursacht oder auch nur mitverursacht haben. Das Ergebnis scheint klar: Durch das Verhalten des täuschenden Sportlers - der Wettkampfteilnahme - wird bei dem Mitkonkurrenten, Preisspender, Zuschauer und Veranstalter die Vorstellung kausal hervorgerufen, der Sportler sei zumindest möglicherweise ungedopt und halte deshalb die Dopingbestimmungen bei seiner Teilnahme an dem Wettkampf ein[409].

Schild[410] hingegen verneint eine kausale Irrtumserregung bei dem Veranstalter, Zuschauer und Mitkonkurrenten. Seine Position wird im folgenden aufgezeigt und anschließend erörtert.

1. Gegenposition von Schild

Schild argumentiert wie folgt: Selbst wenn Veranstalter, Zuschauer und Mitbewerber davon ausgingen, daß „alles in Ordnung" sei[411], müsse der Sportler durch sein Verhalten diese Vorstellung kausal herbeigeführt, zumindest verstärkt haben, was gerade für die Argumentation mit dem den Bereich des Sports beherrschenden Sportethos nicht vertreten werden könne. Das Überwechseln zum Unterlassen der Aufklärung „der bereits vorher bestehenden irrigen Vorstellung" scheide diesbezüglich mangels Rechtspflicht aus[412].

Zur Untermauerung seines Ergebnisses verweist *Schild*[413] auf die Ausführungen *Ordemanns*[414] zum „Spätwetten-Urteil" des BGH aus dem Jahr

---

409 So i.E. auch *Otto*, SpuRt 1994, 10 (15), hinsichtlich des Mitkonkurrenten, Veranstalters und Zuschauers. Auch *Ditz*, Doping, S. 502, 508, bejaht den Kausalzusammenhang zwischen Täuschung und Irrtum bei seiner Untersuchung einer Betrugsstrafbarkeit des dopenden Pferdebesitzers zum Nachteil des Mitkonkurrenten und des Preisspenders.

410 *Schild*, in: Rechtliche Fragen des Dopings, S. 13 (29).

411 Von dieser Prämisse geht *Schild* nur hilfsweise aus, da eine solche Vorstellung nach seinem Dafürhalten bereits nicht vorliege (dazu siehe schon oben 3. Teil, § 2, A. I. in Fußnote 364).

412 *Schild*, in: Rechtliche Fragen des Dopings, S. 13 (29).

413 *Schild*, in: Rechtliche Fragen des Dopings, S. 13 (29) in seiner Fußnote 53.

414 *Ordemann*, MDR 1962, 623.

1961[415]. *Ordemann* bejaht dort zwar eine konkludente Täuschungshandlung des Spätwetters, meint aber, daß diese nicht ursächlich für die Fehlvorstellung des Buchmachers (Wettveranstalter) sei, da lediglich ein bei diesem bereits bestehender Irrtum ausgenutzt werde[416]. Nachfolgend gilt es deutlich zu machen, daß sowohl *Ordemann* als auch *Schild* ihren Überlegungen bereits einen falschen Ausgangspunkt zugrundelegen und demgemäß zu unhaltbaren Ergebnissen gelangen.

2. *Stellungnahme*

Will man den von *Ordemann* und *Schild* begangenen Fehler aufdecken, so ist eingangs nochmals hervorzuheben, daß der Irrtum sich auf eine Tatsache beziehen muß. Ansonsten ließe sich eine Beziehung zwischen Täuschungshandlung und Irrtumserregung nicht herstellen[417]. Tatsachen i.S.d § 263 StGB, über die beim Betrug getäuscht werden kann, sind nur konkrete Geschehnisse oder Zustände der Vergangenheit oder Gegenwart, nicht aber zukünftige Ereignisse oder zukünftige Zustände[418]. Zur Tatsache wird das Zukünftige erst mit seinem späteren Eintritt[419].

a) *Position Ordemanns zum Kausalzusammenhang zwischen Täuschung und Irrtum bei den Spätwettenfällen*

Betrachtet man zunächst die Ausführungen von *Ordemann*[420], so erscheint sein Ergebnis auf den ersten Blick einleuchtend: Der Buchmacher habe die Vorstellung gehabt, daß kein Wettinterressent vor ihm Kenntnis von dem Ergebnis des Rennens habe. In dieser Überzeugung habe er bis zur Durch-

---

415 BGHSt 16, 120; zu den sog. Spätwettenfällen siehe auch schon oben 3. Teil, § 1, D. I. 2. b) und § 2, A. I.

416 *Ordemann*, MDR 1962, 623 (624).

417 *Cramer*, in: S/S, § 263 Rdn. 34; *Lackner*, in: LK, § 263 Rdn. 74.

418 RGSt 56, 227 (232); OLG Stuttgart NJW 1958, 1833; OLG Braunschweig NJW 1959, 2175 (2176) und NdsRpfl. 1962, 24; OLG Koblenz NJW 1976, 63; *Blei*, Strafrecht II, S. 221 f.; *Cramer*, in: S/S, § 263 Rdn. 8; *Lackner*, in: LK, § 263 Rdn. 11; *Maurach/Schroeder/Maiwald*, BT/1, § 41 Rdn. 27; *Tröndle*, § 263 Rdn. 2.

419 RGSt 20, 142 (143); 56, 227 (232); *Cramer*, in: S/S, § 263 Rdn. 8; *Lackner*, in: LK, § 263 Rdn. 11; *Tröndle*, § 263 Rdn. 2.

420 *Ordemann*, MDR 1962, 623 (624).

sage des amtlichen Ergebnisses noch Wetten entgegengenommen. Die Vorstellung des Buchmachers sei aber in dem Augenblick unrichtig geworden, als die Wettinteressenten (und späteren Wetter) von dem Ergebnis des Rennens erfuhren, mithin also bereits *vor* Abschluß des Wettvertrages. Deshalb, so folgert *Ordemann*, hätten die Wetter nur einen schon bestehenden Irrtum des Buchmachers für sich ausgenutzt, indem sie noch auf Pferde setzten, die bereits gewonnen hatten[421]. Ein Kausalzusammenhang zwischen der Täuschung und dem Irrtum des Buchmachers fehle demnach.

Ordemann legt seinen Überlegungen indes einen Vorstellungsgegenstand zugrunde, der für den Irrtum und somit auch für die Vermögensverfügung des Buchmachers nicht maßgeblich ist. Daß der Buchmacher vor und ggf. auch bei Abschluß der Wettverträge die allgemeine Vorstellung haben wird, kein Wettinteressent (und künftiger Wetter) habe vor ihm Kenntnis vom Ausgang des Rennens, trifft zweifellos zu. Der Irrtum des Buchmachers muß aber auch ursächlich für die betrugsrelevante Vermögensverfügung sein[422]. Ursächlich für die Vermögensverfügung des Buchmachers, die Eingehung der vertraglichen Verpflichtung, ist jedoch allein dessen (individualisierte) Vorstellung, daß der Vertragspartner, der mit ihm einen Wettvertrag abschließt, bei Abschluß dieses Vertrages keine Kenntnis vom Ausgang des Rennens hat. Die bereits *vor* Abschluß des Wettvertrages bei dem Buchmacher unrichtig gewordene (allgemeine) Vorstellung enthält eine solche, auf den individuellen Vertragspartner konkretisierte Vorstellung nicht. Dies wäre aber erforderlich, um ein bloßes „Ausnutzen" einer bereits bestehenden Fehlvorstellung annehmen zu können.

Weiter ist *Ordemann* entgegenzuhalten, daß sich die (allgemeine) Vorstellung des Buchmachers, die in dem Augenblick unrichtig geworden ist, als die Wettinteressenten von dem Ergebnis des Rennens erfuhren, bis

---

421 Darüber hinaus hätten die Wetter den Buchmacher allein dadurch, daß sie noch auf die Pferde setzten, nicht in seinem Irrtum bestärkt; denn sie hätten ihm nicht durch ein auf Irreführung gerichtetes Verhalten das Erkennen der wahren Sachlage erschwert oder gar unmöglich gemacht; *Ordemann*, MDR 1962, 623 (624).

422 Es wäre zwar unkorrekt, den Irrtumsbegriff generell so zu bestimmen, daß er als Bestandteil des Verfügungsbegriffs erscheint, indem man sich dem Irrtumsbegriff vom Begriff der Vermögensverfügung her nähert. Zutreffend ist allerdings, daß der Irrtumsbegriff nicht losgelöst, sondern aus dem Zusammenhang der Betrugsmerkmale insgesamt gebildet werden muß, da der Irrtum „Grund" der Vermögensverfügung ist (*Ranft*, JA 1984, 723 [732]).

zum Abschluß des Vertrages allein auf ein zukünftiges Ereignis bezieht. Dieses kann allerdings als nicht vorausberechenbares Geschehnis keine Tatsache i.S.d. § 263 StGB darstellen[423]. Ob nämlich derjenige Wettinteressent, der Kenntnis vom Ausgang des Rennens erlangt hat, im späteren Verlauf auch tatsächlich als Wetter mit dem Buchmacher einen Wettvertrag über dieses Rennen abschließen wird, steht im Zeitpunkt vor Abschluß des Vertrages noch nicht fest.

Der Vertragsabschluß, der die Vermögensverfügung des Buchmachers darstellt, rührt also ausschließlich von der Vorstellung her, der (konkrete) Vertragspartner habe keine Kenntnis vom Ausgang des Rennens. Diese Vorstellung wird bei dem Buchmacher erst durch den Wetter bei Abschluß des Vertrages hervorgerufen. Die allgemeine, schon bei Vertragsabschluß bestehende Vorstellung, kein Wettinteressent habe vor ihm Kenntnis von dem Ergebnis des Rennausgangs, muß dagegen außer Betracht bleiben.

Noch offensichtlicher wird der Fehler *Ordemanns*, der den Unterschied zwischen der allgemeinen Vorstellung, die der Buchmacher vor Abschluß des Wettvertrages hatte, mit der für die Vermögensverfügung relevanten Vorstellung des Buchmachers verkennt, wenn man eine Parallele zu den sog. „Zechbetrugsfällen" zieht. Bei diesen wird erst durch das Auftreten des Gastes im Lokal, insbesondere durch dessen Bestellung, beim Wirt die unrichtige Vorstellung hervorgerufen, der Gast sei zahlungswillig bzw. zahlungsfähig[424]. Wollte man aber die Argumentation *Ordemanns* auf diese Fälle anwenden, so müßte man in aller Regel einen Betrug verneinen. Der Wirt hat nämlich, auch bevor der Gast im Lokal auftritt und seine Bestellung abgibt, die Vorstellung, seine künftigen Gäste (diese entsprechen den Wettinteressenten des Buchmachers) seien zahlungswillig bzw. zahlungsfähig. Diese Vorstellung korrespondiert mit der Vorstellung des Buchmachers vor Abschluß des Wettvertrages, kein Wettinteressent habe Kenntnis vom Ergebnis des Rennens. Unrichtig wird diese allgemeine Vorstellung des Wirts aber schon dann, wenn einer seiner künftigen Gäste noch vor Betreten des Gasthauses z. B. zahlungsunfähig würde. Bei der späteren Bestellung (diese entspricht dem Vertragsabschluß zwischen Wetter und Buchmacher)

---

423 Vgl. *Cramer*, in: S/S, § 263 Rdn. 8.

424 Vgl. *Cramer*, in: S/S, § 263 Rdn. 16 a; vgl. auch *Krey*, Strafrecht BT/2, Rdn. 340; *Wessels*, BT/2, Rdn. 493.

müßte *Ordemann* konsequenterweise davon ausgehen, daß der Gast nur einen schon bestehenden Irrtum des Wirts ausnutzt. Eine Betrugsstrafbarkeit entfiele. Daß dieses Ergebnis nicht zutrifft, räumt *Ordemann*[425] denn auch selbst ein, indem er den Spätwettenfällen die Zechbetrugsfälle als Konstellationen gegenüberstellt, bei denen es am Kausalzusammenhang zwischen Täuschung und Irrtum gerade nicht fehle.

b) Konsequenzen für die Ansicht von Schild

In gleicher Weise wie *Ordemann* bei den Spätwettenfällen verkennt *Schild* bei den in Rede stehenden Betrugskonstellationen, daß eine „bereits vorher bestehende irrige Vorstellung" bei dem Veranstalter, Zuschauer und Mitkonkurrenten des gedopten Sportlers für dessen etwaige Vermögensverfügung nicht maßgeblich sein kann.

Wenn der betroffene Personenkreis sich bereits vor Beginn des Wettkampfes vorstellt, alle künftigen Wettkampfteilnehmer seien ungedopt, es werde beim Wettkampf demnach „alles in Ordnung" sein, so wird diese Vorstellung in dem Augenblick falsch, in dem der Sportler die unerlaubten Substanzen einnimmt. Ebenso wie bei dem oben dargestellten Spätwettenfall beruht diese (falsche) Vorstellung bis zum Zeitpunkt des Wettkampfes jedoch auf einem zukünftigen Ereignis, das noch keine Tatsache i.S.d. § 263 StGB bilden kann. Ob der in jedem Fall *vor* einer möglichen Wettkampfteilnahme bereits gedopte Sportler im weiteren Verlauf auch tatsächlich an dem Wettkampf teilnimmt, ist nicht voraussehbar: Denkbar ist etwa, daß sich der Sportler noch verletzt oder sogar aufgrund einer im Vorfeld des Wettkampfes entnommenen positiven Dopingprobe zu der Teilnahme an dem Wettkampf nicht zugelassen wird.

Für die Begründung eines Kausalzusammenhangs zwischen schlüssigem Verhalten und Irrtumserregung ist es jedenfalls unerheblich, ob Veranstalter, Zuschauer und Mitbewerber schon vor Beginn des Wettkampfes die allgemeine Vorstellung hatten, die künftig am Wettkampf teilnehmenden Sportler seien ungedopt. Legt man den interessierenden Betrugskonstellationen nämlich die für eine etwaige Vermögensverfügung allein maßgebliche täuschungsrelevante Tatsache (Einhaltung der Dopingbestimmungen

---

425 *Ordemann*, MDR 1962, 623 (624).

durch den Sportler während seiner Teilnahme an dem Wettkampf) zugrunde, so erfolgt die Verursachung der Fehlvorstellung bei dem genannten Personenkreis erst und ausschließlich aufgrund der *Wettkampfteilnahme* des gedopten Sportlers. Auf eine Rechtspflicht des Sportlers zur Aufklärung einer bereits vorher, also vor Wettkampfbeginn, bestehenden irrigen Vorstellung der Betroffenen kommt es deshalb - entgegen der Auffassung von *Schild* - nicht an.

IV. Zusammenfassung

Ein durch die Täuschung kausal herbeigeführter Irrtum i.S.d. § 263 StGB ist bei dem Mitkonkurrenten, Veranstalter (in der Betrugskonstellation nach der Startzusage des Sportlers), Preisspender und Zuschauer zu bejahen. Der betroffene Personenkreis, der von dem Doping des Sportlers keine Kenntnis hat, glaubt, daß zumindest die Möglichkeit besteht, der Sportler halte die Dopingbestimmungen bei der Teilnahme an dem Wettkampf ein, weshalb dieser auch den Dopingregeln entsprechend stattfinde. Diese Vorstellung ist aber dann unrichtig, wenn ein Sportler in gedoptem Zustand an dem Wettkampf teilnimmt.

B. Irrtum des Veranstalters bei der Startzusage des Sportlers

In der Fallgestaltung, bei der die fehlende Startberechtigung des Sportlers aufgrund des Einflusses verbotener Substanzen schon bei der Startzusage feststeht, gilt hinsichtlich einer Irrtumserregung bei dem Veranstalter des Wettkampfes folgendes: Der Veranstalter wird als Vertragspartner des Sportlers regelmäßig glauben, daß dieser zur Vertragserfüllung willens und auch in der Lage sein wird. Sofern der Veranstalter von dem gedopten Zustand des Sportlers keine Kenntnis hat, besteht bei ihm deshalb eine irrige Vorstellung, also die positive Vorstellung einer der Wirklichkeit widersprechenden Tatsache. Etwaige Zweifel des Veranstalters an der Wahrheit der von dem gedopten Sportler behaupteten Tatsache müssen unberücksichtigt bleiben, da sich der Veranstalter bei dem Abschluß des Vertrages vorstellen wird, der Sportler werde zumindest möglicherweise den Wettkampf in einer den Dopingbestimmungen entsprechenden Art und Weise bestreiten und somit den Vertrag auch erfüllen können. Die Fehlvorstellung des Veranstalters wird von dem Sportler bei der Startzusage durch die stillschweigende Erklärung, er sei willens und fähig, den Wettkampf unter Einhaltung der Dopingregeln zu absolvieren, auch hervorgerufen.

C. Irrtum des Sponsors

Nachfolgend ist zu untersuchen, ob die Täuschungshandlung des Sportlers bei dem Sponsor einen Irrtum erregt oder unterhält. Hierbei ist nach den schon aufgezeigten Konstellationen zu differenzieren. Zu Beginn steht die Fallgestaltung, bei der der Sportler einen Sponsoringvertrag abschließt, dem Leistungen und Wettkampferfolge zugrundeliegen, die er unter dem Einfluß verbotener Substanzen erzielt hat.

I. Irrtum des Sponsors bei Vertragsabschluß nach vorheriger Leistungserzielung des Sportlers unter Zuhilfenahme verbotener Substanzen

Sind die vor Vertragsabschluß erzielten Leistungen nur unter Zuhilfenahme verbotener Substanzen zustandegekommen, so ist die unrichtige täuschungsrelevante Tatsache darin zu sehen, daß das tatsächliche, ohne Doping vorhandene, gegenwärtige sportliche Leistungsvermögen des Athleten nicht dem im Vorfeld gezeigten entspricht[426]. Zweifelhaft könnte allenfalls sein, ob der Sponsor diesbezüglich überhaupt eine positive Vorstellung hat. Wie bereits an anderer Stelle ausgeführt[427], sind die Anforderungen an Bewußtseinsform und Intensität der Vorstellung des Getäuschten jedoch gering. Es genügt jede bloße Vorstellung von der Möglichkeit der Wahrheit der vorgespiegelten Tatsache, auch wenn diese nur in Form eines „sachgedanklichen Mitbewußtseins“ vorliegen sollte[428]. Der Sponsor legt seiner Entscheidung darüber, ob und zu welchen Konditionen der Vertrag mit dem Sportler zustandekommen soll, die im Vorfeld durch den Athleten erzielten sportlichen Leistungen zugrunde[429]. Deshalb macht sich der Sponsor regelmäßig eine

---

426 So schon oben 3. Teil, § 1, D. I.

427 Siehe oben 3. Teil, § 2, A. I. und II.

428 Vgl. *Lackner*, in: LK, § 263 Rdn. 77 m.w.N.

429 Siehe oben 3. Teil, § 1, D. I.

wie auch immer geartete positive Vorstellung darüber, ob das bereits gezeigte Leistungsvermögen dem gegenwärtig vorhandenen möglicherweise entspricht. Die Täuschungshandlung des Sportlers ruft somit auch einen Irrtum beim Sponsor hervor.

II. Irrtum des Sponsors bei Vertragsabschluß mit einem Sportler, der unter dem Einfluß verbotener Substanzen steht

In der Konstellation, bei der der Sportler über die Tatsache täuscht, daß er bei Vertragsabschluß gedopt und somit leistungsunfähig[430] ist, erliegt der Sponsor ebenfalls einem Irrtum. Etwaige Zweifel des Sponsors an der Wahrheit der von dem in Wirklichkeit gedopten Sportler vorgespiegelten Tatsache müssen unberücksichtigt bleiben. Denn der Sponsor wird sich bei dem Abschluß des Vertrages vorstellen, der Sportler werde zumindest möglicherweise ungedopt und somit zur Vertragserfüllung willens und auch in der Lage sein. Diese Fehlvorstellung wird durch das Verhalten des gedopten Sportlers auch hervorgerufen.

III. Irrtum des Sponsors nach Abschluß des Sponsoringvertrages

Nimmt der Sportler im Zeitraum nach Abschluß des Sponsoringvertrages verbotene Substanzen zu sich, so ist ein Irrtum durch unterlassene Aufklärung in Betracht zu ziehen: Der Sportler hat aufgrund des besonderen Vertrauensverhältnisses, das dem Vertrag zugrundeliegt[431], eine Garantenstellung gegenüber dem Sponsor. Kommt er dieser dadurch nicht nach, daß er den Sponsor nicht auf die Einnahme der verbotenen Substanzen hinweist, so unterhält er bei diesem einen Irrtum durch Unterlassen. Denn die Vorstellung des Sponsors, der Sportler erbringe seine Leistung vertragsgemäß und halte deshalb auch das Dopingverbot ein, ist in dem Augenblick falsch geworden, in dem der Sportler die unerlaubten Substanzen eingenommen hatte[432]. Dem steht nach den obigen Ausführungen[433] auch nicht die „weite(n)

430 Denn die von dem gedopten Sportler bei Vertragsabschluß versprochene Leistung ist ihm unmöglich, der Sponsoringvertrag ist gemäß § 306 BGB nichtig; siehe oben 2. Teil, § 3, C. II. 1.

431 Siehe oben 3. Teil, § 1, D. III. 4. b) bb).

432 Siehe oben 3. Teil, § 1, D. III. 3.

433 3. Teil, § 2, A. II.

Verbreitung von Doping und (der) allgemeine(n) Kenntnis davon“[434] entgegen[435]. Für einen Irrtum i.S.d. § 263 StGB genügt die tatsächlich motivierende Wirkung einer bloßen Möglichkeitsvorstellung[436]. Deshalb ist davon auszugehen, daß bei dem Sponsor, trotz etwaiger Zweifel darüber, ob der Sportler sich dopt oder nicht dopt, die für das Unterhalten eines Irrtums erforderliche Fehlvorstellung ab dem Zeitpunkt der Einnahme der Dopingsubstanzen durch den Sportler bestanden hat.

§ 3: Vermögensverfügung

Dieser Abschnitt behandelt die in Frage kommenden Vermögensverfügungen der Personen, die von dem Sportler getäuscht worden sind. Grundlegend für die Problemstellung und -lösung sind dabei die Begriffe der Verfügung und des Vermögens. Zunächst ist es deshalb erforderlich, das Deliktsmerkmal der Vermögensverfügung im allgemeinen zu betrachten und schon dabei, wegen dessen Beziehung zum Vermögensschaden, auf den Vermögensbegriff einzugehen.

A. Allgemeines zur Vermögensverfügung

I. Funktion, Begriff und Verfügungsverhalten

Der Betrug zeichnet sich dadurch aus, daß der Täter nicht selbst von außen, sondern unter Einsatz des Vermögensinhabers bzw. einer dem Vermögen nahestehenden Person den Vermögensschaden bewirkt. Das ungeschriebene Tatbestandsmerkmal der Vermögensverfügung kennzeichnet dabei den

---

434 *Linck*, MedR 1993, 55 (61); *ders.* NJW 1987, 2545 (2551).

435 Eine Betrugskonstellation zum Nachteil des Sponsors ist im Schrifttum bisher nicht eingehend untersucht worden. Die Fehlvorstellung des Sponsors korrespondiert jedoch mit der unrichtigen Vorstellung über die Einhaltung der Dopingbestimmungen durch den in Wirklichkeit gedopten und somit regelwidrig am Wettkampf teilnehmenden Sportler. Daher läßt sich sowohl die Argumentation des Schrifttums zum Irrtum beim Mitkonkurrenten, Veranstalter/Preisspender und Zuschauer als auch die hier dazu vertretene Gegenposition (siehe oben 3. Teil, § 2, A. II.) auf die interessierende Fallgestaltung vom Grundsatz her übertragen.

436 Siehe oben 3. Teil, § 2, A. II. 3.

Mitwirkungsakt des sich selbst schädigenden Betrugsopfers[437]. Es ist das notwendige Bindeglied zwischen dem seelischen Vorgang des Irrtums und dem äußeren Ergebnis des Vermögensschadens und vermittelt dadurch den anders nicht herstellbaren ursächlichen Zusammenhang[438].

Der Begriff der Vermögensverfügung umfaßt nach ganz herrschender Auffassung jedes tatsächliche Handeln, Dulden oder Unterlassen des Getäuschten, das bei diesem oder bei einem Dritten unmittelbar zu einer Vermögensminderung führt[439]. Die Bejahung der im Verfügungsbegriff vorausgesetzten Vermögensminderung enthält allerdings noch keine abschließende Aussage darüber, ob auch ein Vermögensschaden als weiteres Merkmal des Betrugstatbestandes eingetreten ist, da dem Vermögen des Betroffenen ein Äquivalent zugeflossen sein kann, das die Vermögensminderung kompensiert[440]. Dies zu klären ist allein eine Frage des Vermögensschadens[441].

Ausreichend für ein Verfügungsverhalten i.S.d. § 263 StGB ist jede tatsächliche Einwirkung auf das Vermögen. Einer Verfügung i.S.d. bürgerlichen Rechts oder einer Willenserklärung bedarf es nicht[442]. Notwendig zur Eingrenzung des Tatbestandsmerkmals ist nach ganz überwiegender Auffas-

---

437 Vgl. z. B. *Maurach/Schroeder/Maiwald*, BT/1, § 41 Rdn. 71; *Samson/Günther*, in: SK, § 263 Rdn. 69 f.

438 RGSt 47, 151 (152); 49, 16 (19); 64, 226 (228); 76, 82 (87); *Cramer*, in: S/S, § 263 Rdn. 54; *Lackner*, in: LK, § 263 Rdn. 94; *Lackner/Kühl*, § 263 Rdn. 21; *Samson/Günther*, in: SK, § 263 Rdn. 66.

439 So die Rechtsprechung und ganz h.M. in der Literatur; vgl. BGHSt 14, 170 (171); BayObLG MDR 1964, 343; OLG Celle NJW 1974, 2326 (2327); OLG Düsseldorf NJW 1988, 922 (923); *Cramer*, in: S/S, § 263 Rdn. 55; *Gössel*, BT/2, § 21 Rdn. 125; *Krey*, Strafrecht BT/2, Rdn. 385; *Lackner*, in: LK, § 263 Rdn. 95; *Wessels*, BT/2, Rdn. 499; abweichend *Maurach/Schroeder/Maiwald*, BT/1, § 41 Rdn. 72, die, um deutlicher zwischen Schaden und Vermögensverfügung zu differenzieren, nur ein Handeln, Dulden oder Unterlassen mit Vermögensrelevanz verlangen; ähnlich *Samson/Günther*, in: SK, § 263 Rdn. 73.

440 *Ranft*, Jura 1992, 66 (68). Instruktiv zum Verhältnis von Vermögensverfügung und Vermögensschaden: *Schmidhäuser*, Tröndle-FS, S. 305 ff., der die Frage, ob die Probleme bei der Vermögensverfügung oder beim Vermögensschaden zu lozieren sind, eingehend untersucht; vgl. dazu auch *Hansen*, Jura 1990, 510 (511 f.).

441 Vgl. BGHSt 31, 178 (179); *Lackner*, in: LK, § 263 Rdn. 99, 143; *Lackner/Kühl*, § 263 Rdn. 22; *Samson/Günther*, in: SK, § 263 Rdn. 77 f.

442 BGHSt 14, 170 (171); *Lackner*, in: LK, § 263 Rdn. 95; *Lackner/Kühl*, § 263 Rdn. 23.

sung, daß die Verfügung des Getäuschten zu einer Vermögensminderung führt, ohne daß dafür noch zusätzliche deliktische Zwischenhandlungen des Täters erforderlich wären, die Verfügungswirkung also unmittelbar eintritt[443].

Zur Bejahung eines ursächlichen Zusammenhangs zwischen Täuschungshandlung und Vermögensverfügung genügt es schließlich, daß die Irrtumserregung für die Vermögensverfügung des Getäuschten mitbestimmend ist; deren alleinige Ursache braucht sie nicht zu sein[444].

Da das Verfügungsverhalten des Opfers zu einer Minderung des Vermögens geführt haben muß, ist bereits an dieser Stelle zu klären, welche Positionen zum Vermögen i.S.d. § 263 StGB gehören. Wenn nämlich feststeht, daß der Getäuschte überhaupt kein strafrechtlich geschütztes Objekt aus seinem Vermögen ausgesondert hat, so stellt sich auch die (Schadens-) Frage nach der Ausgeglichenheit der Gegenleistung nicht mehr[445]. Der Meinungsstand hierzu wird im folgenden kurz aufgezeigt, um so das Für und Wider des für die Untersuchung maßgeblichen Vermögensbegriffs herausstellen zu können.

---

443 Vgl. OLG Saarbrücken NJW 1968, 262; OLG Düsseldorf NJW 1975, 1839; OLG Celle NJW 1975, 2218; *Lackner*, in: LK, § 263 Rdn. 99 mit zahlreichen Nachweisen zum Schrifttum. Kritik an der Formulierung „unmittelbar" übt *Gössel*, BT/2, § 21 Rdn. 136 ff., demzufolge sich die Frage der sog. Unmittelbarkeit der Vermögensverfügung in Wahrheit als eine Frage nach dem Subjekt der Vermögensverfügung erweise.

444 RGSt 76, 82 (86 f.); BGHSt 13, 13 (14); OLG Hamburg HESt 2, 316 (317); KG JR 1964, 350; *Cramer*, in: S/S, § 263 Rdn. 77; *Engisch*, v. Weber-FS, S. 247; *Heinitz*, JR 1959, 386 (387); *Lackner*, in: LK, § 263 Rdn. 117; *Maurach/Schroeder/Maiwald*, BT/1, § 41 Rdn. 83; *Prinzing*, NJW 1960, 952; *Schlüchter*, JuS 1976, 518 (521); *Tröndle*, § 263 Rdn. 23; *Wessels*, BT/2, Rdn. 504; a.A. *Klauser*, NJW 1959, 2245.

445 Deutlich hierzu *Hansen*, Jura 1990, 510 (512); *Maurach/Schroeder/Maiwald*, BT/1, § 41 Rdn. 86; *Samson/Günther*, in: SK, § 263 Rdn. 77.

II. Vermögensbegriff

1. Juristischer Vermögensbegriff

Die Entwicklung des Vermögensbegriffs findet ihren Ausgangspunkt in der sog. juristischen Vermögenstheorie, die ursprünglich sowohl in der Rechtsprechung[446] als auch in der Lehre[447] vorherrschend war. Das Vermögen wurde verstanden als die Summe der Vermögensrechte und -pflichten einer Person, und zwar ohne Rücksicht auf ihren wirtschaftlichen Wert.

Dieser Vermögensbegriff wird heute allgemein abgelehnt[448]. Einig ist man sich darüber, daß die Gleichsetzung des strafrechtlichen Vermögensbegriffs mit subjektiven Vermögensrechten einerseits zu weit, andererseits aber zu eng ist.

Zu weit ist der juristische Vermögensbegriff, weil er auch solche subjektiven Rechtspositionen erfaßt, die keinerlei wirtschaftlichen Wert haben, wie etwa das Eigentum an Sachen, an denen ein bloßes Affektionsinteresse besteht. *Samson*[449] weist mit Recht darauf hin, daß gegen einen Schutz aller, also auch wirtschaftlich wertloser subjektiver Rechte, die Überlegung spricht, daß solche zwar formal Vermögensrechte sind, für ihren Inhaber aber gerade keine Vermögensqualität besitzen. Auf der anderen Seite ist der juristische Vermögensbegriff zu eng. Nämlich insofern, als die Beschränkung auf subjektive Rechte alle nur tatsächlichen wirtschaftlichen Positionen, wie z. B. den Besitz, die Arbeitskraft oder Exspektanzen ungeschützt ließe und zu unvertretbaren Strafbarkeitslücken führen würde[450].

Der entscheidende Mangel dürfte aber darin liegen, daß der juristische Vermögensbegriff das Vermögen nicht als wirtschaftliche Einheit betrachtet, sondern nur als Summe heterogener Rechtspositionen wertet und bereits in dem Verlust einer dieser Rechtspositionen einen Vermögensschaden sieht. Dies schließt eine Kompensation der Vermögensminderung durch

---

446 Vgl. RGSt 3, 332 (333); 11, 72 (76).

447 *Binding*, Lehrbuch II 1, S. 238, *Gerland*, Reichsstrafrecht, S. 560, 637; *Merkel*, KrimAbh. II, S. 101; vgl. auch *Hirschberg*, Vermögensbegriff, S. 279.

448 Zusammenfassend zur Kritik am juristischen Vermögensbegriff *Cramer*, Vermögensbegriff, S. 71 f.; *Lackner*, in: LK, § 263 Rdn. 121.

449 *Samson/Günther*, in: SK, § 263 Rdn. 110, 115.

450 *Lackner*, in: LK, § 263 Rdn. 121.

einen gleichzeitig entstandenen Vermögensvorteil von vornherein aus. Denn wenn der Verlust einer Rechtsposition das allein Maßgebliche ist, so bliebe für eine wirtschaftliche Abwägung von Leistung und Gegenleistung kein Raum. Die Entscheidung, ob ein Vermögensschaden vorliegt, hinge ausschließlich davon ab, ob der Getäuschte das erhalten hat, was er glaubte beanspruchen zu können. Im Ergebnis würde dies den Schadensbegriff gänzlich subjektivieren und den Betrug von seinem Charakter als Vermögensdelikt in ein Delikt zum Schutze der Dispositionsfreiheit verkehren[451].

2. *Wirtschaftlicher Vermögensbegriff*

Angesichts der aufgezeigten Unzulänglichkeiten des juristischen Vermögensbegriffs basieren alle heute vertretenen Vermögensbegriffe auf einer wirtschaftlichen Grundlage. Allein wirtschaftliche Maßstäbe liegen dem von der Rechtsprechung[452] und einem Teil der Literatur[453] vertretenen wirtschaftlichen Vermögensbegriff zugrunde, demzufolge das Vermögen als die Summe der geldwerten Güter einer Person nach Abzug der Verbindlichkeiten definiert wird[454]. Bestandteil des Vermögens ist demnach jede wirtschaftliche Position, der im Geschäftsverkehr ein wirtschaftlicher Wert beigemessen wird und zwar ohne Rücksicht darauf, ob diese in einem subjektiven Recht konkretisiert oder der Konkretisierung zu einem solchen fähig ist[455]. Dem folgt, daß das Vermögen nicht als bloße Addition der verschiedenen Einzelgegenstände, sondern als Werteinheit zu begreifen ist, so daß Vermögensnachteile durch gleichzeitig eintretende Vorteile kompensiert werden können (Prinzip der bilanzierenden Gesamtbetrachtung).

---

451 Vgl. *Cramer*, Vermögensbegriff, S. 83 f; *Lackner*, in: LK, § 263 Rdn. 121; *Maurach/Schroeder/Maiwald*, BT/1, § 41 Rdn. 93.

452 Ständige Rechtsprechung seit RGSt 44, 230 (233); vgl. BGHSt 2, 364 (365 ff.); 3, 99 (102); 8, 254 (256); 16, 220 (221); 34, 199 (202 f.); BGH NJW 1975, 1234 (1235); BGH NStZ 1986, 455 (456); OLG Hamburg NJW 1966, 1525 f.; OLG Köln NJW 1972, 1823 (1824); BayObLG NJW 1973, 633; OLG Köln MDR 1974, 157; OLG Düsseldorf NJW 1988, 922 (923); einschränkend BGH JR 1988, 125.

453 *Arzt/Weber*, LH 3, Rdn. 390; *Blei*, Strafrecht II, S. 231; *Bruns*, Mezger-FS, S. 335 ff.; *Sonnen*, JA 1982, 593; *Tröndle*, § 263 Rdn. 27 ff.; *Krey*, Strafrecht BT/2, Rdn. 428, 433 m.w.N.

454 BGHSt 3, 99 (103); BGHSt 16, 220 (221).

455 Hierzu grundlegend BGHSt 16, 321 (325 f.).

3. *Juristisch-ökonomischer Vermögensbegriff*

Zwischen den vorgenannten Auffassungen hat sich im Schrifttum in unterschiedlichen Varianten zunehmend ein vermittelnder juristisch-ökonomischer Vermögensbegriff durchgesetzt. Im Ausgangspunkt stimmt er mit dem wirtschaftlichen Vermögensbegriff überein, fügt diesem aber ein juristisches Korrektiv hinzu. Bestandteil des Vermögens sind nach dieser Auffassung nur solche Positionen, die einen wirtschaftlichen Wert haben und die der Person unter dem Schutz der Rechtsordnung[456] oder wenigstens ohne rechtliche Mißbilligung[457] zustehen. So gehören beispielsweise nichtige Forderungen, sofern sie wirtschaftlich wertvoll sind, dann nicht zum Vermögen, wenn die Nichtigkeit auf einer Mißbilligung der Position beruht, was bei den §§ 134, 138 BGB, nicht aber bei § 125 BGB der Fall ist[458]. Auf diese Weise sollen dem Prinzip der Einheit der Rechtsordnung entsprochen und Wertungswidersprüche vermieden werden.

4. *Auswirkungen der unterschiedlichen Vermögensbegriffe und Folgerung für die weitere Untersuchung*

Die heute noch vertretenen Vermögensbegriffe[459] stimmen insofern überein, als nur diejenigen Objekte Bestandteil des Vermögens sein können, denen

---

456 *Foth*, GA 1966, 33 (42); *Franzheim*, GA 1960, 269 (276); *Gutmann*, MDR 1963, 3 (5); *Lackner*, in: LK, § 263 Rdn. 123; *Samson/Günther*, in: SK, § 263 Rdn. 112 ff.; *Sauer*, Strafrecht BT, S. 85; *Tenckhoff*, JR 1988, 126; *Welzel*, Strafrecht, S. 372 f.; ähnlich *Maurach/Schroeder/Maiwald*, BT/1, § 41 Rdn. 99 ff.

457 *Cramer*, JuS 1966, 472 (475); *ders.*, in: S/S, § 263 Rdn. 82 ff.; *Lenckner*, JZ 1967, 105 (106 f.); *Seelmann*, JuS 1982, 509.

458 Vgl. *Lackner*, in: LK, § 263 Rdn. 132.

459 Vereinzelt wird im Schrifttum der sog. „personale Vermögensbegriff" angeführt, der das Vermögen definiert als „personal strukturierte Einheit, die die Entfaltung der Person im gegenständlichen Bereich gewährleistet" (*Otto*, Struktur, S. 34 f., 69; *Alwart*, JZ 1986, 563; *Bockelmann*, JZ 1952, 461 [464 f.]; *Hardwig*, GA 1956, 6 [17 ff.]; *Heinitz*, JR 1968, 387; kritisch dazu *Lackner*, in: LK, § 263 Rdn. 124). Schutzobjekt der Vermögensdelikte seien nicht bestimmte Vermögensgüter, sondern die Beziehung eines Rechtssubjekts zu einem Vermögensobjekt (*Otto*, Struktur, S. 35). Zur Bestimmung der relevanten Vermögensobjekte, auf die sich die Herrschaftsgewalt des Vermögensträgers beziehen müsse, wird allerdings ein wirtschaftlicher Ausgangspunkt gewählt (vgl. *Otto*, Struktur, S. 44). Deshalb kommt es insofern auch zu keinen abweichenden Ergebnissen zu den vorgenannten (wirtschaftlichen) Vermögensbegriffen.

ein wirtschaftlicher Wert beizumessen ist. Der Unterschied zwischen dem wirtschaftlichen und dem juristisch-ökonomischen Vermögensbegriff wirkt sich erst dann aus, wenn die fragliche Position zwar einen Vermögenswert besitzt, aber nicht im Einklang mit der Rechtsordnung steht. Ein Beispiel bietet der deliktisch erlangte Besitz an Sachen: Nach dem wirtschaftlichen Vermögensbegriff ist der unredliche Besitz schon aufgrund der bloßen Verfügungsmacht über die Sache als Vermögensbestandteil aufzufassen[460]. Von den Vertretern des juristisch-ökonomischen Vermögensbegriffs wird dies weitgehend abgelehnt, da der Geschädigte jene Güter unter Mißbilligung der Rechtsordnung innehabe[461]. Weiter spielt die unterschiedliche Auslegung des Vermögensbegriffs eine Rolle bei nichtigen Ansprüchen aus verbotenen oder sittenwidrigen Geschäften (§§ 134, 138 BGB). So können sie nach dem juristisch-ökonomischen Vermögensbegriff wegen ihres Widerspruchs zu außerstrafrechtlichen Normen auch im Rahmen des § 263 StGB keinen Schutz genießen[462]. Dagegen kommt es nach dem wirtschaftlichen Vermögensbegriff nur auf die Erfüllungsbereitschaft des Schuldners an, also letztlich darauf, ob die (nichtigen) Ansprüche nach den konkreten Umständen einen wirtschaftlichen Wert haben[463].

Da sich der juristisch-ökonomische Vermögensbegriff von dem (rein) wirtschaftlichen Vermögensbegriff letztlich nur durch ein zusätzliches juristisches Korrektiv unterscheidet, soll dem weiteren Verlauf der Untersuchung der wirtschaftliche Vermögensbegriff zugrundegelegt werden. Sollte

---

Da der Maßstab für die Zuordnung eines Vermögensgutes zum Vermögen stets ein rechtlicher sei (juristisches Korrektiv; vgl. *Otto*, Struktur, S. 49), stimmen der juristisch-ökonomische und der personale Vermögensbegriff auch insoweit überein.

460 RGSt 44, 230 (233 f.); BGHSt 2, 364 (365); *Krey*, Strafrecht BT/2, Rdn. 436; *Tröndle*, § 263 Rdn. 29; auch einzelne Vertreter des juristisch-ökonomischen Vermögensbegriffs bejahen insoweit einen strafrechtlichen Schutz vor betrügerischen Handlungen und verweisen dafür auf die §§ 858, 859 BGB, aus denen sich ergebe, daß der Besitzer schließlich auch Schutz vor Diebstahl oder Raub der widerrechtlich erlangten Sache genieße (vgl. *Lackner*, in: LK, § 263 Rdn. 133; *Tenckhoff*, JR 1988, 126).

461 Vgl. *Cramer*, in: S/S, § 263 Rdn. 95; *Lenckner*, JZ 1967, 105 (107); *Maurach/Schroeder/Maiwald*, BT/1, § 41 Rdn. 99; *Welzel*, Strafrecht, S. 373.

462 Vgl. *Cramer*, in: S/S, § 263 Rdn. 93; *Lackner*, in: LK, § 263 Rdn. 132.

463 Vgl. BGHSt 2, 364 (366 ff.); OGHSt 2, 193 (200); OLG Hamburg NJW 1966, 1525 f.; *Krey*, Strafrecht BT/2, Rdn. 430; *Tröndle*, § 263 Rdn. 29.

sich dabei herausstellen, daß Positionen, die nicht im Einklang mit der Rechtsordnung stehen, als Gegenstand der Untersuchung in Betracht kommen, so müßte dann das Für und Wider der beiden wirtschaftlichen Vermögensbegriffe erörtert werden.

Im folgenden werden die in Betracht kommenden Vermögensverfügungen der jeweiligen Betrugskonstellationen wiederum gesondert beleuchtet. An erster Stelle steht die Vermögensverfügung des Mitkonkurrenten, der aufgrund der besseren Plazierung des gedopten Sportlers eine geringere Geld- oder Sachprämie bzw. überhaupt keine Prämie erhält.

B. Vermögensverfügung des Mitkonkurrenten

Als Vermögensverfügung des Mitkonkurrenten des besser plazierten, gedopten Sportlers kommt nur die Nichtgeltendmachung eines Anspruchs in Betracht[464]. Der gedopte Sportler selbst muß als Anspruchsgegner außen vor bleiben: Zwischen den Teilnehmern wird es an einer vertraglichen Absprache, die der Sportler durch die Einnahme der verbotenen Substanzen verletzen könnte, üblicherweise fehlen, so daß vertragliche Ansprüche gegen den gedopten Sportler mangels entsprechender Grundlage regelmäßig entfallen. Da Forderungsrechte, wie der aufgrund der Täuschung beeinträchtigte und noch aufzuzeigende Anspruch des Mitkonkurrenten gegen den Preisspender, keine „sonstigen Rechte" i.S.d. § 823 Abs. 1 BGB sind[465], muß auch ein deliktischer Anspruch aus § 823 Abs. 1 BGB wegen fehlender Rechtsgutverletzung ausscheiden[466].

Im Anschluß an die überwiegenden Stimmen im Schrifttum[467], die diese Konstellation insoweit bereits betrachtet haben, ist als vermögensmin-

---

464 Hierbei würde es sich um eine Verfügung durch Unterlassen handeln, die als Vermögensverfügung i.S.d. § 263 StGB nahezu einhellig anerkannt ist; vgl. *Lackner*, in: LK, § 263 Rdn. 97 m.w.N.; a.A. nur *Naucke*, Betrug, S. 215.

465 Vgl. *Schiemann*, in: Erman § 823 Rdn. 36; *Thomas*, in: Palandt, § 823 Rdn. 31.

466 Denkbar wäre ein Schadensersatzanspruch aus § 823 Abs. 2 BGB i.V.m. § 263 StGB sofern - was aber gerade Gegenstand dieser Untersuchung ist - eine Betrugsstrafbarkeit zum Nachteil des Mitkonkurrenten im Ergebnis bejaht werden kann.

467 *J. Kühl*, in: Doping - verbotene Arzneimittel, S. 156 (160); *Otto*, SpuRt 1994, 10 (15); *Schimke*, Sportrecht, S. 202; *Schneider-Grohe*, Leistungssteigerung im Sport,

derndes Verhalten des Mitkonkurrenten allein auf die Nichtgeltendmachung eines ihm gegen den Preisspender zustehenden Anspruchs auf die ausgelobte Prämie abzustellen. Im folgenden gilt es eingangs darzustellen, unter welchen Voraussetzungen der in Rede stehende Anspruch zustandekommt. Sodann bleibt zu erörtern, ob die Nichtgeltendmachung des Anspruchs eine unmittelbare Vermögensminderung bei dem Mitkonkurrenten bewirkt.

I. Anspruch des Mitkonkurrenten gegen den Preisspender aus § 657 BGB

1. Zivilrechtliche Herleitung des Anspruchs

Bei Wettkämpfen, die dem zugrundegelegten Sachverhalt entsprechen, sind Geld- oder Sachprämien ausgelobt. Erreicht nun ein Wettkampfteilnehmer eine in der Auslobung bestimmte Plazierung, so hat er gegen den Preisspender einen Anspruch aus § 657 BGB auf die von diesem ausgelobte Prämie. Vorausgesetzt ist selbstverständlich, daß der Sportler die Regeln der Wettkampfordnung eingehalten, insbesondere also bei seiner Teilnahme nicht unter dem Einfluß verbotener Substanzen gestanden hat. Dies folgt schon daraus, daß sich jeder Sportler spätestens mit seiner Anmeldung zur Wettkampfteilnahme der Wettkampfordnung und Disziplinargewalt des einzelnen Verbandes unterwirft[468], die Dopingverbote der Sportverbände in aller Regel aber bereits ein Wettkampfzulassungshindernis darstellen[469]. Die in der Auslobung von dem Preisspender bestimmte Herbeiführung eines Erfolges, nämlich die Belegung einer bestimmten Plazierung, setzt also immer voraus, daß diese im Einklang mit der jeweiligen Verbandssatzung (einschließlich der Dopingbestimmungen) erfolgt. Infolgedessen erfüllt ein Sportler, der zwar eine bestimmte, mit einem Preis ausgeschriebene Plazie-

---

S. 148. Ebenso für die vergleichbare Fallkonstellation im Pferderennsport *Ditz*, Doping, S. 504, hinsichtlich des Anspruchs des Pferdebesitzers, dessen Pferd hinter dem gedopten Pferd im Ziel eingelaufen ist; a.A. *Linck*, NJW 1987, 2545 (2551); *ders.*, MedR 1993, 55 (61) und *Schlund*, Praktische Sport-Traumatologie und Sportmedizin 1991, 100 (106), die - ohne eine mögliche Anspruchsgrundlage zu benennen - als Vermögensverfügung auf die unterlassene Geltendmachung von „Forderungen" gegen den gedopten Sportler abstellen (siehe dazu noch unten 3. Teil, § 3, B. IV. 2.).

468 Siehe oben 1. Teil, § 2, B.

469 Siehe bereits oben 3. Teil, § 1, A. II. 2.

rung bei Zieleinlauf erreicht, den Wettkampf aber unter dem Einfluß verbotener Substanzen bestreitet, nicht die Bedingungen der Auslobung des Preisspenders[470].

Aus dem Gesagten ergibt sich, daß derjenige Mitkonkurrent, der eine Plazierung hinter dem gedopten Sportler erreicht hat, um eine bessere Plazierung und somit auch um eine höhere Geld- oder eine wertvollere Sachprämie gebracht worden ist: Hätte der gedopte Sportler nicht an dem Wettkampf teilgenommen, so wäre der ungedopte Mitkonkurrent, der sich hinter dem gedopten Sportler plaziert hat, um einen Rang besser plaziert gewesen, und zwar um den Rang, den der Gedopte eingenommen hat. Zivilrechtlich betrachtet bedeutet dies, daß derjenige (ungedopte) Sportler, der eine Plazierung hinter dem gedopten Athleten einnimmt, einen Anspruch gegen den Preisspender aus § 657 BGB auf die Geld- oder Sachprämie hat, die für den Platz ausgelobt gewesen ist, den der gedopte Sportler regelwidrig erreicht hat[471].

2. *Anwendbarkeit des § 661 BGB im Rahmen von Sportveranstaltungen?*

Gegen die aufgezeigte zivilrechtliche Herleitung des Anspruchs des Mitkonkurrenten gegen den Preisspender aus § 657 BGB, auch gegen das hier gefundene Ergebnis, könnte allerdings sprechen, daß sowohl die Rechtsprechung[472] als auch die Literatur[473] den § 661 BGB im Rahmen von Sportveranstaltungen – soweit ersichtlich ausnahmslos - anwenden.

Die Vorschrift des § 661 BGB beinhaltet Sonderbestimmungen für das sog. Preisausschreiben, einer Unterart der (gewöhnlichen) Auslobung i.S.v.

---

470 So auch *Schwab*, in: Rechtliche Fragen des Dopings, S. 35 (48), der hierzu deutlich ausführt: „Die Siegprämie betreffend ist klar, daß der gedopte Sieger kein Sieger ist, weil er nicht die Bedingungen der Auslobung erfüllt oder - um es mit dem Gesetz zu sagen - weil seine Bewerbung nicht der Auslobung entspricht.“

471 So im Ergebnis auch *J. Kühl*, in: Doping - verbotene Arzneimittel, S. 156 (160); *Otto*, SpuRt 1994, 10 (15); *Schimke*, Sportrecht, S. 202; *Schneider-Grohe*, Leistungssteigerung im Sport, S. 148; *Schwab*, in: Rechtliche Fragen des Dopings, S. 35 (48); ebenfalls *Ditz*, Doping, S. 504, für die korrespondierende Betrugskonstellation im Pferderennsport.

472 BGH MDR 1966, 572 (Galopprennen-Fall).

473 *Wittmann*, in: Staudinger, § 661 Rdn.. 2; *Seiler*, in: MK, § 661 Rdn. 9.; *Steffen*, in: BGB – RGRK, § 661 Rdn. 2.

§ 657 BGB. Von dieser unterscheidet sich die Preisausschreibung im wesentlichen dadurch, daß nur dem Personenkreis, der sich am Wettbewerb beteiligt, ein Preis versprochen wird und der Anspruch auf die Belohnung nicht bereits durch die Leistung des Bewerbers als solche, sondern erst durch die Zuerkennung des Preises entsteht[474].

Kennzeichnend für § 661 BGB ist es also, daß ein oder mehrere Preisrichter entscheiden, „ob überhaupt eine preiswürdige Bewerbung vorliegt und an welche Bewerber der Preis zu verteilen ist“[475]. Kennzeichnend für diese Vorschrift ist es ferner, daß die Entscheidung der Preisrichter für die Beteiligten, d.h. für den Auslobenden wie für den Bewerber verbindlich ist und bleibt, eine Überprüfung der Entscheidung auf ihre sachliche Richtigkeit durch § 661 Abs. 2 S. 2 BGB verwehrt ist[476].

Für die hier untersuchte Fallkonstellation hätte eine Anwendbarkeit des § 661 BGB – wie dies von Rechtsprechung und Literatur bei Sportveranstaltungen übereinstimmend bejaht wird - nach dem Vorgesagten zur Konsequenz, daß die Verteilung der ausgelobten Preise sich – wie z. B. in dem Galopprennen-Fall des BGH[477] - allein nach der Reihenfolge richtete, in der die Teilnehmer im Ziel eingekommen und von dem Wettkampfgericht (Rennleitung etc.) bekanntgegeben sind. Die Tatsache, daß z. B. der zuerst ins Ziel einlaufende Wettkampfteilnehmer gedopt gewesen ist, müßte bei der Entstehung[478] des (seines) Anspruches gegen den Auslobenden folgerichtig außer Betracht bleiben.

Dieses Ergebnis scheint nicht nur unbillig. Es ist, wie insbesondere der nachfolgende Blick auf den Normzweck des § 661 BGB zeigen wird, unzutreffend.

---

474 *Wittmann*, in: Staudinger, Vorbem. zu §§ 657 ff., Rz. 4.

475 *Seiler*, in: MK, § 661 Rdn. 11.

476 Vgl. BGH MDR 1966, 572; BGH NJW 1983, 442; *Wittmann*, in Staudinger, § 661 Rdn. 10; *Seiler*, in MK, § 661 Rdn. 12.

477 BGH MDR 1966, 572 (573).

478 Hiervon zu unterscheiden wäre die Rechtslage *nach* der Entscheidung des Preisgerichts, die - sofern sie in rechtlich unzulässiger Weise, z. B. durch arglistige Täuschung der Preisrichter, herbeigeführt wurde - nachprüfbar ist (vgl. *Wittmann*, in Staudinger, § 661 Rdn. 10).

Normzweck des § 661 BGB ist es zum einen, den Auslobenden unter Entscheidungszwang zu setzen. Zum anderen soll die Entscheidung der Preisrichter weitgehend gerichtlicher Kontrollen entzogen werden, weil bei der Beurteilung der Bewerbungen vielfach ein weiter Ermessensspielraum gegeben ist, etwa im Bereich von Architektur- und Kunstentwürfen[479]. So paßt es ins Bild, daß der Gesetzgeber in seinen Motiven[480] als Beispiele für Preisausschreiben i.S.d. § 661 BGB die Lösungen von Aufgaben auf den Gebieten der Wissenschaft, Kunst und Technik anführt, Sportveranstaltungen indessen nicht erwähnt. Bei jenen ist es typisch, daß Lösungen unterschiedlichen Inhalts möglich sind[481], so daß es Ziel des Auslobenden ist, mittels der Preisausschreibung das für ihn „günstigste Ergebnis"[482] zu erhalten.

Anders verhält es sich bei Sportveranstaltungen. Hier ist es nicht Ziel des Auslobenden, das für ihn günstigste Ergebnis zu erzielen. Auch ist dem Preisgericht bei sportlichen Leistungen, anders als etwa bei der Beurteilung der Entwürfe im Bereich von Architektur und Kunst, kein Ermessensspielraum gegeben. Vielmehr haben die Sportverbände mittels ihrer Wettkampfbestimmungen objektive Kriterien gesetzt, die im einzelnen festlegen, wann welcher Athlet wie zu plazieren ist.

So sind z. B. bei leichtathletischen Laufwettbewerben die „Wettkämpfer in der Reihenfolge zu plazieren, in der sie mit irgendeinem Teil des Körpers, (...), die senkrechte Ebene über der vorderen Kante der Ziellinie erreichen"[483]. Als weiteres Beispiel seien leichtathletische Weitsprungwettbewerbe angeführt, bei denen die Wettkampfbestimmungen vorsehen, daß jeder Wettkampfteilnehmer „mit seiner besten Leistung"[484] gewertet wird, wobei diese sich danach bemißt, an welcher Stelle der durch „irgendein Körperteil in der Sprunggrube hinterlassene Eindruck"[485] sich befindet.

---

479 *Seiler*, in MK, § 661 Rdn. .

480 Mot. II., S. 523.

481 *Seiler*, in MK, § 661 Rdn. 1.

482 *Medicus*, Schuldrecht II, Rdn. 469.

483 Regel 162 Nr. 13 IWB (Leichtathletik, Ausgabe 1998).

484 Regel 173 Nr. 7 IWB (Leichtathletik, Ausgabe 1998).

485 Regel 173 Nr. 6 IWB (Leichtathletik, Ausgabe 1998).

Etwas anderes könnte bei den Sportarten gelten, bei denen jeder Wettkampfrichter die Einzelleistung der Athleten (zunächst) gesondert „bewertet", wie z. B. beim Eiskunstlauf oder Turmspringen. Aber auch in diesen Fällen muß der Auslobende bzw. das Preisgericht - anders als z. B. bei der Preisausschreibung für Kunstentwürfe und für § 661 gerade kennzeichnend - nicht unter Entscheidungszwang gesetzt werden. Denn die Wettkampfbestimmungen solcher Sportarten legen i.d.R. fest, daß derjenige Athlet den Siegespreis erhält, der bei einer Addition der Einzelbewertungen die höchste Punktsumme erzielt. Letztlich bedarf es also, wie auch bei den angeführten leichtathletischen Disziplinen, keiner Ermessensentscheidung des Auslobenden bzw. des Preisgerichts dahingehend, ob eine preiswürdige Bewerbung vorliegt und an welchen Bewerber der Preis zu verteilen ist, so daß die Sonderbestimmung des § 661 BGB auch bei Veranstaltungen in Sportarten wie dem Eiskunstlaufen oder Turmspringen nicht anzuwenden ist.

Die „Bewertung" der einzelnen sportlichen Leistung unterliegt folglich den strengen Vorgaben der Wettkampfbestimmungen, die für Ermessensentscheidungen keinen Raum lassen, so daß der der Preisausschreibung zukommende, oben aufgezeigte Normzweck des § 661 BGB bei Sportveranstaltungen nicht herhalten kann. Dieses Ergebnis steht auch im Einklang mit der Aussage von *Seiler*[486], demzufolge ein formalisiertes Verfahren und eine weitgehende Entscheidungsfreiheit der preiszuteilenden Instanz „die Abgrenzungsmerkmale des Preisausschreibens gegenüber der normalen Ausschreibung" sind. Die Auslobung von Preisen bei Sportveranstaltungen, bei denen sich die Plazierung und somit auch die Preisverteilung allein nach den vorgegebenden, präzisen Kriterien der einschlägigen Wettkampfbestimmungen richten, ist nach alledem kein Fall des § 661 BGB, sondern des § 657 BGB[487].

---

486 *Seiler*, in MK, § 661 Rdn. 2.

487 Bei einer Sportveranstaltung, die als „Einladungstournier" ausgestaltet ist, richtet sich die „öffentliche Bekanntmachung" i.S.d. § 657 BGB zwar an einen geschlossenen Personenkreis von Athleten, so daß keine (einseitige) Auslobung, sondern ein Vertragsangebot an mehrere vorliegt (vgl. *Wittmann*, in Staudinger, § 657 Rdn. 5 m.w.N.). § 657 BGB ist auf diese Fälle aber entsprechend anzuwenden.

3. *Relevanz der Dopinganalyse für das Entstehen des Anspruchs auf den Preis*

Hervorzuheben ist, daß der Anspruch des getäuschten Mitkonkurrenten gegen den Preisspender unabhängig davon entsteht, ob es im weiteren Verlauf zu einer Dopingkontrolle mit positivem Befund bei dem gedopten Sportler kommt oder nicht. Denn ausschlaggebend für das Entstehen dieses Anspruchs ist allein, daß der vor dem ungedopten Mitkonkurrenten ins Ziel kommende gedopte Sportler eine entsprechende, mit einem Preis ausgelobte Plazierung den Dopingbestimmungen zuwider eingenommen hat. Auf eine mögliche spätere Entdeckung des Dopingvergehens kommt es nicht mehr an.

Gleichwohl wird in der Praxis ein Mitkonkurrent selbstverständlich nur dann die Möglichkeit haben, einen Anspruch geltend zu machen, wenn das Doping des Sportlers nach einer Dopinganalyse festgestellt worden ist, der Mitkonkurrent also Kenntnis von dem wettkampfregelwidrigen Verlauf der Veranstaltung erlangt hat[488]. Diese Erwägung muß für die in Frage kommende Betrugsstrafbarkeit des gedopten Sportlers zum Nachteil des Mitkonkurrenten hingegen unberücksichtigt bleiben. Denn der aus einer unbewußt erfolgenden Vermögensverfügung möglicherweise resultierende Vermögensschaden des Mitkonkurrenten träte jedenfalls im Zeitpunkt vor der etwaigen Entdeckung des Dopingvergehens ein, nämlich dann, wenn der Wettkampf beendet ist und die Plazierungen feststehen.

II. Unbewußtes Unterlassen als Vermögensverfügung

Problematisch könnte der Umstand sein, daß dem Mitkonkurrenten, dem infolge der Täuschung die Existenz seines Anspruchs gegen den Preisspender auf Entrichtung der Belohnung gemäß § 657 BGB verborgen bleibt, auch der Verfügungscharakter seines Verhaltens unbekannt ist. Es handelt sich deshalb um eine unbewußte Verfügung, deren rechtliche Behandlung jedoch umstritten ist.

---

488 Denkbar wäre es auch, daß der Mitkonkurrent von der Einnahme der verbotenen Substanzen aufgrund einer Selbstbezichtigung des Sportlers oder z. B. durch die Äußerung eines seiner Betreuer erfährt. Diese Möglichkeit wird in Praxis aber eher auszuschließen sein.

Teilweise wird ein besonderes Verfügungsbewußtsein verlangt, d.h. der Getäuschte müsse sich bewußt sein, einen vermögensrelevanten Eingriff vorzunehmen[489] oder zumindest in einer Entscheidungssituation in bezug auf das betroffene Vermögen stehen[490]. Ob der Getäuschte weiß, daß er eine Vermögensverschiebung veranlaßt, die Verfügung also bewußt oder unbewußt erfolgt, ist hingegen nach Rechtsprechung[491] und ganz herrschender Ansicht in der Literatur[492] zumindest außerhalb des Sachbetrugs gleichgültig[493]. Dem ist beizupflichten. Denn es ist - worauf *Satzger*[494] mit Recht hinweist - wenig sinnvoll, insbesondere zur Vermeidung von Strafbarkeitslücken einerseits denjenigen wegen Betrugs zu bestrafen, der den Forderungsinhaber veranlaßt, eine ihm zustehende Forderung nicht geltend zu machen und demgemäß auch anzuerkennen, daß in einem Unterlassen eine Vermögensverfügung liegen kann, andererseits aber zugleich ein Verfügungsbewußtsein zu fordern, das bei Verfügungen durch Unterlassen, wie z. B. bei der Nichtgeltendmachung einer Forderung, kaum vorzufinden sein wird[495]. Festzuhalten bleibt, daß eine Vermögensverfügung unbewußt erfolgen kann und zwar insbesondere auch dadurch, daß der Betroffene einen ihm zustehenden Anspruch nicht geltend macht, weil dessen Existenz ihm infolge der Täuschung verborgen bleibt[496].

---

489 *Merkel*, KrimAbh. II., S. 199; *Eb. Schmidt*, Lehrkommentar, Bd. 8, S. 36.

490 So für das Unterlassen *Hansen*, MDR 1975, 533 (537); ähnlich *Bockelmann*, Eb.-Schmidt-FS, S. 437 (457); *Otto*, Strafrecht BT, S. 218 f.; *ders*. ZStW 79 (1967), 59 (66 ff.).

491 Vgl. RGSt 70, 225 (227); BGHSt 14, 170 (172); 19, 37 (45); OLG Köln JMBl NRW 1966, 210; OLG Hamm NJW 1969, 620 (621); OLG Stuttgart NJW 1969, 1975; OLG Düsseldorf NJW 1994, 3366.

492 Vgl. *Blei*, Strafrecht II, S. 228; *Cramer*, in: S/S, § 263 Rdn. 60; *Gallas*, Eb. Schmidt-FS, S. 401 (421); *Gössel*, BT/2, § 21 Rdn. 130; *Hilgendorf*, JuS 1994, 466 (467 f.); *Krey*, Strafrecht BT/2, Rdn. 386; *Lackner*, in: LK, § 263 Rdn. 98; *Lackner/Kühl*, § 263 Rdn. 24; *Maurach/Schroeder/Maiwald*, BT/1, § 41 Rdn. 73; *Tröndle*, § 263 Rdn. 24; *Wessels*, BT/2, Rdn. 502.

493 Zur Abgrenzung von Sachbetrug und Diebstahl vgl. *Samson*, JA 1978, 564 (565 f.); *Wessels*, BT/2, Rdn. 585 ff.

494 *Satzger*, Submissionsbetrug, S. 197.

495 Vgl. *Cramer*, in: S/S, § 263 Rdn. 60; *Gallas*, Eb. Schmidt-FS, S. 401 (421); *Maurach/Schroeder/Maiwald*, BT/1, § 41 Rdn. 73.

496 Vgl. RGSt 52, 163 (164); 70; 225 (227); 76, 170 (173); BGH NJW 1955, 508 (509); BGH BB 1964, 1456; OLG Stuttgart NJW 1969, 1975; OLG Düsseldorf JZ 1985,

Fehl geht nach dem Gesagten der Ansatz von *Faber*[497], der innerhalb seiner Untersuchung zur Betrugsstrafbarkeit im Pferderennsport eine mit der hier aufgezeigten vergleichbare Konstellation beleuchtet. Eine Vermögensverfügung durch Unterlassen der Geltendmachung des Anspruchs desjenigen Pferdebesitzers, dessen Pferd hinter dem siegreichen aber gedopten Pferd einläuft, müsse verneint werden. Denn es sei „nicht möglich, auf einen Anspruch zu verzichten, dessen Existenz man nicht einmal kennt." Aus diesem Grund könne der getäuschte Besitzer, der auf die Einhaltung der Regeln vertraue, auch nicht auf einen Anspruch bezüglich des Siegerpreises verzichten. *Fabers* Fehler beruht darauf, daß er die Möglichkeit einer auch unbewußt erfolgenden Vermögensverfügung seitens des getäuschten Pferdebesitzers verkennt[498].

III. Unmittelbare Vermögensminderung beim Mitkonkurrenten durch konkrete Vermögensgefährdung

In der Nichtgeltendmachung des Anspruchs des Mitkonkurrenten gegen den Preisspender kann nur dann eine Vermögensverfügung gesehen werden, wenn dadurch unmittelbar eine Vermögensminderung herbeigeführt wird. Wird der Mitkonkurrent durch Täuschung dazu veranlaßt, die ihm zustehende Forderung nicht oder zumindest nicht unmittelbar nach Fälligkeit geltend zu machen, liegt zwar aus objektiver Sicht keine effektive, rechne-

---

251; *Cramer*, in: S/S, § 263 Rdn. 58; *Gössel*, BT/2, § 21 Rdn. 130; *Krey*, Strafrecht BT/2, Rdn. 386; *Lackner*, in: LK, § 263 Rdn. 97; *Samson/Günther*, in: SK, § 263 Rdn. 75; *Wessels*, BT/2, Rdn. 502.

497 *Faber*, Doping, S. 175.

498 Gegen *Faber* vgl. auch *Ditz*, Doping, S. 504 f. Dennoch gelangt *Faber*, Doping, S. 175 f., im Ergebnis zu einem Vermögensschaden des Mitkonkurrenten, weil nämlich eine „Gewinnchance" zum Vermögen gezählt werden müsse und deshalb der „entgangene Gewinn" als Vermögensschaden betrachtet werden könne. Hieraus ergebe sich, „daß der Täter durch das Dopen auf betrügerische Weise dem Konkurrenten einen Vermögensschaden zufügt, der, wäre alles normal vor sich gegangen, an seiner Stelle das Rennen gewonnen hätte." Gänzlich undurchsichtig bleibt zum einen, worin *Faber* nun wiederum die Vermögensverfügung des Mitkonkurrenten erblicken will. Zum anderen verkennt er, daß der nach dem Gedopten ins Ziel kommende nicht nur die Chance auf einen Gewinn hat, sondern diesen tatsächlich gewonnen *hat*. Auf eine Gewinnchance als Vermögensbestandteil i.S.d. § 263 StGB ist bei dieser Konstellation mitnichten abzustellen.

risch nachweisbare Minderung des Vermögens vor. Denn der Anspruch bleibt bestehen und ist später lediglich der Einrede der Verjährung ausgesetzt. In Betracht kommt indes eine unmittelbare Vermögensminderung in Form der Vermögensgefährdung. Ob eine Vermögensminderung durch eine Gefährdung des Anspruchs des Mitkonkurrenten eingetreten ist, soll im folgenden untersucht werden. Hierbei ist - auch im Hinblick auf die noch weiter unten zu betrachtenden Betrugskonstellationen - zunächst zu klären, welche Anforderungen allgemein an eine Vermögensgefährdung zu stellen sind. Sodann bleibt zu prüfen, ob diese Voraussetzungen hinsichtlich des Vermögens des Mitkonkurrenten erfüllt sind.

1. Allgemeines zur Vermögensgefährdung

Sowohl die Rechtsprechung[499] als auch die im Ausgangspunkt wirtschaftlichen Vermögensbegriffstheorien[500] sehen eine betrugsrelevante Vermögensminderung nicht erst in der Ausgliederung bestimmter Positionen aus dem Vermögen, sondern stellen allgemein schon die Vermögensgefährdung der Vermögensminderung gleich, wenn sie bei wirtschaftlicher Betrachtung bereits gegenwärtig die Vermögenslage entwertet[501] [502]. Dem ist beizupflichten. Denn wenn eine Vermögensminderung immer dann vorliegt, sobald das Gesamtvermögen des Betroffenen insgesamt an wirtschaftlichem Wert verliert, so ist es bei der „gebotenen wirtschaftlichen Betrachtungs-

---

499 Vgl. RGSt 16, 1 (11); 66, 409 (411); BGHSt 21, 112 (113); 300 (303); BGH GA 1962, 214; BGH MDR/H 1979, 636; BGH wistra 1987, 21; BGH NJW 1987, 3144 (3145); BGH StV 1989, 478; OLG Stuttgart NStZ 1985, 365; BayObLG NJW 1988, 2550.

500 Vgl. z. B. *Blei*, Strafrecht II, S. 236 f.; *Cramer*, in: S/S, § 263 Rdn. 143 ff.; *ders.*, Vermögensbegriff, S. 130 f.; *Eser*, Strafrecht IV, S. 137 ff.; *Krey*, Strafrecht BT/2, Rdn. 448; *Lackner*, in: LK, § 263 Rdn. 151 ff.; *Maurach/Schroeder/Maiwald*, BT/1, § 41 Rdn. 123; *Samson/Günther*, in: SK, § 263 Rdn. 167; *Tröndle*, § 263 Rdn. 31.

501 Deutlich in diesem Sinne *Lackner*, in: LK, § 263 Rdn. 99: „Unter Vermögensminderung ist (...) das Ausscheiden eines Bestandteils aus dem Vermögen, dessen Belastung mit einer Verbindlichkeit oder eine dem Schaden gleichwertige Vermögensgefährdung zu verstehen."

502 Nach der juristischen Vermögenstheorie kam eine Vermögensminderung folgerichtig nicht in Betracht, da der rechtliche Bestand eines Vermögenswertes durch bloße Gefährdung nicht verändert wird; vgl. *Binding*, Lehrbuch II 1, S. 360; *Merkel*, Krim Abh. II., S. 124 ff.

weise"[503] nur folgerichtig, nicht nur den tatsächlichen Verlust eines Vermögenswertes, sondern bereits die teilweise Entwertung einzelner vermögenswerter Positionen durch Gefährdung wertmäßig zu berücksichtigen. Das Gesamtvermögen vermindert sich insbesondere dann, wenn die Geltendmachung oder Verteidigung einzelner Vermögensbestandteile, wie Forderungsrechte, in erheblicher Weise erschwert wird[504], so z. B., wenn der Getäuschte dem Schuldner die Stundung einer Forderung gewährt, die infolge der sich verschlechternden Vermögenslage später schwerer realisierbar ist[505]. Mit *Lackner*[506] sind dem Bereich der wertmindernden Vermögensgefährdung jene Fälle zuzuordnen, „in denen der tatsächliche oder rechtliche Bestand eines Wirtschaftsgutes im Rahmen des Gesamtvermögens nicht berührt ist, die Werteinbuße vielmehr nur daraus hergeleitet wird, daß das Gut als solches oder, sofern es sich um einen Anspruch handelt, dessen Realisierung gefährdet ist."[507]

a) Kritik am Begriff der „schadensgleichen Vermögensgefährdung"

Häufig werden die in diesem Bereich relevanten Sachverhalte unter dem Begriff der „schadensgleichen Vermögensgefährdung" erörtert[508]. Dies ist aber in zweierlei Hinsicht mißverständlich.

---

503 *Krey*, Strafrecht BT/2, Rdn. 448.

504 Vgl. *Cramer*, Vermögensbegriff, S. 118.

505 Vgl. BGHSt 1, 262 (264).

506 *Lackner*, in: LK, § 263 Rdn. 152.

507 *Otto*, Strafrecht BT, S. 226 f.; *ders.*, JZ 1985, 69 (71 f.); *ders.*, Jura 1991, 494 (495), lehnt hingegen unter Berufung auf Art. 103 Abs. 2 GG die Konstruktion der Vermögensgefährdung ab, da die Gefahr eines Schadens begriffsnotwendig nicht identisch mit dem eingetretenen Schaden sein könne. Wohl aber komme der Gefahr, daß eine geschuldete Leistung nicht erbracht oder eine nicht bestehende Forderung mit rechtswidrigen Mitteln durchgesetzt werde, bei wirtschaftlicher Betrachtungsweise Bedeutung für die Bestimmung des realen Werts des Vermögens zu. Die Gefährdung der Erfüllung einer Forderung führe nämlich unmittelbar zu einem Wertverlust der Forderung und damit zu einem Vermögensschaden (*Otto*, JZ 1985, 69 [72]). Letztlich geht es *Otto* also nicht um eine Sach-, sondern um eine bloße Formulierungsfrage. Er verzichtet zwar auf den Begriff der Vermögensgefährdung, nicht aber auf die Anerkennung eines Schadens im Gefährdungsbereich (vgl. *Riemann*, Vermögensgefährdung, S. 23).

508 Vgl. BGH NJW 1987, 3144 (3145); BGH StV 1995, 24; für das Schrifttum z. B. *Cramer*, in: S/S, § 263 Rdn. 143; *Gössel*, BT/2, § 21 Rdn. 151; *Lackner*, in: LK, § 263 Rdn. 152.

Zum einen führt der Begriff der „schadensgleichen Vermögensgefährdung" zu Unsicherheiten bei der Zuordnung des Problems innerhalb des Deliktsaufbaus. Die Frage, ob eine Vermögensgefährdung einem Schaden gleichzusetzen ist, kann sich im Grunde nämlich erst dann stellen, wenn zuvor innerhalb des Deliktsmerkmals der Vermögensverfügung festgestellt worden ist, daß im konkreten Fall eine Vermögensminderung in Form einer Vermögensgefährdung vorliegt. Innerhalb des Deliktsmerkmals Vermögensschaden ist dann nur noch auf eine etwaige Kompensation der zuvor eruierten Vermögensminderung einzugehen[509]. Die im Einzelfall vordringlich zu klärende Frage lautet deshalb: Ist eine Vermögensminderung auch durch die bloße Gefährdung des Vermögens eingetreten?[510]

Zum anderen ist die „schadensgleiche Vermögensgefährdung" keinesfalls nur schadensgleich. Bei wirtschaftlicher Betrachtung ist der Wert des Gesamtvermögens nicht nur gefährdet, sondern wirklich gemindert. Die „schadensgleiche Vermögensgefährdung" ist deshalb, sofern ein Äquivalent nicht zufließt, selbst echter, effektiver Vermögensschaden und zwar zunächst unabhängig davon, welche Gefährdungsfaktoren berücksichtigt werden dürfen und welche Anforderungen im übrigen an sie zu stellen sind[511]. Im Ergebnis bedeutet dies, daß ein Vermögensschaden sowohl in der Minderung des Bestandes an Vermögensobjekten als auch in der Minderung ihres Wertes liegen kann[512].

Da sich der Begriff der „schadensgleichen Vermögensgefährdung" indes allgemein durchgesetzt hat, soll er im folgenden - sofern dies erforderlich wird -, trotz der aufgezeigten terminologischen Bedenken, verwendet werden.

---

509 Zu dieser Vorgehensweise siehe auch schon oben 3. Teil, § 3, A. I.

510 Vgl. z. B. *Ranft*, Jura 1992, 66 (69), der das Kreditkartenurteil (BGHSt 33, 244) und dabei die Problematisierung der Vermögensgefährdung zu Recht unter der Überschrift der Vermögensverfügung erörtert; zu dieser Zuordnungsfrage vgl. auch den Prüfungsaufbau bei *Hefendehl*, Jura 1992, 374 (379 f.).

511 Dies ist allgemeine Ansicht, vgl. z. B. *Cramer*, Vermögensbegriff, S. 125; *Lenckner*, JZ 1971, 320 (321); *Lackner*, in: LK, § 263 Rdn. 152 m.w.N.

512 *Otto*, JZ 1993, 652 (658).

b) *Normative Begrenzung der betrugsrelevanten Vermögensgefährdungen*

Wollte man die Vermögensgefährdung nun aber ausschließlich wirtschaftlich betrachten, so würde man zu dem Ergebnis gelangen, daß bereits jede auch nur im Ansatz wirtschaftlich wahrnehmbare Gefahr für eine Vermögensposition zu einer Vermögenswertminderung insgesamt und damit, bei nicht gegebener Kompensation, zu einem Vermögensschaden führen muß. Dies ist darauf zurückzuführen, daß bei einer wirtschaftlichen Betrachtungsweise *alle* tatsächlichen Umstände in die Schadensberechnung einzubeziehen sind und zwar ohne die Möglichkeit zu haben, hierbei ganz entfernte oder abstrakte Gefährdungsfaktoren für das Vermögen auszusondern[513]. Bei einer solchen ausschließlich an wirtschaftlichen Gesichtspunkten orientierten Betrachtung besteht jedoch die Gefahr, daß der Vollendungszeitpunkt zu Lasten des Versuchsbereichs vorverlagert und damit die Rücktrittsmöglichkeit des Täters beschnitten wird[514]. Um dem vorzubeugen und darüberhinaus zu verhindern, daß „nicht jede Vermögensbelästigung das Arsenal der ultima ratio des Rechtsgüterschutzes auf den Plan" ruft, bedarf es normativer Begrenzungen der für den Betrug relevanten Vermögensgefährdungen[515].

aa) *Erfordernis der Konkretheit der Vermögensgefährdung*

Die Rechtsprechung und der überwiegende Teil des Schrifttums suchen normative Beschränkungen dadurch zu erreichen, daß die Vermögensgefährdung *konkret* sein muß[516]. Das bedeutet, daß als vermögenswertmin-

---

513 *Cramer*, Vermögensbegriff, S. 130; vgl. auch *Riemann*, Vermögensgefährdung, S.24.

514 Vgl. *Cramer*, Vermögensbegriff, S. 126; *Lenckner*, JZ 1971, 320 (321); *Samson/Günther*, in: SK, § 263 Rdn. 167.

515 *Seelmann*, JR 1986, 346.

516 Vgl. BGHSt 21, 112 (113); BGH NJW 1987, 3144 (3145); BGH wistra 1995, 222 (223); OLG Köln MDR 1975, 244; OLG Stuttgart NStZ 1985, 365; BayObLG NJW 1988, 2550; *Arzt/Weber*, LH 3, Rdn. 452; *Bockelmann*, BT/1, S. 81; *Cramer*, in: S/S, § 263 Rdn. 143; *Eser*, Strafrecht IV, S. 138; *Graba*, NJW 1970, 2221; *Haft*, Besonderer Teil, S. 213; *Krey*, Strafrecht BT/2, Rdn. 448; *Lenckner*, JZ 1971, 320 (321); *Maurach/Schroeder/Maiwald*, BT/1, § 41 Rdn. 123; *Schröder*, JR 1971, 74; *Tröndle*, § 263 Rdn. 31; *Wessels*, BT/2, Rdn. 552; *Welzel*, Strafrecht, S. 376; enger *Lackner*, in: LK, § 263 Rdn. 153; Die Rechtsprechung und die Lösungsansätze der herrschenden Lehre kritisierend: *Riemann*, Vermögensgefährdung, S. 24 ff., 49 ff.

dernd nicht jede entfernte Möglichkeit des Verlustes eines Vermögensguts oder der Vereitelung eines Anspruchs anzuerkennen sei, sondern nur eine nach den Umständen des Einzelfalls naheliegende Möglichkeit des endgültigen Verlustes; unter Berücksichtigung der persönlichen Verhältnisse der Beteiligten und der besonderen Umstände des jeweiligen Falles müsse mit einem Verlust des gefährdeten Wirtschaftsguts oder anderen wirtschaftlichen Nachteilen ernstlich zu rechnen sein[517]. Die Gefahr für das Wirtschaftsgut müsse also schon so hinreichend konkret sein, daß sie bei normaler Fortentwicklung zum endgültigen Schaden führe[518]. Eine so bewirkte Wertminderung der gegenwärtigen Vermögenslage entsteht nach herkömmlicher Auffassung beispielsweise dann, wenn sich das Opfer nicht mehr in der Lage sieht, den drohenden Rechtsverlust noch abzuwenden oder der endgültige Schadenseintritt aus sonstigen Gründen nur noch eine Frage der Zeit ist[519].

bb) Folgerung für die weitere Untersuchung

Darüber, daß zwischen der Gefährdung, die eigentlich noch die typische Station des Versuchs darstellt, und der Gefährdung, die einer Vermögensminderung gleichkommt, eine Grenze zu ziehen ist, besteht im Grundsatz Einigkeit. Es würde den Umfang dieser Arbeit jedoch sprengen, wollte man auf die zahlreichen vom Schrifttum entwickelten Beschränkungskriterien zur näheren Bestimmung der Vermögensgefährdung[520] eingehen, zumal sich ein Großteil dieser an die Kasuistik der Rechtsprechung anlehnt[521]. Angesichts der Übereinstimmungen bietet es sich für die weitere Untersuchung daher an, die oben z.T. bereits genannten[522] und von *Tröndle*[523] zum aktuellen Stand in Rechtsprechung und Literatur zusamenfassend aufgeführten Kriterien heranzuziehen. Demnach kann auch die Gefährdung eines einzel-

517 St. Rspr. vgl. z. B. BGHSt 21, 112 (113); BayObLG NJW 1988, 2550.

518 Vgl. *Lackner*, in: LK, § 263 Rdn. 201.

519 Vgl. z. B. *Eser*, Strafrecht IV, S. 138; *Haft*, Besonderer Teil, S. 213.

520 Vgl. hierzu die Zusammenstellungen bei *Hefendehl*, Vermögensgefährdung, S. 61 ff. und *Riemann*, Vermögensgefährdung, S. 44 ff.

521 Die Rechtsprechung zu diesem Bereich in Fallgruppenbildung darstellend: *Hefendehl*, Vermögensgefährdung, S. 256 ff.

522 Siehe oben 3. Teil, § 3, B. III. 1. b) aa).

523 *Tröndle*, § 263 Rdn. 31.

nen Vermögensstückes „die Minderung des ganzen Vermögens zur Folge haben, falls sie dieses verschlechtert. Allerdings reicht dafür nur die Möglichkeit einer Gefahr nicht aus; es muß eine konkrete eingetreten sein, d.h. bei lebensnaher Betrachtung muß sie einer Wertminderung gleichkommen."

2. *Konkrete Gefährdung des Anspruchs des Mitkonkurrenten gegen den Preisspender aus § 657 BGB*

Nachdem sich gezeigt hat, daß auch die konkrete Gefährdung des Vermögens eine betrugsrelevante Vermögensminderung darstellen kann, soll nunmehr untersucht werden, ob das Vermögen des Mitkonkurrenten durch die Nichtgeltendmachung des Anspruchs gegen den Preisspender aus § 657 BGB derart konkret gefährdet ist. Um dies beantworten zu können, bedarf es zunächst näherer Betrachtung, wann das Vermögen desjenigen konkret gefährdet ist, der eine Forderung nicht oder zumindest nicht unmittelbar nach Fälligkeit geltend macht, weil er infolge der Täuschung von ihrem Bestehen nichts weiß. Sodann gilt es die ermittelten Grundsätze auf den hier interessierenden Fall zu übertragen.

a) *Rechtsprechung und Schrifttum zur Konstellation des Unterlassens der Geltendmachung von Forderungen*

Die Rechtsprechung zur Konstellation des Unterlassens der Geltendmachung von Forderungen ist weitgehend einheitlich: Könne ein Anspruch faktisch nicht geltend gemacht werden, weil die Existenz desselben verschleiert werde, so sei das Vermögen, obwohl der Anspruch selbst unverletzt weiterbestehe, bei solcher Sachlage als bereits geschädigt anzusehen[524]. Einschränkend weist das *OLG Köln* darauf hin, daß die Nichtgeltendmachung eines Anspruchs nur dann zu einer Vermögensminderung führe, wenn feststehe, daß der Schuldner die Forderung freiwillig oder nach Verurteilung ganz oder teilweise erfüllt hätte, oder sich wenigstens die Aussicht des Getäuschten, zu seinem Recht zu gelangen, in nennenswertem Umfang vergrößert hätte[525].

---

524 Vgl. RGSt 63, 186 (191); 70, 225 (227 f.); 76, 170 (173); OLG Stuttgart NJW 1969, 1975; OLG Hamm GA 1958, 250.

525 OLG Köln NJW 1967, 836; ähnlich auch schon OLG Hamm GA 1958, 250.

Das Schrifttum hat sich der Rechtsprechung weitgehend angeschlossen. Dadurch, daß der Betroffene einen ihm zustehenen Anspruch nicht oder nicht alsbald geltend mache, werde die faktische Preisgabe eines Vermögensgegenstandes herbeigeführt, die mit einer wirtschaftlichen Werteinbuße gleichzusetzen sei[526]. *Cramer* etwa ordnet diese Fälle der (schädigenden) Vermögensgefährdung zu, weil es an dem Kriterium der Endgültigkeit, das dem Vermögensschaden anhafte, fehle. Der Irrtum, der ein Nichtgeltendmachen des Anspruchs motiviert habe, könne beseitigt werden. Dem Gläubiger stehe dann nichts mehr im Wege, auf sein Recht zu pochen, es sei denn, der Anspruch könne wegen inzwischen eingetretener Beweisschwierigkeiten oder wegen Verjährung nicht mehr realisiert werden. Das Gefährdungsmoment für den Gläubiger liege also darin, durch Zeitablauf sein Recht endgültig zu verlieren[527]. Auch das Schrifttum weist schließlich darauf hin, daß eine betrugsrelevante Vermögensgefährdung nur dann gegeben sei, wenn die Vermögenslage des Getäuschten bei rechtzeitiger Geltendmachung günstiger gewesen wäre, die Rechtsverfolgung also zu einem besseren Ergebnis geführt hätte[528]. Denn zum Vermögen zählten nur faktisch durchsetzbare, nicht aber uneinbringliche und aus diesem Grund wirtschaftlich völlig wertlose Ansprüche[529].

b) Konsequenzen für den Anspruch des Mitkonkurrenten

aa) Besonderheit der zugrundeliegenden Konstellation

Die Besonderheit bei der Betrugskonstellation zum Nachteil des Mitkonkurrenten besteht darin, daß nicht etwa ein Anspruch in Rede stünde, den der Betroffene (der Mitkonkurrent) gegen den Täuschenden (den gedopten Sportler) innehätte, sondern daß der Getäuschte es unbewußt unterläßt, seine Forderung gegen einen Dritten (den Preisspender) geltend zu machen. Weil der Preisspender als Schuldner des Anspruchs aber ebenfalls von dem Sportler über die Einhaltung der Dopingbestimmungen getäuscht worden

---

526 Vgl. *Cramer*, Vermögensbegriff, S. 143; *ders.*, in: S/S, § 263 Rdn. 144; *Lackner*, in: LK, § 263 Rdn. 245.

527 *Cramer*, Vermögensbegriff, S. 143; ebenso *Riemann*, Vermögensgefährdung, S. 156.

528 Vgl. *Bockelmann*, BT/1, S. 95; *Cramer*, in: S/S, § 263 Rdn. 58; *Gössel*, BT/2, § 21 Rdn. 187; *Lackner*, in: LK, § 263 Rdn. 107 a.E.

529 Vgl. *Lackner*, in: LK, § 263 Rdn. 127, 142.

ist, hat er auch keine Kenntnis davon, daß tatsächlich der hinter dem gedopten Sportler Plazierte den Anspruch auf die Entrichtung der Prämie gegen ihn hat.

Insoweit liegt die zu untersuchende Konstellation jedoch grundsätzlich anders als die von Rechtsprechung und Schrifttum[530] in bezug auf eine Vermögensgefährdung erörterten, bei denen der getäuschte Gläubiger eine Forderung nur deshalb nicht geltend macht, weil er infolge der Täuschung von ihrem Bestehen nichts weiß. Täuschender und Schuldner des Anspruchs sind in diesen Fällen nämlich identisch.

Dennoch ändert dies nichts daran, daß hinsichtlich der möglichen Vermögensverfügung des Mitkonkurrenten, die von Rechtsprechung und Schrifttum zur Konstellation des Unterlassens der Geltendmachung von Forderungen entwickelten Kriterien ebenfalls heranzuziehen sind. Denn die im folgenden aufzuzeigende vermögenswertmindernde Wirkung würde sich allein deshalb einstellen, weil der Mitkonkurrent aufgrund der Täuschung des gedopten Sportlers dazu veranlaßt wird, seine Forderung nicht oder zumindest nicht alsbald geltend zu machen. So verhält es sich aber bei allen Fällen des Forderungsbetrugs[531]. Daß Täuschender und Schuldner des Anspruchs hier verschiedene Personen sind, ist für die in Frage kommende Vermögensverfügung des Mitkonkurrenten unerheblich[532].

bb) Wirtschaftlicher Wert des Anspruchs

Voraussetzung dafür, daß der Unterlassung der Geltendmachung des Anspruchs des Mitkonkurrenten gegen den Preisspender eine vermögenswertmindernde Wirkung zukommen kann, ist nach dem oben[533] Gesagten zunächst, daß die Vermögenslage des Getäuschten bei sofortiger Geltendmachung günstiger gewesen wäre, dem Anspruch also ein wirtschaftlicher Wert zukommt.

---

530 Vgl. die Nachweise oben im 3. Teil, § 3, B. III. 2. a).

531 Vgl. *Lackner*, in: LK, § 263 Rdn. 245 m.w.N.

532 Diese Abweichung vom „Normalfall“ wird dafür aber noch beim Deliktsmerkmal der Bereicherungsabsicht Bedeutung erlangen (siehe unten 3. Teil, § 6, A. III.).

533 3. Teil, § 3, B. III. 2. a).

Würde der Mitkonkurrent des gedopten Sportlers nach Beendigung des Wettkampfes und entsprechender Plazierung im Zieleinlauf seinen Anspruch gegen den Preisspender auf Auszahlung bzw. Übereignung der Geld- oder Sachprämie am Veranstaltungstag geltend machen, so hätte sich seine Aussicht, den Anspruchsgegenstand zu erlangen, zumindest vergrößert: Der Mitkonkurrent hätte zum Beweis seiner Anspruchsvoraussetzungen z. B. auf Veranlassung des Veranstalters oder des Sportverbandes hin und ggf. sogar mittels eines selbständigen Beweisverfahrens i.S.d. §§ 485 ff. ZPO noch am Wettkampftag eine Dopingkontrolle bei dem gedopten Sportler bewirken können. Diese denkbaren Verfahrensmöglichkeiten genügen aber bereits, um dem Anspruch des Mitkonkurrenten wirtschaftlichen Wert beizumessen.

cc) Konkretheit der Gefährdung

Problematischer ist hingegen, welche Voraussetzung gegeben sein muß, damit die Gefährdung des Anspruchs des Mitkonkurrenten als hinreichend konkret betrachtet werden kann[534]. In Rechtsprechung und Schrifttum finden sich zu der Frage der Konkretheit der Gefährdung eines Anspruchs kaum Stellungnahmen. Zwei Auffassungen sollen hierzu aber näher betrachtet werden, wobei den nachfolgenden Ausführungen zunächst der Fall zugrundegelegt wird, daß eine Dopingkontrolle während der Sportveranstaltung (sog. Wettkampfkontrolle[535]) *nicht* vorgesehen ist. Daran im Anschluß gilt es den Fall zu betrachten, bei dem entweder in der Wettkampfausschreibung oder in den Sportverbandsstatuten festgelegt ist, daß der Sportler, der eine bestimmte, mit einem Preis ausgelobte Plazierung erzielt hat, zwingend, also *in jedem Fall*, zu kontrollieren ist.

---

534 Allgemein zum Erfordernis der Konkretheit der Vermögensgefährdung siehe oben 3. Teil, § 3, B. III. 1. b) aa).

535 Zur Unterscheidung zwischen Trainings- und Wettkampfkontrollen siehe oben 1. Teil, § 3.

(1) Grundfall: Während der Sportveranstaltung ist eine Dopingkontrolle nicht vorgesehen

Nach *Samson*[536] habe jedes Unterlassen der Geltendmachung eines Anspruchs zur Folge, daß die Chance, diesen gegen das Geld einzutauschen, jedenfalls für den konkreten Zeitpunkt verstreiche. Die Vermögensminderung bestehe dann darin, daß die Möglichkeit, jetzt das Geld oder die geschuldete Sache anstelle des Anspruchs zu besitzen, verfliege[537]. Nach dieser Auffassung führt bereits jede Verzögerung der Geltendmachung eines Anspruchs zu einer Vermögensminderung bei dem Gläubiger. *Samson* muß jedoch entgegengehalten werden, daß sein Ansatz die Anwendbarkeit des Betrugstatbestandes bedenklich ausweitet. Bei der Bewertung der Vermögenslage desjenigen, der einen Anspruch irrtumsbedingt nicht geltend macht, muß das Vermögen des Getäuschten - wie bei jeder Vermögensgefährdung - in irgendeiner Form wirtschaftlich entwertet sein. Das bloße Hinauszögern der Geltendmachung eines Anspruchs kann für sich allein jedoch noch keine Vermögensminderung begründen[538].

Deshalb ist mit *Lackner*[539] in diesen Fällen zu fordern, daß es nach den Umständen des Einzelfalls wahrscheinlich ist, daß der Betroffene keine vollwertige Erfüllung erhalten wird, die unterlassene Geltendmachung den Anspruch somit wirtschaftlich entwertet. Eintreten könne dies etwa dadurch, daß der, wenn auch nur teilweise, *Verlust* des Anspruchsgegenstandes drohe oder wenn zusätzlich notwendige Aufwendungen zur Durchsetzung des Anspruchs zu erwarten seien[540].

Für die interessierende Konstellation ergibt sich danach folgendes: Von dem Zeitpunkt an, in dem das Ziel- oder Kampfgericht die Plazierungen bekanntgegeben hat, der hinter dem gedopten Sportler z. B. ins Ziel kommende Mitkonkurrent somit imstande wäre, seinen Anspruch auf die Prämie dem Preisspender gegenüber geltend zu machen, droht dem Mitkon-

---

536 *Samson*, Strafrecht II, S. 133.

537 Ähnlich *Joerden*, JZ 1994, 422 (423): Der erforderliche Vermögensschaden liege in einer durch den auch relativ kurzzeitigen Verzicht auf sofortige Realisierung der Forderung bewirkten schadensgleichen Vermögensgefährdung.

538 *Lackner*, in: LK, § 263 Rdn. 107 a.E.

539 *Lackner*, in: LK, § 263 Rdn. 246.

540 *Lackner*, in: LK, § 263 Rdn. 246.

kurrenten der endgültige Verlust seines Anspruchsgegenstandes (der für die bestimmte Plazierung ausgelobte Preis). Eine nach der Sportveranstaltung, also in der Trainingsphase, bei dem Sportler möglicherweise noch durchgeführte Dopingkontrolle, stünde, auch wenn sie einen positiven Befund ergäbe, dem drohenden Verlust des Anspruchsgegenstandes des Mitkonkurrenten nicht entgegen. Der (noch immer) gedopte Sportler würde zwar vom Verband suspendiert werden. Für das Ergebnis des zuvor bestrittenen Wettkampfs ist dieser „Dopingverstoß" aber ohne Bedeutung. Die Realisierung des Anspruchs des Mitkonkurrenten ist deshalb von dem genannten Zeitpunkt an konkret gefährdet.

(2) Variante: Eine Dopingkontrolle ist für bestimmte Plazierungen von vornherein vorgesehen

Zu einem anderen Ergebnis könnte man gelangen, wenn in der Wettkampfausschreibung oder in den Sportverbandsstatuten vorgesehen ist, daß der Sportler, der eine bestimmte, mit einem Preis ausgelobte Plazierung erzielt hat, nach seinem Wettkampf am Veranstaltungstag zwingend, also in jedem Fall zu kontrollieren ist (Wettkampfkontrolle)[541].

Hier wäre es für den Fall, daß die vorgesehene Analysemethode geeignet ist, die von dem Sportler benutzte verbotene Substanz immer nachzuweisen, gewährleistet, daß letztlich nur derjenige Sportler einen ausgelobten Preis erhält, der auch ungedopt ins Ziel gekommen ist. Der endgültige Verlust des Anspruchsgegenstandes des Mitkonkurrenten wäre dann auszuschließen; eine unmittelbare Vermögensminderung durch eine konkrete Gefährdung des Anspruchs des Mitkonkurrenten läge nicht vor.

Ist die Analysemethode indessen nicht geeignet, die von dem gedopten Sportler im konkreten Fall unerlaubt benutzte Substanz immer nachzuweisen, so droht dem Mitkonkurrenten, ebenso wie im oben aufgezeigten Grundfall, der endgültige Verlust seines ihm zustehenden Preises von dem Zeitpunkt an, in dem die Plazierungen feststehen.

---

541 So, wenn etwa vorgeschrieben ist, daß sich der jeweils Erst- und Zweitplazierte im Anschluß an den Wettkampf einer Dopingkontrolle zu unterziehen haben.

3. *Zwischenergebnis*

Durch die Nichtgeltendmachung des Anspruchs des Mitkonkurrenten gegen den Preisspender ist das Vermögen des Mitkonkurrenten konkret gefährdet. Die Vermögensminderung tritt in dem Zeitpunkt ein, in dem das Ziel- oder Kampfgericht die Plazierungen bekanntgegeben hat.

Auszuschließen wäre eine Vermögensminderung nur dann, wenn derjenige Sportler, der eine bestimmte, mit einem Preis ausgelobte Plazierung erzielt, in jedem Fall kontrolliert wird und die vorgesehene Analysemethode zugleich gewährleistet, daß die zum Zeitpunkt des Wettkampfes von dem Sportler unerlaubt benutzte Substanz nachgewiesen werden kann.

Für die die Regel darstellenden Fälle gilt hingegen: Der betroffene Mitkonkurrent unterläßt es irrtumsbedingt seinen Anspruch gegen den Preisspender auf die Prämie geltend zu machen, die für den Platz ausgelobt ist, den der gedopte Sportler erreicht hat. Hierdurch nimmt er eine Vermögensverfügung i.S.d. § 263 StGB vor[542].

IV. Kausalität zwischen Irrtum und Vermögensverfügung

Zwischen dem Irrtum und der Vermögensverfügung muß schließlich ein Kausalzusammenhang bestehen, wobei es genügt, daß der Irrtum die Vermögensverfügung des Getäuschten mitbestimmt hat[543].

---

542 So auch *Otto*, SpuRt 1994, 10 (15), der eine Vermögensverfügung des „wirklichen Siegers“ bejaht, weil dieser es aufgrund der Täuschung unterlasse, seinen Anspruch auf die Siegesprämie geltend zu machen (zust. *Schimke*, Sportrecht, S. 202). Ebenso *Schneider-Grohe*, Leistungssteigerung im Sport, S. 148: Die erforderliche Vermögensverfügung liege im Unterlassen der Geltendmachung einer Forderung, indem es der eigentliche Sieger unterlasse, die Gewinnprämie für sich zu fordern. Desgleichen *Ditz*, Doping, S. 504, der in einer vergleichbaren Konstellation im Pferderennsport eine Vermögensverfügung desjenigen Pferdebesitzers, dessen Pferd hinter dem siegreichen aber gedopten Pferd einläuft, wie folgt bejaht: Da auch das Unterlassen eine Vermögensverfügung darstelle, nehme der Besitzer, der über den ihm zustehenden Gewinnanspruch durch die Täuschung und den dadurch begründeten Irrtum in Unkenntnis gelassen werde, eine Vermögensverfügung vor, wenn er es unterlasse, die Forderung geltend zu machen.

543 Siehe schon oben 3. Teil, § 3, A. I.

1. *Nichtgeltendmachung des Anspruchs im Vertrauen auf einen den Dopingbestimmungen entsprechenden Wettkampf*

Hypothetische Ersatzbedingungen dürfen nach der conditio-sine-qua-non-Formel bei der Feststellung eines ursächlichen Zusammenhangs nicht hinzugedacht werden[544]. Folglich wäre es verfehlt, die Ursächlichkeit der Irrtumserregung für die Vermögensverfügung des Mitkonkurrenten mit dem Hinweis darauf zu begründen, daß dieser seinen Anspruch gegen den Preisspender dann geltend gemacht hätte, wenn er von der Einnahme der verbotenen Substanzen durch den vermeintlichen Sieger gewußt hätte[545]. Das positive Wissen um den Dopingverstoß des vermeintlichen Siegers, von dessen Fehlen die Verfügung hier allein abhängt, ist bereits ein weiterer Umstand und daher eine hypothetische Ersatzbedingung, die nicht herangezogen werden darf[546].

Auszugehen ist daher allein von dem realen Umstand, daß der Mitkonkurrent glaubt, es bestehe zumindest die Möglichkeit, daß die übrigen Wettkampfteilnehmer die Dopingbestimmungen bei der Teilnahme an dem Wettkampf einhalten, weshalb dieser auch den Dopingregeln entsprechend stattfinde[547]. Im Vertrauen hierauf unterläßt er die Geltendmachung seines Anspruchs gegen den Preisspender. Der von dem gedopten Sportler erregte Irrtum ist somit für die Vermögensverfügung des Mitkonkurrenten zumindest mitbestimmend[548].

2. *Position von Linck und Schlund*

Ein anderes, wegen ihres abweichenden Ausgangspunktes letztlich aber konsequentes, Ergebnis findet sich bei *Linck*[549] und *Schlund*[550]. Im Gegen-

---

544 BGHSt 2, 20 (24); 13, 13 (15); *Lenckner*, in: S/S, Vorbem. §§ 13 ff. Rdn. 80 m.w.N.

545 Vgl. *Giehring*, GA 1973, 1 (24); *Lackner*, in: LK, § 263 Rdn. 117 f.; *Wessels*, BT/2, Rdn. 506.

546 Vgl. *Lackner*, in: LK, § 263 Rdn. 118; *Seelmann*, JuS 1982, 268 (271).

547 Siehe oben 3. Teil, § 2, A. II. 4.

548 Ebenso *Otto*, SpuRt 1994, 10 (15); *Schneider-Grohe*, Leistungssteigerung im Sport, S. 148 sowie *Ditz*, Doping, S. 506, für die entsprechende Konstellation im Pferderennsport.

549 *Linck*, NJW 1987, 2545 (2551); *ders.*, MedR 1993, 55 (61).

550 *Schlund*, Praktische Sport-Traumatologie und Sportmedizin 1991, 100 (106).

satz zu der hier dargelegten Auffassung und den übrigen Stimmen im Schrifttum stellen beide hinsichtlich einer möglichen Vermögensverfügung des Mitkonkurrenten auf die unterlassene Geltendmachung von „Forderungen" dem *gedopten Sportler* gegenüber ab. Für den Fall, daß man entgegen ihrer Ansicht[551] eine Irrtumserregung bei dem Mitkonkurrenten bejaht, wollen sie einen ursächlichen Zusammenhang zwischen Irrtumserregung und Vermögensverfügung jedoch verneinen.

Denn, so *Linck*: „Selbst wenn man bei den Konkurrenten des siegreichen Sportlers eine Vermögensverfügung in dem Verzicht auf die Gewinnprämie sehen sollte, wäre dieser Verzicht nicht durch den Irrtum motiviert. In der Praxis sind keine Fälle bekannt geworden, daß es je zu Forderungen unterlegener Sportler gegenüber gedopten Gewinnern gekommen ist; der Verzicht beruht somit augenscheinlich auf sonstigen Erwägungen."[552]

In gleicher Weise lehnt *Schlund* den Kausalzusammenhang ab: „Selbst bei den Gewinnprämien-orientierten Sportkonkurrenten wäre ein Verzicht auf Preisgelder nicht irrtumsmotiviert, denn im Sportveranstaltungsalltag gibt es offensichtlich bis heute keine (gerichtliche) Geltendmachung von Preisgeldern unterlegener Konkurrenten ihren gedopten siegenden Kollegen gegenüber."[553]

Der Umstand, daß es bis heute zu keiner gerichtlichen Geltendmachung von Forderungen unterlegener Sportler gegenüber „gedopten Gewinnern" gekommen ist, erklärt sich schon daraus, daß der gedopte Sportler von dem Mitkonkurrenten, mangels einer Anspruchsgrundlage[554], nicht herangezogen werden kann. Nicht ohne Grund vermögen denn auch weder *Linck* noch *Schlund*, die „Forderung" gegen den gedopten Sportler zivilrechtlich herzuleiten. Der besagte Umstand läßt sich daneben darauf zurückführen, daß die Wettkampfordnungen den gedopten Sportler im „Entdeckungsfall" disqualifizieren und die Prämie dann in der Regel unmittelbar an den Nächstplazierten ausgezahlt wird.

---

551 Siehe oben 3. Teil, § 2, A. II.

552 *Linck*, NJW 1987, 2545 (2551); *ders.* MedR 1993, 55 (61); im Ergebnis ebenso - aber ohne Begründung - *Mestwerdt*, Doping - Sittenwidrigkeit, S. 65: Die Annahme eines Betruges scheitert daran, „daß die in dem Verzicht auf die Gewinnprämie liegende Vermögensverfügung nicht ursächlich durch den Irrtum motiviert ist."

553 *Schlund*, Praktische Sport-Traumatologie und Sportmedizin 1991, 100 (106).

554 Siehe schon oben 3. Teil, § 3, B.

Die von *Linck* angeführten „sonstigen Erwägungen" ergäben sich also einerseits aus zivilrechtlichen Gründen, andererseits aus den bloßen Gegebenheiten der Praxis im Wettkampfsport. Immerhin findet sich in den Ausführungen der beiden aber eine Bestätigung dafür, daß der hier zugrundegelegte Ausgangspunkt der richtige ist: Als verfügendes Verhalten des Mitkonkurrenten muß auf die Nichtgeltendmachung einer Forderung gegen den Preisspender abgestellt werden.

C. Vermögensverfügung des Veranstalters

Beim möglichen Betrug zum Nachteil des Veranstalters, der einen Sportler gegen ein Antrittsgeld zur Teilnahme an einem Wettkampf verpflichtet bzw. verpflichtet hat, ist eine Vermögensverfügung des Veranstalters sowohl bei als auch nach der Startzusage des Sportlers denkbar. Nachfolgend ist insoweit zu differenzieren.

I. Vermögensverfügung bei der Startzusage des Sportlers

In der Fallgestaltung, bei der die fehlende Startberechtigung des Sportlers aufgrund des Einflusses unerlaubter Substanzen schon bei der Startzusage feststeht, kommt als Vermögensverfügung des Veranstalters auf den ersten Blick die Belastung des Vermögens mit einer Verbindlichkeit in Betracht[555]. Dies ist scheinbar unproblematisch: Mit der Zusage des Sportlers, gegen ein Antrittsgeld an dem Wettkampf teilzunehmen, käme der Vertrag zustande und das Vermögen des Veranstalters wäre mit der vertraglichen Verpflichtung zur Zahlung des Antrittsgeldes belastet.

Die Vermögensminderung ist aber zugleich Voraussetzung für den Eintritt eines Vermögensschadens, so daß Vermögensverfügung und Vermögensschaden insofern in einem Abhängigkeitsverhältnis zueinander stehen, als die Verfügung auf den Schaden bezogen ist[556]. Das relevante Verfügungsverhalten des Getäuschten läßt sich deshalb im Grunde erst dann

---

555 Zur Vermögensverfügung durch Eingehung einer Verbindlichkeit vgl. *Lackner*, in: LK, § 263 Rdn. 99; *Samson/Günther*, in: SK, § 263 Rdn. 125; *Wessels*, BT/2, Rdn. 501.

556 *Hoppenz*, Struktur, S. 7.

identifizieren, wenn man weiß, welcher Vermögensschaden bei dem Opfer in Frage kommt[557]. Aus diesem Grund ist bereits an dieser Stelle allgemein und auch im Hinblick auf die weiter unten zu untersuchenden Konstellationen die Frage zu klären, ob ein Betrug schon mit der Eingehung eines beiderseitig verpflichtenden Vertrages vollendet sein kann. Denn wenn zu diesem Zeitpunkt ein Schaden ausgeschlossen ist, dann darf erst recht nicht angenommen werden, daß der Vertragsabschluß eine Vermögensverfügung darstellt[558]. Sollte die Möglichkeit einer vollendeten Betrugsstrafbarkeit bei Vertragsabschluß bejaht werden können, so bleibt, wieder mit Blick auf die interessierende Fallgestaltung, anschließend zu untersuchen, ob die Unwirksamkeit eines Vertrages einer Vermögensminderung zum Zeitpunkt des Vertragsabschlusses entgegensteht.

1. Vollendung des Betrugs durch Eingehung eines Vertrages

Nach der heute ganz überwiegenden Auffassung kann bereits der täuschungsbedingte Vertragsabschluß einen Vermögensschaden auslösen. Dies wird allerdings unterschiedlich begründet.

Von der Rechtsprechung wird ein Vermögensschaden - wenn auch nicht immer ausdrücklich - mit Hilfe der Konstruktion der schadensgleichen Vermögensgefährdung immer dann bejaht, wenn das Versprochene gegenüber der Leistung des Getäuschten minderwertig oder der Versprechende leistungsunfähig oder -unwillig ist, ohne daß es auf die Anfechtbarkeit des Vertragsschlusses oder sonstige Widerrufsmöglichkeiten ankommen soll[559]. Dies sei deshalb gerechtfertigt, weil sich der Getäuschte zwar vom Vertrag lossagen könne, die Voraussetzungen hierfür aber beweisen müsse und Ge-

---

557 Vgl. *Satzger*, Submissionsbetrug, S. 65.

558 So auch *Satzger*, Submissionsbetrug, S. 65 in seiner Fußnote 141, der diese Fragestellung wegen der „besseren Darstellbarkeit der Problematik" allerdings erst im Zusammenhang mit dem Schadensbegriff diskutiert; hierdurch werde der kleine „Bruch mit der Logik" aufgewogen.

559 Vgl. z. B. RGSt 16, 1 (10); 73, 382 (383); 93 (95 ff.); BGHSt 16, 220 (221); 21, 384 (385 f.); 22, 88 (89); 23, 300 (302); 30, 288 (389); BGH NJW 1985, 1563 (1564); BGH NJW 1994, 1745 (1746); BayObLG 1955, 8 (9); OLG Hamm GA 1957, 196; JMBl NRW 1959, 158; BB 1964, 828; OLG Hamburg GA 1968, 281 (282); OLG Köln GA 1977, 188 f.; OLG Stuttgart NJW 1980, 1177 (1178); OLG Düsseldorf NJW 1993, 2694 (2694).

fahr laufe, das nicht zu können; dieses Risiko müsse aber zu Lasten des Täters gehen[560].

Das Schrifttum ist der Rechtsprechung nahezu einhellig gefolgt[561]. *Cramer*[562] und *Lenckner*[563] wollen demgegenüber einen Schaden im Abschluß eines Vertrages erst dann sehen, wenn der Getäuschte nicht mehr in der Lage sei, insbesondere unter Anfechtung des Vertrages, die Erfüllung zu verweigern. Werde der Getäuschte sein Anfechtungsrecht aber nicht ohne Beweisschwierigkeiten durchsetzen können, so sei ein vollendeter Eingehungsbetrug anzunehmen[564].

Nur vereinzelt werden grundsätzliche Bedenken gegen die Rechtsprechung zum Eingehungsbetrug vorgebracht[565]: Der bloße Vertragsabschluß als solcher führe noch zu keinem Schaden, sondern schaffe nur die Gefahr, daß der Getäuschte demnächst eine vermögensmindernde Leistung erbringen werde. Dies sei aber nur die typische Gefährdung, die den Versuch kennzeichne. Jede andere Bewertung führe zu einer unzulässigen Vorverlegung des Vollendungszeitpunktes.

Geht man indes mit der heute allgemeinen und auch hier vertretenen Ansicht davon aus, daß der strafrechtliche Vermögens- und Schadensbegriff zumindest im Kern ein wirtschaftlicher ist, so läßt sich nicht bestreiten, daß der Vermögensbestand des Betroffenen bereits durch den Abschluß eines gegenseitig verpflichtenden Vertrages eine Veränderung erfährt, der wie in allen anderen Fällen einer Bewertung unterworfen werden muß, die die jeweils selben wirtschaftlichen Maßstäbe heranzieht[566]. Schädigende Verän-

---

560 Vgl. BGHSt 23, 300 (302 f.).

561 Vgl. z. B. *Blei*, Strafrecht II, S. 235; *Bockelmann*, BT/1, S. 77 f.; *Krey*, Strafrecht BT/2, Rdn. 447; *Lackner*, in: LK, § 263 Rdn. 222 f.; *Lackner/Kühl*, § 263 Rdn. 53; *Tröndle*, § 263 Rdn. 32; *Wessels*, BT/2, Rdn. 522.

562 *Cramer*, Vermögensbegriff, S. 172 ff.; *ders.*, in: S/S, § 263 Rdn. 131.

563 *Lenckner*, JZ 1971, 320 (322 f.).

564 Zust. *Eser*, Strafrecht IV, S. 139; *Samson/Günther*, in: SK, § 263 Rdn. 167; abl. z. B. *Lackner*, in: LK, § 263 Rdn. 188; *Lackner/Kühl*, § 263 Rdn. 36 a; *Krey*, Strafrecht BT/2, Rdn. 449 m.w.N.

565 So insbes. *Schönke/Schröder* (17), § 263 Rdn. 91, 102; *Schröder*, JZ 1965, 513 (516); ähnlich *Kohlrausch/Lange*, StGB, § 263 Anm. V 2 a; *Meyer*, MDR 1971, 718 (719); *Naucke*, Betrug, S. 91, 120 ff., 215; *ders.* StV 1985, 187; *Riemann*, Vermögensgefährdung, S. 91 ff.

566 Vgl. *Lackner*, in: LK, § 263 Rdn. 222.

derungen im Vermögensstand können somit nicht nur durch den Zu- oder Abgang von stofflichen Vermögensbestandteilen, sondern auch durch die Begründung von Ansprüchen oder Verbindlichkeiten aufgrund eines Vertragsabschlusses eintreten.

2. *Eingehungsbetrug trotz fehlender Verpflichtung des Veranstalters*

Bei genauerer Betrachtung der in Rede stehenden Betrugskonstellation zum Nachteil des Veranstalters stellt sich allerdings die Frage, ob der Aspekt des Eingehungsbetrugs - und nur auf einen solchen zielt die aufgeworfene Vermögensverfügung ab - nicht von vornherein der falsche gewesen ist. Bei der zugesagten Teilnahme des Sportlers an dem Wettkampf handelt es sich um eine höchstpersönliche Leistung, also um eine Leistung, die nur von dem Sportler selbst und von sonst niemandem erbracht werden kann, weil bei ihr die persönlichen Fähigkeiten des Sportlers entscheidend sind. Aufgrund der Einnahme der unerlaubten Substanzen steht nun aber bereits im Zeitpunkt der Startzusage des Sportlers fest, daß dieser bei der Teilnahme an dem Wettkampf gegen die Dopingbestimmungen verstoßen und somit - mangels Startberechtigung - nicht in der vereinbarten Art und Weise wird teilnehmen können[567]. Dies hat zur Folge, daß sowohl der Sportler als auch der Veranstalter - mangels Wirksamkeit des Vertrages - nicht zur Leistung verpflichtet sind, weil die Vereinbarung auf eine unmögliche Leistung des Sportlers gerichtet und daher gemäß § 306 BGB nichtig ist[568]. Der für die gängige Schadensbestimmung beim Eingehungsbetrug erforderliche Vergleich der Vermögenslagen vor und nach der schuldrechtlichen Bindung ist also im Grunde nicht möglich, da ein wirksamer Vertrag nicht abgeschlossen worden ist.

a) *Die Fälle unwirksamer Verträge*

Gleichwohl werden auch die Fälle unwirksamer Verträge in Rechtsprechung und Literatur unter dem Aspekt des Eingehungsbetruges diskutiert.

---

567 Zu den vertraglichen Pflichten des Sportlers siehe oben 3. Teil, § 1, B. I.

568 Ebenso *Schwab*, in: Rechtliche Fragen des Dopings, S. 35 (48). Zur Rechtsfolge des § 306 BGB bei höchstpersönlichen Leistungen siehe schon oben 2. Teil, § 3, C. II. 1.

Das BayObLG[569] hatte die Frage zu klären, ob wegen Betruges strafbar ist, wer unter falschem Namen bei verschiedenen Geschäftsleuten Waren bestellt und diese an Dritte liefern läßt, um diesen Unannehmlichkeiten zu bereiten. Unter Zugrundelegung der Rechtsfigur des Eingehungsbetrugs hat das Gericht bereits mit Abschluß des Liefervertrages einen Vermögensschaden bejaht, obwohl eine Verpflichtung der Angeklagten gegenüber nicht entstanden war. Maßgebend sei allein, ob der Vermögensbestand durch den Abschluß des Vertrages eine Vermögenseinbuße erlitten habe. Dies hänge von dem Wertverhältnis ab, in dem die versprochene und die gewährte Leistung zueinander stünden, somit also von dem Wert des jeweiligen Zahlungsanspruchs der Lieferanten gegen die Angeklagte. Die zur Begleichung der Rechnungen an sich verpflichtete Angeklagte habe weder Zahlungswillen gehabt, noch sei sie bekannt gewesen. Deshalb seien die ihr gegenüber bestehenden Erfüllungs- und Schadensersatzansprüche wertlos gewesen, während die vorgeschobenen Besteller bzw. Empfänger der Waren durch das Vorgehen der Angeklagten zu nichts verpflichtet worden seien.

Der Entscheidung des BayObLG ist im Ergebnis zuzustimmen. Dessen dogmatische Herleitung ist allerdings unrichtig und bedarf genauerer Betrachtung. Das Gericht stellt bei seiner Begründung als allein maßgebend auf den Wert der einander gegenüberstehenden Ansprüche ab. Folgerichtig mußte es bei Zugrundelegung der Regeln des Eingehungsbetrugs - mangels Bonität der Ansprüche gegen die Angeklagte - auch einen Vermögensschaden bei den Lieferanten bejahen: Da der Wert eines Anspruchs nach dem wirtschaftlichen Vermögensbegriff nicht allein von seinem rechtlichen Bestand (Verität), sondern auch von seiner Realisierbarkeit (Bonität) abhängig ist, kann bei an sich ausgeglichenen Verträgen auch die fehlende Erfüllungsbereitschaft oder Leistungsfähigkeit zu einem Minderwert der Leistung des Täters führen[570]. Ist ein Anspruch nämlich nicht durchsetzbar, weil der Schuldner unwillig oder unfähig ist, die Leistung zu erbringen, so kann er nicht in gleicher Weise bewertet werden, wie ein unbedenklich durchsetzbarer Anspruch. Je nachdem wie hoch die Gefahr seines Ausfalls eingeschätzt

---

569 BayObLG JZ 1972, 25.

570 Vgl. RGSt 43, 171 (172 f.); BGHSt 15, 24 (27); BGH BB 1992, 523; *Lackner*, in: LK, § 263 Rdn. 205 ff.; *Lackner/Kühl*, § 263 Rdn. 41; *Tenckhoff*, Lackner-FS, S. 677 (684).

wird, ist sein Wert anzusetzen, seine Bonität zu bestimmen[571], wobei hierfür das allgemeine Erfordernis einer konkreten Vermögensgefährdung heranzuziehen ist[572]. Letzteres ist darauf zurückzuführen, daß der negative Vermögenseinfluß sich bei mangelnder Erfüllungsbereitschaft oder Leistungsunfähigkeit des Schuldners aus Umständen ergibt, die außerhalb des Vertrages angesiedelt sind. Denn der Anspruch ist in seinem rechtlichen Bestand ungeschmälert, also nur in seiner Realisierung gefährdet. Aus diesem Grund liegt in solchen Fällen eine bloße Vermögensgefährdung vor, die nur dann einen Schaden begründet, wenn sie nach den Umständen des Einzelfalls den endgültigen Verlust von Vermögenswerten besorgen läßt[573].

Herzberg[574] weist in seiner Urteilsbesprechung aber zu Recht darauf hin, daß die Regeln über den falsus procurator auf die Angeklagte entsprechend anwendbar seien. Dies bedeute, daß die Angeklagte keine Ansprüche erworben habe und die Kaufverträge nur durch Genehmigung der Namensträger hätten verbindlich werden können[575]. Ein Vergleich der Vermögenslagen vor und nach dem Vertragsabschluß sei strenggenommen nicht möglich, da ein wirksamer Vertrag gar nicht bestehe. Die Lieferanten hätten, wären sie mißtrauisch geworden, nicht einmal anfechten müssen, um sich der Lieferpflicht zu entziehen. Gehe man aber davon aus, daß der strafrechtliche Vermögens- und Schadensbegriff zumindest im Kern ein wirtschaftlicher sei, so sei der Eingehungsbetrug nur ein Unterfall jener Betrugsart, bei dem die Schädigung des fremdem Vermögens in dessen Gefährdung bestehe. Die Gefahr, zu leisten, ohne ein entsprechendes Entgelt zu erhalten, erwachse nicht aus der objektiven Verbindlichkeit des Vertrages, sondern aus der subjektiven Vorstellung des Hintergangenen, verpflichtet zu sein[576]. Die Vermögensgefährdung liege also darin, daß der eine Teil infolge der Täuschung in die Gefahr gerate, eine Leistung zu erbringen, der kein Äquivalent gegenüberstehe[577].

---

571 Vgl. *Otto*, Lackner-FS, S. 715 (725).

572 *Lackner*, in: LK, § 263 Rdn. 223, 208; zum Erfordernis der Konkretheit der Vermögensgefährdung siehe oben 3. Teil, § 3, B. III. 1. b).

573 Vgl. *Lackner*, in: LK, § 263 Rdn. 223, 152.

574 *Herzberg*, JuS 1972, 185 (186).

575 Ebenso *Riemann*, Vermögensgefährdung, S. 89.

576 *Herzberg*, JuS 1972, 185 (186 f.).

577 *Herzberg*, JuS 1972, 185 (187), der insoweit auf die Ausführungen von *Schröder*, JZ 1972, 26, verweist.

b) *Dogmatische Präzisierung*

Herzbergs Kritik zielt in die richtige Richtung. Sie bedarf jedoch weiterer Präzisierung. Bei den Fällen der Eingehung unwirksamer Verträge kann die Weichenstellung allein beim Deliktsmerkmal der Vermögensverfügung erfolgen. Dies beruht auf folgenden Erwägungen:

Eine Vermögensverfügung ist nur dann gegeben, wenn sie eine unmittelbar vermögensmindernde Wirkung hat[578]. Bei den Eingehungsbetrugsfällen ist dies in zweierlei Hinsicht denkbar: Die Eingehung eines *wirksamen* (gegenseitigen) Vertrages führt bei dem Getäuschten immer zu einer Belastung des Vermögens mit einer Verbindlichkeit und somit auch zu der für die Vermögensverfügung vorausgesetzten Vermögensminderung. Erst bei der Frage des Vermögensschadens kommt es dann auf einen Wertvergleich der beiderseitigen Verpflichtungen an, wobei man zur Wertbestimmung des erlangten Gegenanspruchs auf dessen Verität und Bonität abstellen muß. Ist der Vertrag indessen *unwirksam*, so kann eine Vermögensminderung - mangels Belastung des Vermögens mit einer Verbindlichkeit - nur dadurch eintreten, daß das Vermögen des Opfers durch den Abschluß des vermeintlich wirksamen Vertrages konkret gefährdet ist[579]. Abzustellen ist dabei nicht etwa auf den Wert des scheinbar erworbenen Gegenanspruchs, sondern allein darauf, ob aufgrund der irrtumsbedingten Täuschung die Gefahr besteht, daß das Opfer trotz fehlender Verpflichtung leisten und somit eines Vermögenswertes verlustig wird. Hierfür sind die bereits aufgezeigten allgemeinen Grundsätze zur Bestimmung einer konkreten Vermögensgefährdung heranzuziehen[580]. Ist die Gefährdung hinreichend konkret, so stellt sich erst innerhalb des Vermögensschadens die Frage nach einer Kompensation der durch die Gefährdung verursachten Vermögensminderung. Ein Vermögensschaden wird im Ergebnis nur dann vorliegen, wenn der Gefahr, eine Leistung zu erbringen (konkrete Vermögensgefährdung), kein Äquivalent gegenübersteht. Dies ist der Fall, wenn der vermeintlich erworbene Gegenanspruch bereits rechnerisch weniger wert ist als die scheinbar über-

---

578 Siehe schon oben 3. Teil, § 3, A. I.

579 Die Vermögensverfügung kann in jedem irrtumsbedingten, auch rein tatsächlichen Verhalten des Getäuschten bestehen und schließt deshalb auch unwirksame Rechtsgeschäfte mit ein; vgl. *Lackner*, in: LK, § 263 Rdn. 96 m.w.N.

580 Zur vermögensmindernden Wirkung der konkreten Vermögensgefährdung siehe oben 3. Teil, § 3, B. III. 1.

nommene Leistungspflicht oder wenn der Täter nicht leistungsfähig oder -unwillig ist.

Es zeigt sich also, daß der Abschluß eines Vertrages letztlich *unabhängig* von seiner Wirksamkeit zu einem Vermögensschaden führen kann. Tatsächlich und wirtschaftlich betrachtet ist die Lage des Getäuschten denn auch völlig gleich: Er kann sich von dem wirksamen oder nur vermeintlich wirksamen Vertrag lossagen, läuft aber Gefahr, die Voraussetzungen dafür nicht beweisen zu können[581]. Es bedurfte an dieser Stelle jedoch einer präzisen Zuordnung unter das Deliktsmerkmal der Vermögensverfügung.

3. *Unmittelbare Vermögensminderung bei dem Veranstalter durch konkrete Vermögensgefährdung*

Nach dem oben Gesagten kommt eine Vermögensverfügung des Veranstalters bei der interessierenden Konstellation nur in einem Fall in Betracht. Nämlich dann, wenn aufgrund des Abschlusses des vermeintlich wirksamen, tatsächlich aber gemäß § 306 BGB nichtigen Vertrages für den Veranstalter schon zu diesem Zeitpunkt die konkrete Gefahr besteht, daß er sich aufgrund seiner Fehlvorstellung nicht von dem Vertrag lossagen, sondern stattdessen das Antrittsgeld im Vertrauen auf eine äquivalente Gegenleistung an den Sportler auszahlen wird.

Hinreichend konkret ist die Gefahr für das Vermögen, wenn eine nach den Umständen des Einzelfalls naheliegende Möglichkeit des endgültigen Verlustes eines Wirtschaftsguts gegeben ist[582]. Dem könnte hier jedoch entgegenstehen, daß der Veranstalter das Antrittsgeld erst nach dem Wettkampf auszahlt, der gedopte Sportler nach dem mutmaßlich wirksamen Vertrag also vorleistungspflichtig ist. Die Vorleistungspflicht eines Sportlers ergibt sich, je nachdem, ob man die Vereinbarung mit dem Veranstalter

---

581 Vgl. BGHSt 22, 88 (89); BayObLG NJW 1973, 633; OLG Köln MDR 1974, 157; *Cramer*, in: S/S, § 263 Rdn. 131, 151; *Lackner*, in: LK, § 263 Rdn. 226; vgl. auch *Herzberg*, JuS 1972, 185 (187); *Loos/Krack*, JuS 1995, 204 (206); *Maurach*, JR 1972, 345 (346); *Otto*, Struktur, S. 278; *Schröder*, JZ 1972, 26; a.A. *Puppe*, MDR 1973, 12 (13); *Riemann*, Vermögensgefährdung, S. 90; hiergegen *Hefendehl*, Vermögensgefährdung, S. 344.

582 Zur Konkretheit der Vermögensgefährdung siehe schon oben 3. Teil, § 3, B. III. 1. b).

als Dienst- oder Werkvertrag einstuft[583], aus der gesetzlichen Regelung des § 614 BGB bzw. des § 641 Abs. 1 BGB. Eine Vereinbarung, die insoweit von diesen Bestimmungen abweicht, wird in der Praxis üblicherweise nicht vorgenommen[584]. Der Veranstalter wäre deshalb möglicherweise von vornherein gegen den Verlust des Antrittsgeldes (durch Auszahlung an den gedopten Sportler) abgesichert[585]. Der Getäuschte befindet sich bei einer Vorleistungspflicht des Täters nämlich insoweit in einer günstigen Position, als er seine eigene Leistung von der Bewirkung der versprochenen Gegenleistung abhängig machen kann. Ist nun der Täter entweder nicht gewillt oder aber nicht fähig, die versprochene Leistung zu erbringen, so geht der andere Teil mit dem Abschluß des auch nur scheinbar wirksamen Vertrages grundsätzlich noch keinerlei Risiko ein. Denn bei dieser Sachlage bietet ihm die Möglichkeit, die eigene Leistung zu verweigern, ausreichende Sicherheit.

Bei einer Vorleistungspflicht des potentiellen Täters ist aber zusätzlich danach zu fragen, ob schon im Moment des Vertragsabschlusses mehr oder weniger feststeht, daß der Vertragspartner die Täuschung auch später nicht erkennen kann (z. B. wegen versteckter Mängel einer „gekauften" Sache) und deshalb im Vertrauen auf den vollen Wert der Gegenleistung erfüllen wird. In einem solchen Fall muß die konkrete Vermögensgefährdung bejaht werden[586].

Der Veranstalter wird vor Auszahlung des Antrittsgeldes in der Regel nur dann von der Einnahme der verbotenen Substanzen und somit auch von der Leistungsunfähigkeit des Sportlers bzw. vom rechtlichen Mangel (§ 306 BGB) des Vertrages Kenntnis erlangen können, wenn bei dem Sportler

---

583 Siehe dazu oben Fußnote 238.

584 Dies bestätigten Veranstalter großer internationaler Leichtathletikwettkämpfe (*Manfred Germar*, Meeting Director Internationaler Sparkassen-Cup des ASV Köln und *Rudolf Thiel*, Meeting Director Internationales Stadionsportfest, ISTAF Berlin) dem Verfasser gegenüber in Gesprächen vom 10.10.1996 bzw. 08.11.1996.

585 Daß eine Vorleistungspflicht - mangels Wirksamkeit des Vertrages - tatsächlich nicht besteht, hat wegen der irrtumsbedingt fehlenden Kenntnis des Veranstalters davon keine Bedeutung.

586 So auch *Lenckner*, JZ 1971, 320 (323). Ähnlich *Hefendehl*, Vermögensgefährdung, S. 333: Die Einrede des nichterfüllten Vertrages werde man nur dann für schadensausschließend ansehen können, wenn der Umstand der Nichterfüllung für den Getäuschten auch *offenbar* sei.

entweder vor dem Wettkampf oder am Veranstaltungstag eine Dopingkontrolle erfolgt, die Analyse der Blut- oder Urinprobe im Ergebnis zu einem positiven Befund führt und dieser rechtzeitig vor Auszahlung bekanntgegeben wird[587]. Weil es zum Zeitpunkt des Vertragsabschlusses trotz der oben[588] angesprochenen erhöhten Kontrollbemühungen seitens der Sportverbände aber nicht feststeht, ob bei dem gedopten Sportler eine solche Probe entnommen wird, ist für den Regelfall davon auszugehen, daß dem Veranstalter die erfolgte Täuschung nicht offenbar wird. Nicht anders ist zu entscheiden, wenn die Wettkampfausschreibung oder die Sportverbandsstatuten etwa vorsehen, daß sich derjenige Athlet, der den Wettkampf gewinnt oder einen Weltrekord erzielt, im Anschluß an den Wettkampf einer Dopingkontrolle zu unterziehen hat[589]. Denn bei der Startzusage des Sportlers (Vertragsabschluß) ist es vollkommen offen, ob er bei dem Wettkampf derartige Kriterien erfüllen wird.

Festzuhalten bleibt, daß der Veranstalter die bei der Startzusage des gedopten Sportlers konkludent erfolgte Täuschung über die Leistungsfähigkeit bei normaler Fortentwicklung nicht erkennen kann. Aus diesem Grund wird er auch nicht in der Lage sein, die Auszahlung des Antrittsgeldes unter Hinweis auf die Unmöglichkeit der Leistung und somit auch auf den rechtlichen Mangel des Vertrages zu verweigern. Es besteht vielmehr die konkrete Gefahr, daß der Veranstalter dem Sportler das Antrittsgeld im Vertrauen auf den vertragsgemäßen, vollen Wert der erbrachten Leistung nach dem Wettkampf auszahlen wird. Diese konkrete Gefährdung bewirkt bei dem Veranstalter eine Vermögensminderung schon zum Zeitpunkt des Vertragsabschlusses.

Der Kausalzusammenhang zwischen Irrtum und Vermögensverfügung ist ebenfalls gegeben, weil der Veranstalter den Vertrag infolge der Fehlvorstellung, also im Vertrauen auf die Leistungsfähigkeit des Sportlers, abschließt.

---

587 Zum Gefährdungskriterium der verspäteten Entdeckung eines rechtlichen Mangels vgl. *Cramer*, in: S/S, § 263 Rdn. 131. Siehe auch *Loos/Krack*, JuS 1995, 204 (206) zur Eingehungsbetrugsstrafbarkeit desjenigen, der eine Teufelsaustreibung verspricht, der hierauf gerichtete Vertrag aber gemäß § 306 BGB nichtig ist.

588 Siehe oben 1. Teil, § 3.

589 Vgl. z. B. Regel 148 Nr. 2 Satz 1 IWB (Leichtathletik, Ausgabe 1998): „Ein Athlet, der eine Weltrekordleistung erzielt, muß sich am Ende des Wettbewerbs gemäß den zur Zeit gültigen IAAF-Bestimmungen einer Dopingkontrolle unterziehen."

II. Vermögensverfügung nach der Startzusage des Sportlers

Bei der Betrugskonstellation zum Nachteil des Veranstalters, der dem Sportler das Antrittsgeld auszahlt, obwohl dieser verbotene Substanzen nach der Startzusage, spätestens aber unmittelbar vor dem Wettkampf einnimmt und unter dem Einfluß dieser Substanzen denselben bestreitet, ist eingangs nochmals hervorzuheben, daß der am Wettkampf teilnehmende Sportler zur Vorleistung verpflichtet ist[590]. Zu untersuchen ist deshalb, ob erst die Auszahlung des Antrittsgeldes als die maßgebliche Vermögensverfügung zu qualifizieren und die mögliche Tatvollendung somit auf diesen Zeitpunkt anzusetzen ist oder ob eine Vermögensverfügung schon in der Annahme der Leistung als Erfüllung liegen könnte[591].

1. Keine Vermögensverfügung durch Annahme der Leistung des Sportlers als Erfüllung

Nach § 362 Abs. 1 BGB erlischt ein Schuldverhältnis i.e.S.[592], wenn die geschuldete Leistung an den Gläubiger bewirkt ist. Eine Vermögensverfügung i.S.d. § 263 StGB ist daher insoweit möglich, als der Vertragspartner durch die Täuschung veranlaßt wird, die von dem Täter erbrachte Leistung als Erfüllung anzunehmen[593]. Für den Veranstalter des Wettkampfes kommt eine derartige Vermögensverfügung allerdings nicht in Frage. Dieses Ergebnis mag zunächst verwundern. Führt man sich aber vor Augen, daß sich der Sportler mit der Startzusage dem Veranstalter gegenüber allein zu einer den Dopingregeln entsprechenden Wettkampfteilnahme verpflichtet hat[594], so hat dies zur Konsequenz, daß der mit dem Entstehen des Schuldverhältnisses begründete Erfüllungsanspruch des Veranstalters im Augenblick der Einnahme der verbotenen Substanzen durch den Sportler wegen nachträgli-

---

590 Siehe schon oben 3. Teil, § 3, C. I. 3.

591 Allgemein zum Zeitpunkt der Tatvollendung *Cramer*, Vermögensbegriff, S. 199 ff.

592 Unter Schuldverhältnis ist in den §§ 362 ff. BGB allein das Schuldverhältnis i.e.S., also der einzelne schuldrechtliche Anspruch zu verstehen; vgl. BGH NJW 1986, 1677 (1678). Zur Abgrenzung zum Schuldverhältnis i.w.S. vgl. *Heinrichs*, in: Palandt, Überbl. vor § 362 Rdn. 5.

593 Vgl. *Lenckner*, MDR 1961, 652 (653 f.); *Samson*, Strafrecht II, S. 180; *Tenckhoff*, Lackner-FS, S. 677 (685 f.); *Cramer*, in: S/S, § 263, Rdn. 137 m.w.N.

594 Siehe oben 3. Teil, § 1, B. I.

cher Unmöglichkeit der vereinbarten Leistung gemäß § 275 Abs. 1 BGB untergeht[595]. Das Schuldverhältnis i.e.S. ist im Zeitpunkt der Teilnahme des gedopten Sportlers an dem Wettkampf also bereits erloschen gewesen[596]. Mangels eines noch bestehenden Erfüllungsanspruchs scheidet eine Vermögensverfügung des Veranstalters durch Annahme der Leistung des Sportlers als Erfüllung aus.

2. *Vermögensverfügung durch Auszahlung des Antrittsgeldes an den Sportler*

Aufgrund des Irrtums, der durch die Teilnahme des gedopten Sportlers an dem Wettkampf bei dem Veranstalter erregt worden ist, wird dieser aber veranlaßt, das Antrittsgeld nach Beendigung des Wettkampfes an den Sportler auszuzahlen. Diese Auszahlung führt bei dem Veranstalter unmittelbar zu einer Vermögensminderung[597].

Der ursächliche Zusammenhang zwischen Täuschungshandlung und Vermögensverfügung ist ebenfalls zu bejahen, da die Erregung des Irrtums durch den gedopten Sportler für die Vermögensverfügung des Veranstalters zumindest mitbestimmend ist. Wie bereits aufgezeigt[598], bezieht sich die vertraglich eingegangene Pflicht des Sportlers zur Mitwirkung auf eine den Wettkampfregeln und somit auch den Dopingbestimmungen entsprechende. Regelmäßig dürfte sogar davon auszugehen sein, daß bei einem Vertrag zwischen Veranstalter und Sportler ein Dopingverbot ausdrücklich als Zulassungshindernis aufgenommen ist[599]. Hätte der Veranstalter also nicht geglaubt, daß zumindest die Möglichkeit besteht, der am Wettkampf teilnehmende Sportler sei ungedopt und nehme deshalb vertragsgemäß in einer den Dopingbestimmungen und somit auch der Veranstaltungsausschreibung entsprechenden Art und Weise teil, so hätte er dem Sportler nach dem Wettkampf auch nicht das Antrittsgeld ausgezahlt.

---

595 Ebenso *Friedrich*, SpuRt 1995, 8 (10); *Schwab*, in: Rechtliche Fragen des Dopings, S. 35 (47 f.); *Turner*, NJW 1992, 720 (723).

596 Zur Unmöglichkeit als Erlöschensgrund eines Schuldverhältnisses i.e.S. vgl. *Heinrichs*, in: Palandt, Überbl. vor § 362 Rdn. 3.

597 Eine Vermögensverfügung des Veranstalters hingegen pauschal verneinend: *Schlund*, Praktische Sport-Traumatologie und Sportmedizin 1991, 100 (106).

598 Siehe oben 3. Teil, § 1, B. I.

599 Siehe oben 3. Teil, § 1, B. I.

D. Vermögensverfügung des Preisspenders

Erzielt der gedopte Sportler eine Plazierung, die mit einem Preis ausgeschrieben ist, so besteht die unmittelbar vermögensmindernd wirkende Verfügung des Preisspenders darin, daß er den Preis nach der Veranstaltung an den Sportler übergibt bzw. diesem die Gewinnprämie auszahlt[600]. Die Hingabe des Preises erfolgt im Vertrauen darauf, daß zumindest die Möglichkeit besteht, der Sportler habe die Dopingbestimmungen bei der Teilnahme an dem Wettkampf eingehalten und deshalb auch die Bedingungen der Auslobung erfüllt. Die Erregung des Irrtums durch den gedopten Sportler ist für die Vermögensverfügung des getäuschten Preisspenders somit auch kausal.

E. Vermögensverfügung des Zuschauers

Als verfügendes Verhalten des Zuschauers, der einen durch Doping verfälschten Wettkampf verfolgt hat, kommt, wie in der Betrugskonstellation zum Nachteil des Mitkonkurrenten[601], nur ein Unterlassen in Betracht[602]. Neben der Nichtgeltendmachung einer Forderung, kann eine Vermögensverfügung durch Unterlassen auch darin bestehen, daß jemand durch Täuschung dazu veranlaßt wird, ein ihm zustehendes Recht, z. B. auf Wandelung oder Minderung, nicht auszuüben; Voraussetzung bleibt aber weiter die unmittelbar vermögensmindernde Wirkung der Verfügung[603].

Im folgenden gilt es zunächst zu untersuchen, ob der Zuschauer, der den Wettkampf mit einem gedopten Sportler betrachtet hat, Forderungen oder andere Rechte geltend machen kann. Sollte dies bejaht werden können,

---

600 Ebenso *Otto*, SpuRt 1994, 10 (15); *Schneider-Grohe*, Leistungssteigerung im Sport, S. 149.

601 Siehe oben 3. Teil, § 3, B.

602 Daß als vermögensmindernde Verfügung nicht die Zahlung des Eintrittsgeldes angesehen werden kann, ist evident. Denn der gedopte Sportler wirkt erst im Zeitpunkt der Wettkampfteilnahme irreführend auf das Vorstellungsbild des Zuschauers ein (siehe oben 3. Teil, § 2, A.). Da die Vermögensverfügung aber auf den Irrtum zurückzuführen sein muß, kommt sie zu einem früheren Zeitpunkt als zur Wettkampfteilnahme des gedopten Sportlers nicht in Frage.

603 *Lackner*, in: LK, § 263 Rdn. 97.

so ist des weiteren zu klären, ob diese so konkret gefährdet sind, daß schon deren Gefährdung eine Vermögensminderung bei dem Zuschauer bewirkt[604].

I. Ansprüche des Zuschauers gegen den dopenden Sportler

Da zwischen Zuschauern und gedopten Athleten keine vertraglichen Beziehungen bestehen, kann der gedopte Sportler von dem Zuschauer nicht aus Vertrag in Anspruch genommen werden. Gleiches gilt für vertragsähnliche Beziehungen; auch solche sind zwischen Zuschauer und Sportler nicht gegeben. Das Unterlassen der Geltendmachung einer Schadensersatzforderung aus § 823 Abs. 1 BGB wegen einer möglichen Rechtsgutverletzung kommt mangels Verletzung eines absoluten Rechts ebenfalls nicht in Betracht[605]. Denn der Ersatz eines reinen Vermögensschadens - wie das möglicherweise nutzlos aufgewandte Eintrittsgeld - läßt sich nicht über § 823 Abs. 1 BGB erreichen[606]. Ansprüche des Zuschauers gegen den gedopten Sportler scheiden somit aus[607]. In Frage kommen aber Ansprüche des Zuschauers gegen den Veranstalter des Wettkampfes, auf die im folgenden einzugehen ist.

II. Ansprüche des Zuschauers gegen den Veranstalter

Der mit dem Erwerb der Eintrittskarte geschlossene Vertrag zwischen Sportveranstalter und Zuschauer wird von Rechtsprechung und Literatur, ähnlich dem Vertrag eines Theaterbesuchers mit Theaterunternehmen, der Kategorie der Werkverträge zugewiesen[608], wobei *Richtsfeld*[609] neben dem

---

604 Allgemein zur Vermögensgefährdung siehe oben 3. Teil, § 3, B. III. 1.

605 Vgl. *Friedrich*, SpuRt 1995, 8 (10); *Schild*, in: Rechtliche Fragen des Dopings, S. 13 (29); *Turner*, NJW 1992, 720 (722).

606 Vgl. *Thomas*, in: Palandt, § 823 Rdn. 31.

607 Ebenso *Friedrich*, SpuRt 1995, 8 (10); *Schild*, in: Rechtliche Fragen des Dopings, S. 13 (29); *Turner*, NJW 1992, 720 (722).

608 RGZ 127, 313 (314); RG WarnR 1936 Nr. 168; BGH VersR 1955, 444 f.; BGH VersR 1957, 228 (229); OLG Nürnberg VersR 1955, 444; *Soergel*, in: MK, § 631 Rdn. 57; *Thomas*, in: Palandt, Einf. vor § 631 Rdn. 17; *Reichert*, Sportrecht, S. 226; anders *Koller*, RdA 1982, 46 ff., der die dienstvertragliche Komponente herausstellt und den Vertrag zwischen Sportveranstalter und Zuschauer der Kategorie der atypischen Verträge zuordnet; ähnlich *Fritzweiler*, in: Praxishandbuch, 3. Teil, Rdn. 90 f.

609 *Richtsfeld*, Sportveranstalter, S. 77 ff.

werkvertraglichen Element (Vorführung) auch die mietvertragliche Seite bei der Überlassung eines bestimmten Steh- oder Sitzplatzes betont. Der Sportveranstalter verpflichtet sich in diesem Vertrag, dem Zuschauer das Beobachten des angekündigten Wettkampfes zu ermöglichen, die Sicherheit des zahlenden Zuschauers zu gewährleisten und dafür Sorge zu tragen, daß die sportliche Veranstaltung in der angekündigten Art und Weise stattfindet[610].

Koller[611] geht sogar so weit, bei Sportveranstaltungen, die deutlich auf Gewinn angelegt sind und erkennbar professionelle Züge tragen, dem Veranstalter die Verpflichtung aufzuerlegen, daß sich die Sportler um Höchstleistungen bemühen. Blieben die Leistungen der Sportler bei solchen Veranstaltungen aber hinter den ihnen möglichen Leistungen zurück, so sei es gerechtfertigt, dem Veranstalter eine schuldhafte Minderleistung der Sportler gemäß § 278 BGB zuzurechnen[612]. Dem hält *Richtsfeld*[613] zu Recht entgegen, daß eine „Höchstleistung nach Tagesform" ob der unterschiedlichen Erwartungshaltungen der Zuschauer an eine Sportveranstaltung nicht als Leistungsinhalt bestimmbar sei und eine solche Verpflichtung deshalb schon aus rechtlichen Gründen nicht eingegangen werden könne.

Unabdingbarer Teil des von dem Veranstalter geschuldeten Erfolgs bleibt es aber, einen Wettkampf zu liefern, der den Regeln gemäß abläuft, mithin als regelgerechter Wettkampf Anerkennung findet[614]. Daß die Sportveranstaltung den Regeln gemäß abzulaufen hat, bedeutet jedoch nicht, daß jeder Regelverstoß eines Sportlers zugleich auch eine Leistungsstörung im Vertragsverhältnis zwischen Veranstalter und Zuschauer darstellt. Vielmehr bezieht sich dieses Erfordernis allein auf den äußeren Rahmen des Wettkampfes[615]; der Veranstalter hat m.a.W. dafür Sorge zu tragen, daß bei der

610 Vgl. *Friedrich*, SpuRt 1995, 8 (10 f.); *Schwab*, in: Rechtliche Fragen des Dopings, S. 35 (45); *Turner*, NJW 1992, 720 (722).

611 *Koller*, RdA 1982, 46 (50 f.).

612 *Koller*, RdA 1982, 46 (51).

613 *Richtsfeld*, Sportveranstalter, S. 87 f.

614 *Schwab*, in: Rechtliche Fragen des Dopings, S. 35 (46); ebenso *Friedrich*, SpuRt 1995, 8 (10 f.); *Richtsfeld*, Sportveranstalter, S. 77, 122; *ders.*, SpuRt 1995, 153 (155); *Schild*, in: Rechtliche Fragen des Dopings, S. 13 (30); *Turner*, NJW 1992, 720 (722).

615 Vgl. auch *Richtsfeld*, Sportveranstalter, S. 77, 122, der ein bestimmtes Regelwerk als unverzichtbaren Faktor einer Sportveranstaltung ansieht.

Durchführung des Wettkampfes das einschlägige Regelwerk zugrundegelegt und angewandt wird.

1. Rechtslage bei einer in den Satzungen vorgesehenen Disqualifikation des Sportlers

Die in der Praxis einschlägigen Satzungen bzw. Wettkampfregeln der Sportverbände sehen für den Fall, daß ein Sportler gedopt an einem Wettkampf teilgenommen hat, regelmäßig eine das Doping berücksichtigende Wertung vor: Der gedopte Sportler wird disqualifiziert und das Ergebnis entsprechend geändert[616]. Gleichwohl wird der Wettkampf als regelgerecht anerkannt. Auch bei Mannschaftssportarten wird im Falle des Nachweises von Doping das Spielergebnis für gewöhnlich nicht annulliert, sondern nur anders gewertet[617].

Da der Zuschauer aber keinen Anspruch darauf hat, daß der Wettkampf in einer bestimmten Art und Weise gewertet wird, liegt im Verhältnis zwischen Veranstalter und Zuschauer auch keine Leistungsstörung vor, die Rückforderungs- und Schadensersatzansprüche des Zuschauers gegen den Veranstalter begründen könnte[618]. Die Tatsache allein, daß ein Sportler gedopt teilnimmt und somit gegen die Wettkampfregeln verstößt, der Zuschauer also einen „verfälschten" Wettkampf beobachtet, begründet - worauf *Schwab*[619] mit Recht hinweist - ebensowenig eine Leistungsstörung, „wie in dem Fall, daß ein Spiel durch gehäufte Fouls und Tätlichkeiten einen wenig attraktiven Verlauf nimmt."

---

616 Vgl. z. B. Regel 59 Nr. 4 S. 2 IWB (Leichtathletik, Ausgabe 1998): „Wurde die Dopingkontrolle bei einem Wettkampf durchgeführt, ist der Athlet außerdem von der Veranstaltung zu disqualifizieren und das Ergebnis entsprechend zu annullieren". Die Annullierung betrifft dabei aber nicht den gesamten Wettkampf, sondern lediglich das von dem gedopten Athleten erzielte (Einzel-) Ergebnis; der Wettkampf wird neu gewertet.

617 Vgl. z. B. § 11 Nr. 2 der Rechtsordnung des Deutschen Handball-Bundes vom 01.08.1993: „Der Einsatz von gedopten Spielern ist mit Spielverlust zu bestrafen."

618 Vgl. *Richtsfeld*, Sportveranstalter, S. 122; *ders.*, SpuRt 1995, 153 (155); *Turner*, NJW 1992, 720 (722); *Schild*, in: Rechtliche Fragen des Dopings, S. 13 (30); *Schwab*, in: Rechtliche Fragen des Dopings, S. 35 (46).

619 *Schwab*, in: Rechtliche Fragen des Dopings, S. 35 (46).

2. *Rechtslage bei einer in den Satzungen vorgesehenen Annullierung des Wettkampfergebnisses*

Anders gestaltet sich die Lage, wenn die Satzungen bzw. Wettkampfregeln der Sportverbände eine Annullierung des gesamten Wettkampfergebnisses vorsehen[620], die Veranstaltung also bei der Verwendung verbotener Substanzen oder Anwedung verbotener Methoden neu angesetzt werden müßte[621]. Der von dem Veranstalter geschuldete Erfolg besteht insbesondere darin, daß der Wettkampf als regelgerecht anerkannt wird[622]. Wird das (gesamte) Wettkampfergebnis wegen Dopings aber nachträglich annulliert und demzufolge auch nicht als regelgerecht anerkannt, so ist die von dem Veranstalter vertraglich vereinbarte Leistung nicht erbracht[623]. Infolge des absoluten fixgeschäftlichen Charakters[624] ist seine Leistung mit dem Ende der Sportveranstaltung unmöglich geworden[625].

620 Eine Annullierung liegt begrifflich dann vor, „wenn die Veranstaltung aufgrund nachträglich offenkundig gewordener Umstände neu angesetzt werden muß, nicht jedoch bereits dann, wenn es aufgrund dessen lediglich zu einer anderen Wertung der Ergebnisse kommt." (*Richtsfeld*, SpuRt 1995, 153 (155) m.w.N.).

621 So verhielt es sich z. B. nach dem Boxkampf um den Schwergewichtsweltmeistertitel zwischen dem Südafrikaner *François Botha* und dem Deutschen *Axel Schultz*, den *Botha* am 09.12.1995 in Stuttgart gewonnen hatte. Die Urinprobe von *Botha* wies nach einer Analyse im Januar 1996 Spuren des unerlaubten künstlichen Sexualhormons Nandrolon auf. Nach dem Reglement der International Boxing Federation (IBF) hätte der Kampf als „nicht stattgefunden" gewertet werden müssen (vgl. F.A.Z. vom 27.01.1996, Nr. 23 S. 25; S.Z. vom 27./28.01.1996, Nr. 22 S. 47). Gleichwohl hatte die IBF-Exekutive zunächst entschieden, *Botha* weiterhin als Weltmeister anzuerkennen und den US-Amerikaner *Michael Moorer* als *Bothas* ersten Herausforderer festgesetzt (F.A.Z. vom 28.02.1996, Nr. 50 S. 29; S.Z. vom 28.02.1996, Nr. 49 S. 48). Diese Entscheidung wurde später jedoch von einem ordentlichen US-Gericht aufgehoben und *Botha* der Weltmeisterschaftstitel aberkannt (F.A.Z. vom 29.03.1996, Nr. 76 S. 35; S.Z. vom 29.03.1996, Nr. 75 S. 43).

622 Siehe oben 3. Teil, § 3, E. II.

623 Ebenso *Friedrich*, SpuRt 1995, 8 (10 f.); *Turner*, NJW 1992, 720 (722); *Schwab*, in: Rechtliche Fragen des Dopings, S. 35 (46); *Schild*, in: Rechtliche Fragen des Dopings, S. 13 (30).

624 Vgl. *Caninenberg*, Sportveranstaltung, S. 77; *Wiedemann*, in: Soergel, § 275 Rdn. 28, der eine Sportveranstaltung als Schulbeispiel für ein absolutes Fixgeschäft nennt.

625 *Richtsfeld*, Sportveranstalter, S. 93 ff., 122.

Die mit der Annullierung des Wettkampfergebnisses rückwirkend eintretende (nachträgliche) Unmöglichkeit hat zur Folge, daß der Veranstalter von seiner geschuldeten Leistung frei wird (§ 275 Abs. 1 BGB), aber auch seinen Anspruch auf das Eintrittsgeld verliert, falls dieses noch nicht bezahlt sein sollte (§ 323 Abs. 1 BGB)[626]. Da Eintrittsgelder indes in aller Regel im voraus zu entrichten sind[627], kann der Zuschauer dieses zurückverlangen (§§ 323 Abs. 3, 818 ff. BGB). Trifft den Veranstalter am Doping des Sportlers ein Verschulden[628], so ist er dem Zuschauer nach § 325 Abs. 1 BGB zum Schadensersatz wegen Nichterfüllung verpflichtet[629].

Im Zeitraum *vor* der Annullierung des Wettkampfergebnisses kommt eine auf das Doping zurückzuführende Leistungsstörung, die Ansprüche des Zuschauers gegen den Wettkampfveranstalter begründen könnte, allerdings nicht in Frage. Dies beruht darauf, daß der Wettkampf bis zu einer möglichen Annullierung, die nur dann erfolgen kann, wenn das Doping auch tatsächlich „aufgedeckt" worden ist, noch als regelgerechter Anerkennung findet.

3. *Zwischenergebnis*

Es hat sich gezeigt, daß eine Vermögensverfügung des Zuschauers ausschließlich darin zu erblicken sein könnte, daß er Rückforderungs- bzw. Schadensersatzansprüche dem Veranstalter gegenüber nicht geltend macht.

---

626 Im Ergebnis ebenso *Friedrich*, SpuRt 1995, 8 (11); *Richtsfeld*, SpuRt 1995, 153 (155); *Schild*, in: Rechtliche Fragen des Dopings, S. 13 (30); *Schwab*, in: Rechtliche Fragen des Dopings, S. 35 (46); *Turner*, NJW 1992, 720 (722).

627 Vgl. *Turner*, NJW 1992, 720 (722).

628 Dies wird in der Regel der Fall sein, da der Sportler Erfüllungsgehilfe des Veranstalters ist und der Veranstalter deshalb das Verschulden des Sportlers gemäß § 278 BGB zu vertreten hat; vgl. RGZ 127, 313 (314 f.); *Heinrichs*, in: Palandt, § 278 Rdn. 36; *Reichert*, Sportrecht, S. 229; *Richtsfeld*, SpuRt 1995, 153 (153); *ders.*, Sportveranstalter, S. 98 ff. und 122; *Wolf*, in: Soergel, § 278 Rdn. 22. Etwas anderes gilt aber, wenn der Sportler ohne sein Wissen oder sogar gegen seinen erklärten Willen verbotene Substanzen zugeführt bekommt, vgl. *Richtsfeld*, SpuRt 1995, 153 (155).

629 Als ersatzfähiger Schaden kommen die Aufwendungen der Zuschauer, u.a. auch Anfahrts- und Übernachtungskosten, in Betracht; vgl. *Koller*, RdA 1982, 46 (49, 51); *Richtsfeld*, SpuRt 1995, 153 (155); *Schwab*, in: Rechtliche Fragen des Dopings, S. 35 (46).

Ansprüche des Zuschauers entstehen indes nur dann, wenn nach dem Wettkampf eine Dopingkontrolle durchgeführt worden ist, die einen positiven Befund bei einem der Teilnehmer ergeben hat. Weiterhin muß das Wettkampfergebnis *annulliert* worden sein. Dies bedingt, daß die Satzungen bzw. Wettkampfregeln der Sportverbände für den Fall der Verwendung verbotener Substanzen durch den Sportler eine nachträgliche Aufhebung des Wettkampfergebnisses vorsehen, das Ergebnis also nach einer erfolgten Disqualifikation des Dopingsünders nicht bloß entsprechend geändert würde.

III. Keine konkrete Gefährdung der Ansprüche des Zuschauers gegen den Veranstalter bei Annullierung des Wettkampfergebnisses

Zu klären ist nun, ob die dargelegten Ansprüche des Zuschauers gegen den Veranstalter so konkret gefährdet sind, daß schon deren Gefährdung das Vermögen des Zuschauers mindert[630].

Eine Gefährdung der Ansprüche käme nur dann in Frage, wenn der Zuschauer es *irrtumsbedingt* unterließe, diese gegen den Veranstalter geltend zu machen. Andernfalls entfiele der erforderliche Kausalzusammenhang zwischen Irrtum und Vermögensverfügung[631]. Hat der Zuschauer aber Kenntnis von der Annullierung und somit auch von der Einnahme verbotener Substanzen durch einen der Wettkampfteilnehmer erlangt, so entfiele auch seine falsche Vorstellung. Da ein Irrtum nicht mehr vorläge, wäre eine weitere Nichtgeltendmachung seiner Ansprüche nicht mehr durch den zuvor noch bestehenden Irrtum veranlaßt.

Diese Überlegung hat zur Konsequenz, daß eine Gefährdung der Ansprüche des Zuschauers ausschließlich in dem Zeitraum möglich wäre, der zwischen der Annullierung und dem Zeitpunkt liegt, in dem der Zuschauer davon Kenntnis erlangt. Denn nur dann könnte die Nichtgeltendmachung

---

630 Hinsichtlich der Frage, unter welchen Voraussetzungen das Vermögen desjenigen konkret gefährdet ist, der einen Anspruch nicht geltend macht, weil er infolge der Täuschung von dem Bestehen der Forderung nichts weiß, wird auf die Ausführungen innerhalb der Untersuchung zur Vermögensverfügung des Mitkonkurrenten verwiesen (3. Teil, § 3, B. III. 2.).

631 Zum Erfordernis der Kausalität zwischen Irrtum und Vermögensverfügung siehe schon oben 3. Teil, § 3, B. IV.

der Ansprüche (noch) auf die (weiterbestehende) falsche Vorstellung zurückzuführen sein, daß zumindest die Möglichkeit bestanden hat, der Sportler habe die Dopingbestimmungen bei der Teilnahme an dem Wettkampf eingehalten[632].

Aber auch in diesem Zeitraum liegt eine konkrete Gefährdung, die zu einer Vermögensminderung bei dem Zuschauer führen würde, nicht vor. Dies beruht auf dem Umstand, daß die Vermögenslage des Zuschauers auch bei sofortiger Geltendmachung der Ansprüche nicht günstiger gewesen wäre. Denn selbst wenn der Zuschauer diese im unmittelbaren Anschluß an die Annullierung und nicht erst nach Kenntniserlangung davon geltend gemacht hätte, würde eine etwaige Rechtsverfolgung zu keinem besseren Ergebnis führen: Der Veranstalter wäre seiner Rückzahlungs- bzw. Schadensersatzpflicht in gleicher Weise nachgekommen wie nach Kenntniserlangung. Weil es nach einer Annullierung, die die Aufdeckung der Dopingmanipulation voraussetzt, auch nicht mehr wahrscheinlich ist, daß der Zuschauer keine vollwertige Erfüllung für seine Ansprüche erhalten wird, ist eine wirtschaftliche Entwertung der Ansprüche nicht gegeben[633]. Es handelt sich vielmehr um eine bloße Verzögerung der Geltendmachung von Ansprüchen, die für sich allein eine konkrete Gefährdung des Vermögens des Zuschauers nicht zu begründen vermag[634].

IV. Zwischenergebnis

Bei dem Zuschauer wird aufgrund der Täuschungshandlung des gedopten Sportlers zwar ein Irrtum hervorgerufen. Dieser Irrtum führt aber mangels konkreter Gefährdung der Ansprüche des Zuschauers, die bei einer Annullierung des Wettkampfergebnisses entstanden sind, nicht zu einer unmittelbaren Vermögensminderung. Eine Vermögensverfügung des Zuschauers, der einen durch Doping verfälschten Wettkampf verfolgt hat, ist deshalb im Ergebnis zu verneinen. Ein Betrug des gedopten Sportlers zum Nachteil des Zuschauers scheidet somit aus.

---

632 Zu dieser Vorstellung siehe zusammenfassend oben 3. Teil, § 2, A. IV.

633 Vgl. *Lackner*, in: LK, § 263 Rdn. 246.

634 Vgl. *Lackner*, in: LK, § 263 Rdn. 107; siehe auch schon oben 3. Teil, § 3, B. III. 2. b) cc) (1).

V. Ansicht von Otto und Schneider-Grohe

Otto[635] verneint im Ergebnis ebenfalls einen Betrug dem Zuschauer gegenüber, stellt aber sogleich auf die fehlende Bereicherungsabsicht ab: Der Täter bereichere sich nicht an diesen Eintrittsgeldern und handele auch nicht in der Absicht, andere zu bereichern. Ihm gehe es nicht darum, dem Veranstalter die Eintrittsgelder zu sichern[636].

Auch nach *Schneider-Grohe*[637] entfällt ein Betrug zum Nachteil des Zuschauers. Anknüpfungspunkt sei der fehlende Vermögensschaden: Ob der getäuschte Zuschauer einen sportlichen Wettkampf mit gedopten Teilnehmern als Schaden ansehe oder nicht, betreffe eine Frage „von derart subjektiver Wertschätzung, daß sie zur Begründung des Betrugstatbestandes außer Betracht zu bleiben hat."

Da es aber, wie die Untersuchung gezeigt hat, bereits an einer Vermögensverfügung des Zuschauers fehlt, erübrigen sich weitere Feststellungen zum Vermögensschaden oder zu einer Bereicherungsabsicht des gedopten Sportlers.

F. Vermögensverfügung des Sponsors

Im folgenden sollen die bei dem Sponsor in Frage kommenden Vermögensverfügungen aufgezeigt werden. Dabei wird zunächst die Konstellation zu betrachten sein, bei der der Sportler einen Sponsoringvertrag abschließt, dem Leistungen und Wettkampferfolge zugrundeliegen, die er unter dem Einfluß verbotener Substanzen oder Methoden erzielt hat. Daran im Anschluß gilt es die Fälle zu beleuchten, bei denen der Sportler entweder bereits bei Abschluß des Sponsoringvertrages unter dem Einfluß verbotener Substanzen steht oder erst nach Vertragsabschluß dopt, seinen Sponsor hiervon jedoch nicht in Kenntnis setzt.

---

635 SpuRt 1994, 10 (15).

636 Zust. *Schimke*, Sportrecht, S. 202.

637 Leistungssteigerung im Sport, S. 149.

I. Vermögensverfügung durch den Abschluß eines Sponsoringvertrages, dem Ergebnisse und Wettkampferfolge des Sportlers zugrundeliegen, die mittels Doping zustandegekommen sind

Schließt der Sponsor einen Sponsoringvertrag mit einem Sportler ab, der seine guten Ergebnisse und Wettkampferfolge im Vorfeld nur unter Zuhilfenahme von Dopingmitteln erzielt hat, so bereitet die Annahme einer Vermögensverfügung des Sponsors keine Schwierigkeiten[638]. Mit Abschluß des Sponsoringvertrages wird das Vermögen des Sponsors mit der vertraglichen Verpflichtung zur einmaligen oder fortlaufenden Zuwendung von Geldern und/oder von Ausrüstungsgegenständen belastet. Diese Belastung des Vermögens mit einer Verbindlichkeit wirkt sich für den Sponsor unmittelbar vermögensmindernd aus. Der erforderliche Kausalzusammenhang zwischen Irrtum und Vermögensverfügung ist ebenfalls gegeben. Hätte der Sponsor nämlich nicht geglaubt, es bestehe zumindest die Möglichkeit, daß das bereits gezeigte sportliche Leistungsvermögen dem gegenwärtig vorhandenen entspricht, so hätte er den Vertrag entweder überhaupt nicht oder aber zu anderen Konditionen abgeschlossen[639].

II. Vermögensverfügung durch den Abschluß eines Sponsoringvertrages mit einem Sportler, der unter dem Einfluß verbotener Substanzen steht

In der Fallkonstellation, bei der aufgrund des gedopten Zustandes des Sportlers bereits bei Vertragsabschluß feststeht, daß er seine versprochene Leistung, Werbehandlungen eines während der Vertragslaufzeit „sauberen", „makellosen" Sportlers, nicht erbringen kann[640], kommt eine Vermögensverfügung des Sponsors durch Belastung des Vermögens mit einer Verbindlichkeit nicht in Betracht.

---

638 Hinsichtlich der Frage, ob ein Betrug bereits mit der Eingehung eines beiderseitig verpflichtenden Vertrages vollendet sein kann, sei auf die Ausführungen zur Vermögensverfügung des Veranstalters bei der Startzusage des gedopten Sportlers (3. Teil, § 3, C. I. 1.) verwiesen.

639 Siehe schon oben 3. Teil, § 1, D. I. 2. b) cc) (2).

640 Zu der vertraglichen Verpflichtung des Sportlers siehe schon ausführlich oben 2. Teil, § 3, C. I.

Dies ist darauf zurückzuführen, daß die getroffene Vereinbarung auf eine unmögliche Leistung des Sportlers gerichtet und daher gemäß § 306 BGB nichtig ist[641]. Wie schon bei der Betrugskonstellation zum Nachteil des Veranstalters im Zeitpunkt der Startzusage des gedopten Sportlers[642] kommt auch hier ein vermögensminderndes Verhalten nur unter dem Gesichtspunkt der konkreten Vermögensgefährdung in Frage: Nach den Umständen des Einzelfalls müßte die naheliegende Möglichkeit des endgültigen Verlustes eines Wirtschaftsguts des Sponsors bestehen.

Zu ermitteln ist also, ob der Abschluß des gemäß § 306 BGB nichtigen Sponsoringvertrages zu der konkreten Gefahr führt, daß der Sponsor sich wegen seiner Fehlvorstellung nicht von dem Vertrag lossagen, sondern stattdessen die Vergütung im Vertrauen auf eine äquivalente Gegenleistung an den Sportler auszahlen wird. Sollte dies bejaht werden können, ist eine Vermögensminderung durch konkrete Vermögensgefährdung gegeben.

Die Antwort liegt nach den oben erfolgten Ausführungen zur Vermögensverfügung des Veranstalters bei der Startzusage des gedopten Sportlers[643] auf der Hand: Auch bei einer vermeintlich bestehenden Vorleistungspflicht des Sportlers wird der Sponsor die bei Abschluß des Sponsoringvertrages erfolgte Täuschung über die Leistungsfähigkeit des Sportlers bei normaler Fortentwicklung nicht erkennen können. Deshalb wird er auch nicht in der Lage sein, die Erbringung seiner Gegenleistung unter Hinweis auf die Unmöglichkeit des Vertrages zu verweigern. Es besteht vielmehr die konkrete Gefahr, daß der Sponsor die Vergütung im Vertrauen auf den vertragsgemäßen, vollen Wert der erbrachten Leistung des Sportlers zum vereinbarten Zeitpunkt erbringen wird. Diese konkrete Gefährdung bewirkt bei dem Sponsor eine Vermögensminderung schon im Augenblick des Vertragsabschlusses. Weil der Sponsor den Vertrag infolge seiner Fehlvorstellung, also im Vertrauen auf die (tatsächlich nicht vorhandene) Leistungsfähigkeit des Sportlers, abschließt, ist auch der Kausalzusammenhang zwischen Irrtum und Vermögensverfügung gegeben.

---

641 Siehe oben 2. Teil, § 3, C. II. 1.

642 Siehe oben 3. Teil, § 3, C. I. 3.

643 Siehe oben 3. Teil, § 3, C. I. 3.

III. Vermögensverfügung nach Abschluß des Sponsoringvertrages

Will man die Vermögensverfügung des getäuschten Sponsors für den Zeitraum nach Abschluß des Sponsoringvertrages aufzeigen, so ist eingangs nochmals hervorzuheben, daß die Vorstellung des Sponsors in dem Augenblick falsch geworden ist, als der Sportler die verbotenen Substanzen eingenommen hat[644]. Zurückzuführen ist dies darauf, daß der Sponsor vom Zeitpunkt des Vertragsschlusses an die Vorstellung hat, der Sportler verhalte sich vertragsgemäß, werde sich also insbesondere auch nicht dopen.

Dies könnte zur Konsequenz haben, daß als irrtumsbedingtes Verhalten des Sponsors ein Unterlassen in Betracht zu ziehen ist[645], er also ohne den Irrtum gehandelt und dadurch eine etwa entstandene Vermögensminderung abgewendet hätte[646]. Die Eigenart der Konstellation bestünde demzufolge darin, daß nicht nur auf seiten des Täters ein Unterlassen vorläge (Täuschung durch garantiepflichtwidriges Unterlassen, den Sponsor aufzuklären), sondern möglicherweise auch auf seiten des Opfers[647].

Nachfolgend sollen die im Zeitraum der Vertragserfüllung denkbaren Vermögensverfügungen des Sponsors dargestellt und diskutiert werden. Am Anfang stehen die in Frage kommenden Verfügungen durch Unterlassen. Daran im Anschluß bleibt eine Verfügung durch aktives Tun des Sponsors zu betrachten.

1. Unmittelbare Vermögensminderung durch Unterlassen der Ausübung von Rechten oder Ansprüchen

a) Nichtausübung des Kündigungsrechts und Nichtgeltendmachung einer Vertragsstrafe

Eine Vermögensverfügung durch Unterlassen könnte zunächst darin zu erblicken sein, daß der Sponsor dazu veranlaßt wird, ein ihm zustehendes Recht nicht auszuüben[648]. Wie bereits festgestellt, entsteht dem Sponsor im

---

644 Siehe oben 3. Teil, § 1, D. III. 3.

645 Zu der Frage, ob eine Vermögensverfügung auch unbewußt erfolgen kann, siehe oben 3. Teil, § 3, B. II.

646 Vgl. *Lackner*, in: LK, § 263 Rdn. 97.

647 Insofern vergleichbar die Entscheidung des OLG Stuttgart NJW 1969, 1975.

648 Zur Vermögensverfügung durch Nichtausübung eines Rechtes vgl. OLG Stuttgart NJW 1963, 825 (826); *Lackner*, in: LK, § 263 Rdn. 97.

Zeitpunkt der Einnahme der verbotenen Substanzen ein Recht zur fristlosen Kündigung aus wichtigem Grund[649]. Aufgrund seiner Fehlvorstellung unterläßt der Sponsor es, dieses Recht dem Sportler gegenüber auszuüben.

Darüber hinaus käme als Vermögensverfügung des Sponsors die Nichtgeltendmachung eines Anspruchs in Frage. Haben z. B. die Parteien für den Fall der schuldhaften Nichterfüllung der Leistungspflicht des Sportlers oder sogar explizit für den Fall des Verstoßes gegen das Dopingverbot eine Vertragsstrafe vereinbart[650], so ist diese mit der Einnahme der verbotenen Substanzen durch den Sportler verwirkt. Die Fehlvorstellung des Sponsors führt dazu, daß er es unbewußt unterläßt, die vereinbarte Vertragsstrafe von dem Sportler einzufordern[651].

b) *Vermögensminderung durch konkrete Vermögensgefährdung*

In dem aufgezeigten Unterlassen des Sponsors kann nur dann eine Vermögensverfügung gesehen werden, wenn diesem eine unmittelbar vermögensmindernde Wirkung zukommt. Zu untersuchen bleibt deshalb zunächst, ob durch die Nichtausübung des außerordentlichen Kündigungsrechts eine Vermögensminderung eintritt. Außerdem gilt es, die Frage zu klären, ob der Vertragsstrafenanspruch durch seine Nichtgeltendmachung so konkret gefährdet ist, daß schon dessen Gefährdung eine Vermögensminderung bei dem Sponsor bewirkt[652].

Unterläßt der Sponsor es, sein außerordentliches Kündigungsrecht auszuüben, so führt dies zu der konkreten Gefahr, daß er dem Sportler die noch (vermeintlich[653]) ausstehende Vergütung im Vertrauen auf den vertragsgemäßen, vollen Wert der erbrachten Leistung des Sportlers auszahlen

---

649 Siehe oben 2. Teil, § 3, C. II. 2.

650 Zur Vertragsstrafenklausel als möglicher Bestandteil eines Sponsoringvertrages siehe oben 2. Teil, § 3, B.

651 Vgl. auch *Dylla-Krebs*, NJW 1990, 888 f. zur Vermögensverfügung eines Beförderungsunternehmens durch Unterlassen der Geltendmachung des Vertragsstrafenanspruchs gegen den sog. „Schwarzfahrer".

652 Allgemein zur Vermögensgefährdung siehe oben 3. Teil, § 3, B. III. 1.

653 Siehe schon oben 2. Teil, § 3, C. II. 2.: Der Anspruch des Sportlers auf die Vergütung erlischt analog § 323 Abs. 1 BGB im Zeitpunkt der Einnahme der verbotenen Substanzen.

und somit einen Vermögenswert verlieren wird. Diese konkrete Gefährdung bewirkt bei dem Sponsor - trotz der Vorleistungspflicht des Sportlers - eine unmittelbare Vermögensminderung, und zwar ab dem Zeitpunkt, in dem der Sportler die verbotenen Substanzen eingenommen hat. Wegen der Parallelen wird zur vertiefenden Begründung auf die Ausführungen bei der Vermögensverfügung des Veranstalters im Zeitpunkt der Startzusage des gedopten Sportlers verwiesen[654].

Unterläßt der Sponsor es daneben unbewußt, die vereinbarte Vertragsstrafe von dem Sportler einzufordern, so bewirkt dies nur dann eine unmittelbare Vermögensminderung, wenn dadurch die Realisierung des Anspruchs konkret gefährdet wird[655]. Voraussetzung ist hierfür zunächst, daß dem Vertragsstrafenanspruch ein wirtschaftlicher Wert zukommt, die rechtzeitige Geltendmachung der Forderung also zumindest zu einem besseren Ergebnis geführt hätte[656]. Im Regelfall wird dies unproblematisch sein. Der Sponsor hätte zum Beweis seiner Anspruchsvoraussetzungen unmittelbar nach Einnahme der verbotenen Substanzen die Entnahme einer Dopingprobe bei dem Sportler - etwa mittels eines selbständigen Beweisverfahrens i.S.d. §§ 485 ff. ZPO - bewirken und seinen Anspruch dann, ggf. auch gerichtlich, besser durchsetzen können.

Ferner muß das Vermögen des Sponsors durch die Nichtgeltendmachung hinreichend konkret gefährdet sein. Es muß also wahrscheinlich sein, daß der Sponsor keine vollwertige Erfüllung erhalten wird, die unterlassene Geltendmachung den Anspruch somit wirtschaftlich entwertet[657]. Vom Zeitpunkt der Einnahme der mitunter nur wenige Tage nachweisbaren verbotenen Substanzen an[658] droht dem Sponsor der endgültige Verlust des Anspruchsgegenstandes. Die Möglichkeit einer Dopingkontrolle bei dem

---

654 Siehe oben 3. Teil, § 3, C. I. 3.

655 Hinsichtlich der Frage, wann das Vermögen desjenigen, der unbewußt einen Anspruch nicht oder zumindest nicht unmittelbar nach Fälligkeit geltend macht, so konkret gefährdet ist, daß bei diesem eine Vermögensminderung eintritt, wird auf die Ausführungen zur Vermögensverfügung des Mitkonkurrenten (3. Teil, § 3, B. III. 2.) verwiesen.

656 Siehe bereits oben 3. Teil, § 3, B. III. 2. b) bb).

657 Zu dieser Voraussetzung siehe schon oben 3. Teil, § 3, B. III. 2. b) cc) (1).

658 Zur Nachweisbarkeitsdauer einzelner Dopingsubstanzen im Überblick vgl. *Ahlers*, Doping, S. 23 m.w.N.

Sportler, die im Falle eines positiven Befundes dem Sponsor den Dopingverstoß seines Vertragspartners offenbaren würde, steht dem nicht entgegen. Denn trotz der oben[659] aufgezeigten erhöhten Kontrollbemühungen seitens der Sportverbände, ist es nicht vorhersehbar, ob und vor allem wann bei dem Sportler eine Dopingkontrolle veranlaßt wird. Deshalb ist es im Einzelfall wahrscheinlich, daß der Sponsor keine Erfüllung erhalten wird. Das Vermögen des Sponsors ist daher auch insoweit konkret gefährdet.

c) *Fehlende Kausalität zwischen Irrtum und Vermögensverfügung*

Obwohl die aufgezeigten Verfügungen durch Unterlassen eine jeweils vermögensmindernde Wirkung haben, müssen sie bei der interessierenden Konstellation im Ergebnis und entgegen erstem Anschein als Vermögensverfügungen außer Betracht bleiben.

Der Sponsor unterläßt es zwar, im weiteren Vertragsverlauf aufgrund seiner Fehlvorstellung die fristlose Kündigung auszusprechen und die Vertragsstrafe einzufordern. Die Besonderheit besteht hier aber darin, daß im selben Augenblick, nämlich im Zeitpunkt der Einnahme der verbotenen Substanzen, sowohl die Vorstellung des Sponsors falsch wird als auch die vermögensmindernde Wirkung der Verfügungen durch Unterlassen eintritt. Fehlvorstellung und Vermögensverfügung treten also zeitgleich ein. Der Sportler hat zwar aufgrund des besonderen Vertrauensverhältnisses die zum offenbarenden Handeln verpflichtende Garantenstellung, den Sponsor über die Einnahme der verbotenen Substanzen aufzuklären[660] und somit die Fehlvorstellung zu beseitigen. Die Erfolgsabwendungspflicht des Garanten bezieht sich jedoch nicht lediglich auf den Irrtum, sondern auf bevorstehende schädigende Verfügungen[661]. Eine Unterlassensstrafbarkeit beim Betrug setzt also voraus, daß der Täter dafür einzustehen hat, daß das Opfer sich nicht selbst schädigt[662]. Zur Selbstschädigung des Opfers ist der Irrtum indes nur so lange geeignet, als er fortbesteht und die Vermögensverfügung noch nicht verursacht hat. Auf diesen Zeitraum erstreckt sich die Pflicht des

659 1. Teil, § 3.

660 Siehe oben 3. Teil, § 1, D. III. 4. b) bb).

661 Vgl. *Lackner*, in: LK, § 263 Rdn. 58; *Samson/Günther*, in: SK, § 263 Rdn. 42; *Welzel*, Strafrecht, S. 370.

662 *Cramer* in: S/S, § 263 Rdn. 19; *Maaß*, Betrug, S. 23 ff.

Garanten, einzugreifen und die Selbstschädigung zu verhindern[663]. Ist eine vermögensmindernde Verfügung, wie es hier der Fall ist, aber zeitgleich mit der Fehlvorstellung eingetreten, so kann der Garant die Selbstschädigung auch nicht mehr verhindern. Es fehlt hier schon, um es noch aus einer anderen Perspektive zu betrachten, an dem zwischen Irrtum und der Vermögensverfügung des Sponsors erforderlichen Kausalzusammenhang.

2. *Unmittelbare Vermögensminderung durch Erbringung der Gegenleistung*

Als Vermögensverfügung kommt nach dem oben Gesagten allein jedes nach dem Entstehen der Fehlvorstellung sich vermögensmindernd auswirkende Verhalten des Sponsors in Betracht, das durch den Irrtum veranlaßt oder zumindest mitveranlaßt worden ist. Demgemäß verfügt der Sponsor dadurch, daß er auch nach Einnahme der verbotenen Substanzen seine vermeintlich[664] noch ausstehenden Gegenleistungen erbringt. Dieses sich vermögensmindernd auswirkende Verhalten ist auf die Fehlvorstellung des Sponsors zurückzuführen. Hätte der Sponsor nämlich nicht geglaubt, er sei zur Leistung verpflichtet, weil zumindest die Möglichkeit bestehe, der Sportler habe sich nicht gedopt und habe deshalb im weiteren Verlauf seine geschuldete Leistung aus dem Sponsoringvertrag erbracht, so hätte er die genannte Verfügung nicht vorgenommen.

Da bei der interessierenden Fallgestaltung eine Täuschung durch Unterlassen vorliegt, ist es an dieser Stelle geboten, die Ursächlichkeit des Unterlassens des Sportlers für den Eintritt des tatbestandlichen Erfolges, also der zur Schädigung führenden Vermögensverfügung, aufzuzeigen. Ursächlich ist ein Unterlassen für den Erfolg dann, wenn die rechtlich erwartete Handlung nicht hinzugedacht werden kann, ohne daß der Erfolg mit an Sicherheit grenzender Wahrscheinlichkeit entfiele[665]. Zugrundezulegen ist

---

663 *Lackner*, in: LK, § 263 Rdn. 58; vgl. auch *Hellmann*, JA 1988, 73 (79).

664 Denn die Gegenleistungspflicht des Sponsors ist von diesem Augenblick an wegen der von dem Sportler zu vertretenden Unmöglichkeit analog § 323 Abs. 1 BGB entfallen (siehe oben 2. Teil, § 3, C. II. 2.). Erheblich wird dieser Aspekt für den weiter unten aufzuzeigenden Vermögensschaden des Sponsors sowie für die Rechtswidrigkeit des erstrebten Vermögensvorteils.

665 Vgl. BGH JZ 1973, 173; *Herzberg*, MDR 1971, 881 (882); *Jescheck/Weigend*, Strafrecht AT, S. 619; *Schlüchter*, JuS 1976, 793; *Stree*, in: S/S, § 13 Rdn. 61; *Tröndle*, § 13 Rdn. 14; *Wessels*, Allg. Teil, Rdn. 711.

also ein hypothetischer Kausalverlauf, der hier zur Ursächlichkeit des Unterlassens des Sportlers führt. Hätte der Sportler den Sponsor nämlich auf die Einnahme der Dopingsubstanzen und die dadurch bedingte Leistungsunfähigkeit hingewiesen, so hätte der Sponsor die nicht mehr geschuldete Gegenleistung auch mit an Sicherheit grenzender Wahrscheinlichkeit nicht erbracht.

§ 4: Vermögensschaden

Innerhalb der Ausführungen zur Vermögensverfügung konnte eine Vermögensminderung bei den durch den Sportler getäuschten Personen, mit Ausnahme des Zuschauers, festgestellt werden. Ob die Vermögensverfügung auch einen Vermögensschaden herbeiführt, der mögliche Betrug in den noch verbleibenden Konstellationen also jeweils vollendet ist[666], gilt es in diesem Abschnitt zu untersuchen. Um Wiederholungen zu vermeiden, werden eingangs allgemeine Prinzipien der Schadensberechnung aufgezeigt, die für alle zu betrachtenden Fallgestaltungen Geltung haben.

A. Allgemeines zum Vermögensschaden

Geht man wie hier von einem wirtschaftlichen Vermögensbegriff aus[667], so erleidet das Vermögen dann einen Schaden, wenn sein wirtschaftlicher Gesamtwert durch die Verfügung des Getäuschten vermindert wird[668], wenn also nicht lediglich eine Vermögensmehrung ausbleibt[669]. Die Schadensberechnung im Rahmen des § 263 StGB erfolgt nach der Rechtsprechung und ganz überwiegenden Ansicht in der Literatur nach dem Saldierungsprinzip: Durch einen Vergleich der Vermögenslage vor und nach der Vermögensverfügung des Getäuschten ist zu ermitteln, ob eine nachteilige Vermögensdifferenz eingetreten ist, ohne daß diese Vermögensminderung durch einen

---

666 Vgl. *Maurach/Schroeder/Maiwald*, BT/1, § 41 Rdn. 86.

667 Siehe oben 3. Teil, § 3, A. II. 2. und 4.

668 BGHSt 16, 220 (221); OLG Düsseldorf NJW 1994, 3366 (3367); *Lackner*, in: LK, § 263 Rdn. 143.

669 BGH NJW 1985, 2428; 1991, 2573; OLG Düsseldorf NJW 1994, 3366 (3367).

unmittelbar aus der Vermögensverfügung resultierenden Vermögenszuwachs wirtschaftlich voll ausgeglichen wird[670]; der hierfür maßgebliche Zeitpunkt ist also der der Verfügung[671].

Der Maßstab für die Wertbemessung ist ein objektiv-individueller[672]. Er geht von einer wirtschaftlichen Betrachtungsweise aus, ist jedoch nicht am reinen Geldwert einer Leistung orientiert, sondern berücksichtigt ebenfalls die wirtschaftlichen Bedürfnisse des einzelnen. Als Bewertungsgrundlage ist grundsätzlich der Verkehrswert eines Vermögensgegenstandes heranzuziehen. Geschädigt ist dabei derjenige, der nach der Verfügung wirtschaftlich ärmer wird (objektive Komponente). Läßt sich nach einer rein objektiven Betrachtung kein Schaden feststellen, so kann ein solcher, trotz wirtschaftlicher Ausgeglichenheit, ausnahmsweise aufgrund persönlicher Verhältnisse bei dem Betroffenen entstanden sein (sog. individueller Schadenseinschlag)[673].

B. Vermögensschaden des Mitkonkurrenten

Der Mitkonkurrent, der zumindest von der Möglichkeit ausgeht, daß die übrigen Wettkampfteilnehmer die Dopingbestimmungen bei der Teilnahme an dem Wettkampf einhalten und im Vertrauen hierauf die Geltendmachung seines Anspruchs gegen den Preisspender aus § 657 BGB unterläßt, mindert

---

670 Vgl. z. B. RGSt 16, 1 (3); 39, 420 (427); 71, 303 (304); BGHSt 15, 342 (343); 16, 220 (221); 321 (325); 22, 88 (89); 34, 199 (201); OLG Hamm NJW 1969, 624 f.; *Cramer*, in: S/S, § 263 Rdn. 106; *Lackner*, in: LK, § 263 Rdn. 143; *Lackner/Kühl*, § 263 Rdn. 53; *Maurach/Schroeder/Maiwald*, BT/1, § 41 Rdn. 107; *Samson/ Günther*, in: SK, § 263 Rdn. 133; *Tröndle* § 263 Rdn. 30; *Wessels*, BT/2, Rdn. 521.

671 RGSt 16, 1 (3); 39, 420 (427); 71, 303 (304); BGHSt 15, 342 (343); 16, 220 (221); BGH wistra 1993, 265; OLG Düsseldorf NJW 1994, 3366 (3367); *Lackner*, in: LK, § 263 Rdn. 144; *Tröndle*, § 263 Rdn. 30.

672 Vgl. BGHSt 16, 321 (326); 32, 211 (214); OLG Karlsruhe VRS 59 (1980) Nr. 57, 121; OLG Hamm NJW 1968, 903; OLG Köln NJW 1976, 1222; OLG Köln GA 1977, 188 (189); OLG Stuttgart NJW 1980, 1177; BayObLG NJW 1987, 2452; *Blei*, Strafrecht II, S. 232 f.; *Cramer*, in: S/S, § 263 Rdn. 108; *Lackner*, in: LK, § 263 Rdn. 149; *Lackner/Kühl*, § 263 Rdn. 37 ff.; *Maurach/Schroeder/Maiwald*, BT/1, § 41 Rdn. 113 ff.

673 Vgl. *Maurach/Schroeder/Maiwald*, BT/1, § 41 Rdn. 115 m.w.N.

sein Vermögen durch konkrete Gefährdung dieses Anspruchs[674]. Da eine Kompensation hierfür nicht in Betracht kommt, ist er in seinem Vermögen geschädigt[675].

In der vergleichbaren Konstellation beim Pferderennsport bejaht *Baars*[676] zwar einen Vermögensschaden desjenigen Pferdebesitzers, dessen Pferd hinter dem siegreichen aber gedopten Pferd einläuft. Er meint indes, daß der ursächliche Zusammenhang zwischen „Irrtumserregung und Vermögensschaden" größte Schwierigkeiten bereite. Denn es werde „selten oder nie der Nachweis gelingen, daß der Ausgang des Rennens ohne das Dopen nachweisbar ein anderer gewesen wäre." *Baars* verkennt jedoch, daß bei dieser Betrugskonstellation allein der Verstoß gegen die einschlägigen Dopingbestimmungen erheblich ist[677]. Auf die Wirkungsweise einer verbotenen Substanz darf nicht abgestellt werden.

C. Vermögensschaden des Veranstalters

Beim möglichen Betrug zum Nachteil des Veranstalters, der einen Sportler gegen ein Antrittsgeld zur Teilnahme an einem Wettkampf verpflichtet bzw. verpflichtet hat, kann ein Vermögensschaden einerseits durch die Eingehung des Vertrages selbst, andererseits durch oder bei Erfüllung des geschlossenen Vertrages eintreten.

I. Vermögensschaden bei der Startzusage des Sportlers

In der Fallgestaltung, bei der schon bei der Startzusage des Sportlers feststeht, daß dieser am Wettkampftag die Dopingbestimmungen nicht wird einhalten können, ist ein Vermögensschaden des Veranstalters ohne weite-

---

674 Siehe oben 3. Teil, § 3, B. III.

675 So auch *Otto*, SpuRt 1994, 10 (15); *Schneider-Grohe*, Leistungssteigerung im Sport, S. 148: Durch das Unterlassen der Geltendmachung der Forderung entstehe dem „eigentlichen Sieger" unmittelbar ein Vermögensschaden.
Im Ergebnis ebenso *Ditz*, Doping, S. 507, hinsichtlich des Pferdebesitzers, dessen Pferd hinter dem siegreichen aber gedopten Pferd einläuft.

676 DTW 1926, 147 (148).

677 Siehe oben 1. Teil, § 5.

res zu bejahen: Die oben[678] aufgezeigte Vermögensminderung durch konkrete Vermögensgefährdung zum Zeitpunkt des Abschlusses des gemäß § 306 BGB unwirksamen Vertrages schädigt den Veranstalter in seinem Vermögen, weil eine Kompensation der Vermögensminderung wegen der fehlenden Leistungsfähigkeit des Sportlers nicht in Betracht kommt[679].

II. Vermögensschaden nach der Startzusage des Sportlers

Nachfolgend gilt es einen Vermögensschaden des Veranstalters aufzuzeigen, der einem Sportler das Antrittsgeld auszahlt, obwohl dieser nach der Startzusage verbotene Substanzen eingenommen und unter deren Einfluß an dem Wettkampf teilgenommen hat.

1. Erfüllungsschaden durch Auszahlung des Antrittsgeldes

Bei der Ermittlung eines Erfüllungsschadens ist darauf abzustellen, ob die erbrachten oder empfangenen Leistungen jeweils den schuldrechtlichen Verpflichtungen gleichwertig sind[680]. Konkret bedeutet dies, daß ein Erfüllungsschaden beim getäuschten Veranstalter entweder dann eintritt, wenn der Wert der von dem gedopten Sportler tatsächlich erbrachten Leistung hinter dem Anspruch des Veranstalters aus dem Verpflichtungsgeschäft zurückbleibt und damit im Vergleich zu dem erworbenen vertraglichen Anspruch minderwertig ist oder wenn er selbst mehr leistet, als er zu leisten

---

678 3. Teil, § 3, C. I. 3.

679 In der Argumentation vergleichbar begründet das LG Mannheim NJW 1993, 1488 (1489), allerdings dogmatisch unrichtig anhand der Konstellation eines versuchten Erfüllungsbetrugs (hiergegen *Loos/Krack*, JuS 1995, 204 [206]), den Vermögensschaden desjenigen, der sich von einem anderen gegen Zahlung eines Geldbetrages eine Teufelsaustreibung hat versprechen lassen: Der Geldleistung des Opfers stehe kein Äquivalent entgegen, weil der Vertrag über eine Teufelsaustreibung auf eine objektiv unmögliche Leistung gerichtet und daher gemäß § 306 BGB nichtig sei; vgl auch *Cramer*, in: S/S, § 263 Rdn. 151: Die Nichtigkeit nach dem Grundsatz „impossibilium nulla obligatio", wie er in § 306 BGB zum Ausdruck komme, schließe einen Vermögensschaden nicht aus, wenn dem Opfer vorgespiegelt werde, die versprochene Leistung sei möglich.

680 BGHSt 32, 211 (213); OLG Stuttgart JR 1982, 470 (471); *Lackner/Kühl*, § 263 Rdn. 53; *Lackner*, in: LK, § 263 Rdn. 227.

letztlich verpflichtet ist[681]. Auf der Grundlage dieser Definition ließe sich ein Vermögensschaden des Veranstalters also möglicherweise auf zwei Ebenen begründen.

Die Ausführungen zur Vermögensverfügung[682] haben jedoch gezeigt, daß der Erfüllungsanspruch des Veranstalters, der durch die Startzusage des noch ungedopten Sportlers entstanden war, erloschen ist, da die Leistung im Zeitpunkt der Einnahme der verbotenen Substanzen objektiv unmöglich geworden ist. Dies hat wiederum zur Folge, daß sich zur Ermittlung eines Erfüllungsschadens beim Veranstalter die Frage, ob die von dem gedopten Sportler tatsächlich erbrachte Wettkampfteilnahme im Vergleich zu dem erworbenen vertraglichen Anspruch minderwertig ist, nicht stellt. Denn im Augenblick des Wettkampfes als der vermeintlichen Vertragserfüllung besteht ein Erfüllungsanspruch des Veranstalters gegen den nunmehr gedopten Sportler nicht mehr. Da der getäuschte Veranstalter dem gedopten Sportler nach dem Wettkampf aber das Antrittsgeld auszahlt, liegt es nahe, die Lösung des Schadensproblems auf der Ebene der eigenen Leistung des Veranstalters zu suchen.

Wie gesehen, ist der Erfüllungsanspruch des Veranstalters wegen nachträglicher Unmöglichkeit untergegangen. Dies führt dazu, daß der Anspruch des Sportlers auf die Gegenleistung ebenfalls mit Einnahme der verbotenen Substanzen analog § 323 Abs. 1 BGB erlischt[683]. Der Veranstalter schuldet dem Sportler von diesem Zeitpunkt an also nichts mehr. Zahlt er dennoch nach dem Wettkampf das Antrittsgeld an den gedopten Sportler aus, so erleidet er einen Vermögensschaden in Höhe des Antrittsgeldes, da er zu dessen Auszahlung nicht verpflichtet ist und ein gleichzeitiger Vermögenszuwachs mangels eines Äquivalents nicht in Betracht kommt[684] [685].

---

681 Vgl. RGSt 16, 1 (10 f.); OLG Stuttgart NStZ 1981, 481 f.; JR 1982, 470 (471); *Cramer*, in: S/S § 263 Rdn. 135 ff.; *Lackner*, in: LK, § 263 Rdn. 227; *Samson/Günther*, in: SK, § 263 Rdn. 169 ff.; *Tenckhoff*, Lackner-FS, S. 677 (684 f.); *Tröndle*, § 263 Rdn. 33; *Wessels*, BT/2, Rdn. 523.

682 Siehe oben 3. Teil, § 3, C. II. 1.

683 Abweichend vom Normtext gilt die Rechtsfolge des § 323 Abs. 1 BGB auch dann, wenn der Schuldner die Unmöglichkeit, wie es hier der Fall ist, zu vertreten hat; siehe schon oben 2. Teil, § 3, C. II. 2.

684 Zum Vermögensschaden desjenigen, der Vermögenswerte weggibt, um eine nur vermeintlich bestehende Verbindlichkeit zu erfüllen vgl. *Lackner*, in: LK, § 263 Rdn. 243.

2. *Keine Kompensation durch das Eintrittsgeld der Zuschauer*

Schild[686] hingegen bezweifelt das Vorliegen eines Vermögensschadens bei dem Veranstalter, der dem gedopten Sportler ein Antrittsgeld auszahlt, und begründet dies wie folgt: Wollte man Täuschungs- und Irreführungshandlung des gedopten Sportlers gegenüber dem Veranstalter bejahen, was unhaltbar sei, so komme man bei dem Vermögensschaden, der durch die Bezahlung des Antrittsgeldes herbeigeführt werden müsse, in Schwierigkeiten, da das Eintrittsgeld der Zuschauer ausreichende Kompensation biete.

Dem kann nicht gefolgt werden. Das von den Zuschauern gezahlte Eintrittsgeld führt zwar zu einem Vermögenszuwachs bei dem Veranstalter. Für die Frage, ob die durch die Auszahlung des Antrittsgeldes erfolgte Vermögensminderung durch etwa erlangte Vorteile voll ausgeglichen wird, darf es aber nicht berücksichtigt werden. Ein derartiger Schadensausgleich, der einen Vermögensschaden ausschließen würde, erfordert nämlich, daß die erlangten Vorteile unmittelbar auf der maßgebenden Vermögensverfügung beruhen, dem Veranstalter mithin gleichzeitig zufließen[687]. Die Zahlung des Eintrittsgeldes ist jedoch allein auf die Erfüllung der Verbindlichkeit des Zuschauers aus dem mit dem Veranstalter geschlossenen Vertrag gerichtet[688]. Mit der hier interessierenden, zeitlich nachfolgenden vermögensmindernden Verfügung des Veranstalters steht sie in keinerlei Zusammenhang.

D. Vermögensschaden des Preisspenders

Nachfolgend steht die Frage im Mittelpunkt, ob der Preisspender durch die Übergabe des Preises bzw. der Gewinnauszahlung an den gedopten Sportler in seinem Vermögen geschädigt wird. Zweifelhaft könnte dies insoweit

---

685 Einen Vermögensschaden des Veranstalters hingegen pauschal ablehnend: *Linck*, NJW 1987, 2545 (2551); *ders.* MedR 1993, 55 (61); *Turner*, MDR 1991, 569 (574).

686 *Schild*, in: Rechtliche Fragen des Dopings, S. 13 (30); zust. *Mestwerdt*, Doping - Sittenwidrigkeit, S. 65.

687 Vgl. z. B. RGSt 74, 129 (130); *Cramer*, in: S/S, § 263 Rdn. 106; *Krey*, Strafrecht BT/2, Rdn. 458; *Lackner*, in: LK, § 263 Rdn. 143 f., 187, 189.

688 Zu dem Vertragsverhältnis Veranstalter/Zuschauer siehe schon oben 3. Teil, § 3, E.II.

sein, als er zum einen den Vermögensgegenstand bewußt hergibt und sich damit der objektiv wertmindernden Wirkung seines Tuns im klaren ist. Zum anderen hätte der Preisspender die ausgelobte Prämie auch dann übergeben bzw. auszahlen müssen - nämlich an den Nächstplazierten -, wenn der gedopte Sportler nicht teilgenommen hätte oder disqualifiziert worden wäre. Er hätte sein Vermögen also in jedem Fall gemindert.

Vom Schrifttum ist der evtl. in Betracht kommende Vermögensschaden des Preisspenders bislang ausschließlich unter dem Aspekt der Zweckverfehlung diskutiert worden[689]. Dieser Ansatz soll hier aufgegriffen werden und den Ausgangspunkt der nun folgenden Ausführungen bilden, an deren Ende ein weiterer Lösungsansatz zur Schadensfeststellung des Preisspenders erörtert wird.

Zunächst ist es erforderlich, auf dogmatische Fragen im Zusammenhang mit der Fallgruppe der bewußten Selbstschädigung einzugehen[690]. Einen Schwerpunkt bildet dabei die Auseinandersetzung mit der Problematik, wann sozialen oder wirtschaftlichen Zwecken des Verfügenden dermaßen Vermögensrelevanz zukommt, daß deren Verfehlung zu einem Vermögensschaden führt. Daran im Anschluß gilt es, eine etwaige Zwecksetzung des Preisspenders aufzuzeigen und nach den zuvor ermittelten Kriterien zu bewerten.

---

689 Vgl. *Otto*, SpuRt 1994, 10 (15); *Schild*, in: Rechtliche Fragen des Dopings, S. 13 (30); vgl. auch *Faber*, Doping, S. 176 ff. und *Ditz*, Doping, S. 509 ff. zur parallelen Konstellation im Pferderennsport (zu letzterem siehe noch unten 3. Teil, § 4, D. IV. 1.).

690 Voranzustellen ist, daß hierbei nicht etwa die Frage des Erfordernisses eines Verfügungsbewußtseins zu vertiefen sein wird; ein solches ist, wie oben (3. Teil, § 3, B. II.) bereits gesehen, nicht erforderlich. An dieser Stelle wird vielmehr in Rede stehen, ob über den Kausalzusammenhang hinaus ein besonderer funktionaler Zusammenhang zwischen Irrtum und Vermögenseinbuße vorliegen muß, der die bewußt vorgenommene Selbst- oder Drittschädigung aus dem Anwendungsbereich des § 263 StGB ausscheidet, vgl. *Wessels*, BT/2, Rdn. 507. Da dieser Punkt eng mit der Frage verknüpft ist, inwieweit Verfügungszwecke bei der Schadensbegründung zu berücksichtigen sind, bietet es sich an, beide Problembereiche im Kontext des Vermögensschadens zu erörtern.

I. Betrug trotz bewußter Selbstschädigung

Nach einer starken Meinung in der Literatur ist § 263 StGB bei einer bewußten Selbstschädigung unanwendbar, da der Betrug seinem Wesen nach nur bei einer unbewußten Selbstschädigung des Opfers in Frage komme[691]. Der vermögensschädigende Charakter seines Verhaltens müsse dem Opfer verborgen bleiben. Die Vertreter dieser Ansicht berufen sich vor allem darauf, daß § 263 StGB nur das Vermögen und nicht die Dispositionsfreiheit anderer schütze[692]. Der Betrug sei ein Selbstschädigungsdelikt, bei dem die Täuschung nicht nur die Funktion habe, den Verfügenden zur Vermögensminderung zu veranlassen, sondern auch das Vermögensschädigende seines Tuns zu verschleiern[693].

Dementgegen lehnen Rechtsprechung[694] und Teile des Schrifttums[695] die These, daß § 263 StGB nur die unbewußte Selbst- oder Drittschädigung erfasse, mit den besseren Gründen ab: Eine sachliche Veranlassung, das sich aus dem Wortlaut des § 263 StGB nicht ergebende Erfordernis einer unbewußten Selbstschädigung in den Tatbestand hineinzuinterpretieren, be-

---

691 Der sog. Lehre von der unbewußten Selbstschädigung folgen z. B. *Cramer*, JuS 1966, 472 (477); *ders.*, in: S/S, § 263 Rdn. 41, 102; *Eser*, Strafrecht IV, S. 125; *Jecht*, GA 1963, 41 (44); *Krey*, Strafrecht BT/2, Rdn. 468; *Küper*, NJW 1970, 2254; *Lackner*, in: LK, § 263 Rdn. 164 ff.; *Lackner/Kühl*, § 263 Rdn. 55; *Lenckner*, NJW 1971, 599 (600); *Maiwald*, NJW 1981, 2777 (2780); *Maurach/Schroeder/Maiwald*, BT/1, § 41 Rdn. 121; *Rudolphi*, Klug-FS, S. 315; *ders.*, NStZ 1995, 289; *Schröder*, NJW 1962, 721 (722).

692 So z. B. *Lackner*, in: LK, § 263 Rdn. 170 f.; *Lackner/Kühl*, § 263 Rdn. 55; *Schröder*, NJW 1962, 721 (722).

693 *Rudolphi*, NStZ 1995, 289 (290).

694 Ausdrücklich RGSt 44, 230 (244); 52, 134 (136); 70, 255 (256). Auch neuere Entscheidungen lassen erkennen, daß die Rechtsprechung der Lehre von der unbewußten Selbstschädigung nicht folgt, sondern jede Täuschung ausreichen läßt, die eine Vermögensverfügung zumindest mitverursacht; vgl. z. B. BGHSt 19, 37 (45); BGH wistra 1987, 255 (256); BGH NJW 1995, 539; OLG Köln NJW 1972, 1823 (1824); OLG Düsseldorf NJW 1988, 922 (923).

695 Vgl. *Bockelmann*, BT/1, S. 71 f., *Deutscher/Körner*, JuS 1996, 296 (301); *Dölling*, JuS 1981, 570 (571); *Ellscheid*, GA 1971, 161; *Frisch*, Bockelmann-FS, S. 647 (666 f.); *Gallas*, Eb. Schmidt-FS, S. 401 (421); *Herzberg*, MDR 1972, 93; *ders.*, JuS 1972, 570; *Hilgendorf*, JuS 1994, 466 (468); *Mohrbotter*, GA 1975, 41 (47); *Schmoller*, JZ 1991, 117 (121); *Tröndle*, § 263 Rdn. 19; *Welzel*, Strafrecht, S. 370; *Wessels*, BT/2, Rdn. 510.

stehe nicht. Vielmehr sei nur durch die Einbeziehung auch bewußter Selbstschädigungen ein umfassender Vermögensschutz gewährleistet, der Strafbarkeitslücken im Grenzbereich zwischen Betrug und Erpressung vermeide[696]. Für die Schutzwürdigkeit des Opfers mache es zudem keinen Unterschied, ob es, wie bei der unbewußten Selbstschädigung, durch Vorspiegelung einer gleich- oder höherwertigen wirtschaftlichen Gegenleistung zur Preisgabe von Vermögenswerten veranlaßt werde oder ob die Vermögensverfügung, wie in den Fällen der bewußten Selbstschädigung, durch eine Täuschung über die mit der Leistung verfolgten immateriellen Ziele herbeigeführt werde[697]. Weil der Betrug als Vermögensdelikt die durch Täuschung veranlaßte Selbstschädigung des eigenen Vermögens schütze, liege ein Angriff gegen das Vermögen durch Täuschung somit auch in den Fällen bewußter Selbstschädigung vor[698].

Gleichwohl ist die praktische Bedeutung der aufgezeigten Streitfrage gering, da sich die Vertreter der Lehre von der unbewußten Selbstschädigung der Gegenansicht im Ergebnis doch wieder annähern und zwar über die Lehre von der sozialen Zweckverfehlung[699] auf die im folgenden einzugehen ist.

II. Zweckverfehlungsgedanke als Element des Schadensbegriffs

Die Hauptanwendungsgebiete dieser Lehre sind der Bettel- und Spendenbetrug sowie der Subventionsbetrug, also die Bereiche der ganz oder teilweise unentgeltlichen Leistungen. Kern der Zweckverfehlungslehre ist die Annahme, daß die Hingabe einer vermögenswerten Position nicht nur durch die Erlangung einer wirtschaftlich gleichwertigen Gegenleistung, sondern

---

696 *Hilgendorf*, JuS 1994, 466 (468); *Wessels*, BT/2, Rdn. 510; vgl. auch *Gallas*, Eb. Schmidt-FS, S. 401 (421).

697 *Dölling*, JuS 1981, 570 (571).

698 Vgl. *Ellscheid*, GA 1971, 161 (166); *Frisch*, Bockelmann-FS, S. 647 (667).

699 Für diese Lehre vgl. *Blei*, Strafrecht II, S. 228 f.; *Cramer*, Vermögensbegriff, S. 206; *ders.*, in: S/S, § 263 Rdn. 41, 102; *Lackner*, in: LK, § 263 Rdn. 170 ff.; *Maurach/Schroeder/Maiwald*, BT/1, § 41 Rdn. 120; *Rudolphi*, Klug-FS, S. 315; *Samson/Günther*, in: SK, § 263 Rdn. 154 ff. m.w.N.; *Schmoller*, JZ 1991, 117 (125) lehnt die Zweckverfehlungslehre zwar ab, gelangt aber zu ähnlichen Ergebnissen über das den Vermögensschadensbegriff eingrenzende Kriterium der Eigenverantwortlichkeit; kritisch auch *Kindhäuser*, ZStW 103 (1991), 398 (407).

auch durch die Erreichung eines sozialen oder wirtschaftlichen Zwecks kompensiert werden könne. Verfehle der Getäuschte diesen Zweck, so sei auch bei einer bewußten Verminderung des eigenen Vermögens Betrug zu bejahen, wenn er dies infolge der Täuschung nicht erkannt habe, so daß insoweit eine unbewußte Selbstschädigung vorliege[700]. Da die Zweckerreichung nach dieser Lehre den Verlust durch Hingabe des Verfügungsgegenstandes zu kompensieren vermag, entsteht mangels einer solchen Kompensation ein Vermögensschaden i.S.d. § 263 StGB. Anknüpfungspunkt der Schadensfeststellung ist also nicht der Verlust durch Hingabe des Verfügungsgegenstandes als solcher, sondern Schadensfaktor ist der verfehlte Zweck.

Ihrem Grundgedanken nach ist die Zweckverfehlungslehre als Element des Schadensbegriffs von der Rechtsprechung übernommen worden[701] und dient Teilen des Schrifttums[702] als Trennungskriterium zwischen bloßem Motivirrtum und dem Irrtum über die Erreichung des sozialen Zwecks. Im Falle einer durch Täuschung veranlaßten Schenkung geht der BGH[703] demgemäß davon aus: „Wie beim ‚Spendenbetrug' soll hier die (bewußte) Vermögenseinbuße durch Erreichen eines bestimmten - nicht vermögensrechtlichen - Zweckes ausgeglichen werden. Wird der Zweck verfehlt, so wird das eingesetzte Vermögensopfer damit auch wirtschaftlich zu einer unvernünftigen Ausgabe, die auf einer Täuschung beruht." Verfügungszwecke sind also auch unabhängig von der Lehre der unbewußten Selbstschädigung zur Schadensfeststellung heranzuziehen[704].

Das Hauptproblem der Zweckverfehlungslehre besteht aber darin, hinreichende Kriterien dafür anzugeben, wann ein betrugsrelevanter Zweck überhaupt vorliegt. Es bedarf also der Unterscheidung von relevanten und

---

700 Vgl. *Cramer*, Vermögensbegriff, S. 206; *Rudolphi*, Klug-FS, S. 315.

701 Vgl. z. B. BGHSt 19, 37 (45); 31, 93 (95 f.); BGH NJW 1982, 2453; BGH NJW 1992, 2167; BGH NJW 1995, 539; KG JR 1962, 26; OLG Hamm NJW 1982, 1405 (1406); OLG Düsseldorf NJW 1990, 2397.

702 Vgl. z. B. *Bockelmann*, BT/1, S. 84 f.; *Gallas*, Eb. Schmidt-FS, S. 401 (435); *Lackner*, in: LK, § 263 Rdn. 170 ff.; *Tröndle*, § 263 Rdn. 35; *Welzel*, Strafrecht, S. 376; *Wessels*, BT/2, Rdn. 533.

703 BGH NJW 1992, 2167.

704 Vgl. *Deutscher/Körner*, JuS 1996, 296 (301); *Hilgendorf*, JuS 1994, 466 (468); *Wessels*, BT/2, Rdn. 510.

irrelevanten Zwecken. Würde man nämlich in allen Fällen der bewußten einseitigen Hingabe von Vermögenswerten bereits einen Vermögensschaden i.S.d. § 263 StGB durch den bloßen Verlust des Vermögenswertes selbst sehen, so wäre das Merkmal der Vermögensbeschädigung in diesem Bereich funktionslos, da es schon begrifflich in keinem Fall fehlen kann[705]. Auch Fälle der bloßen Verletzung wirtschaftlich irrelevanter Affektions interessen[706] würden den Tatbestand des Betruges erfüllen. Um daher zu gewährleisten, daß ein bloßes Affektionsinteresse bei unentgeltlichen Zuwendungen im Rahmen des § 263 StGB unberücksichtigt bleibt und demzufolge die Gefahr einer Subjektivierung des Schadensbegriffs und somit auch eine Verfälschung der Schutzrichtung durch deren Ausweitung auf die Dispositionsfreiheit vermieden wird, darf die relevante Zwecksetzung nicht in jedem willkürlichen Interesse bestehen[707]. Welche Interessen eine Vermögensrelevanz der Zwecksetzung begründen und somit bei deren Verfehlung zu einem Vermögensschaden führen, wird allerdings uneinheitlich bewertet und soll nachfolgend dargestellt und diskutiert werden.

III. Vermögensrelevanz einer Zwecksetzung

1. Erfüllung sittlicher Pflichten als sozialer Zweck

Nach der Auffassung von *Cramer*[708] ist davon auszugehen, daß derjenige, der geldwerte Mittel einsetzt, um soziale Ziele zu erreichen, „regelmäßig eine ihm auferlegte sittliche Pflicht" erfüllt. Als solche komme nicht bloß die Wohltätigkeit als ein Aspekt sittlicher Pflichterfüllung, sondern „jede

---

705 *Lackner*, in: LK, § 263 Rdn. 171; *Tiedemann*, ZStW 86 (1974), 897 (908).

706 Als Beispiel hierfür sei der Fall genannt, daß jemand nur deshalb spendet, weil ihm vorgespiegelt wird, andere hätten bereits namhafte Beträge gestiftet, seine Spende aber gleichwohl ihre bestimmungsgemäße Verwendung findet; vgl. *Cramer*, Vermögensbegriff, S. 206 f.; *Gallas*, Eb. Schmidt-FS, S. 401 (436); *Wessels*, BT/2, Rdn. 538; die Voraussetzungen des § 263 StGB in diesem Fall hingegen bejahend: BayObLG NJW 1952, 798.

707 Eine extreme Gegenposition vertritt *Hack*, Subventionsbetrug, S. 51 ff., der jede Verfehlung eines subjektiven Zwecks als Schaden ansehen will, jedenfalls soweit bei „zivilrechtlicher Vertragsauslegung" die Zweckerreichung als vereinbart anzusehen sei; hiergegen z. B. *Gerhold*, Zweckverfehlung, S. 33 ff.; *Maurach/Schroeder/Maiwald*, BT/1, § 41 Rdn. 122.

708 *Cramer*, Vermögensbegriff, S. 211 ff.; *ders.*, in: S/S, § 263 Rdn. 102.

Art von Anstandspflicht sowie sonstige Pflichten in Betracht, die einer Leistung einen sozialen Sinn geben."[709] Hiervon ausgehend liege es nahe, die Leistung als einen Akt der Erfüllung und die Befreiung von einer sittlichen Verbindlichkeit als Äquivalent einer vermögenswerten Leistung anzusehen. Konstruktiv würde dieser Vorgang der Erfüllung einer rechtlich begründeten Schuld entsprechen, die deswegen nicht zum Schaden führe, weil mit ihr ein Erlöschen der das Vermögen belastenden Verbindlichkeit erreicht werde[710]. Die Gleichsetzung einer nur sittlich begründeten Verbindlichkeit mit der einer rechtlichen Verbindlichkeit entnimmt *Cramer* dabei der in §§ 534, 814 BGB enthaltenen Wertung, derzufolge Leistungen in Erfüllung von sittlichen Pflichten oder Anstandsrücksichten die zivilrechtliche Rückforderung ausschließen. Aus dieser Wertung ergebe sich, daß eine Vermögensverschiebung, die sich in Erfüllung einer sittlichen oder dem Anstand entsprechenden Pflicht vollziehe, rechtliche Anerkennung verdiene[711].

Dem Ansatz von *Cramer* ist entgegenzuhalten, daß er im Ergebnis nur einen Teilbereich der unter dem Aspekt der Zweckverfehlung erfaßten Fälle berücksichtigen kann. Leistungen, die sittlich neutral sind oder in Art und Umfang über das durch die Sitte und Anstand bestimmte Maß hinausgehen, werden durch seine Konstruktion nicht erfaßt[712]. Dies gilt, worauf *Gerhold*[713] hinweist, insbesondere für den praktisch bedeutsamsten Anwendungsfall der Zweckverfehlungslehre, die betrügerische Erschleichung von Subventionen[714]. Daß aber Personen, die ihre Vermögenswerte für sittlich neutrale, rechtlich zulässige Zwecke einsetzen wollen, nicht durch § 263 StGB geschützt sein sollen, leuchtet nicht ein[715]. Die Vermögensrelevanz

---

709 *Cramer*, Vermögensbegriff, S. 213.

710 *Cramer*, Vermögensbegriff, S. 211 ff.

711 *Cramer*, Vermögensbegriff, S. 212 f.

712 Vgl. *Neye*, Untreue, S. 49; *Weidemann*, Kompensationsproblem, S. 97; ebenfalls kritisierend *Hirsch*, ZStW 81 (1969), 917 (952).

713 *Gerhold*, Zweckverfehlung, S. 30.

714 Zudem meint *Gerhold*, Zweckverfehlung, S. 30, daß die Heranziehung des Rechtsgedankens der §§ 534, 814 BGB auf die Fälle der sozialen Zweckverfehlung insoweit nicht passe, als bei diesen gerade nicht von einer Leistungspflicht ausgegangen werde. Dies stehe einer Vergleichbarkeit der der Zweckverfehlung zugrundeliegenden Konstellationen entgegen.

715 So auch *Dölling*, JuS 1981, 570 (571).

einer Zwecksetzung läßt sich daher auch nicht ausschließlich nach den Gesichtspunkten der Erfüllung sittlicher Verbindlichkeiten oder Anstandsrücksichten begründen.

2. *Kriterium des Kommerzialisierungsgedankens von Gerhold*

Als Ansatzpunkt für eine Vermögensbewertung lediglich sozialer Zwecksetzungen zieht *Gerhold*[716] den im Rahmen des zivilrechtlichen Vermögens- und Schadensbegriffs vom BGH im „Seereise-Fall"[717] entwickelten Kommerzialisierungsgedanken heran. Nach diesem haben auch „an sich" immaterielle Werte wie Erholung, Urlaubsgenuß und Gebrauchsvorteile von Kraftfahrzeugen einen Vermögenswert, wenn sie im wirtschaftlichen Verkehr „erkauft", d.h. gegen Entgelt erworben werden können und auch tatsächlich „erkauft" worden sind[718].

Die Richtigkeit des Kommerzialisierungsgedankens, der im zivilrechtlichen Schrifttum im Hinblick auf die gesetzlich getroffene Unterscheidung zwischen Vermögensschaden und Nichtvermögensschaden (§ 253 BGB) allerdings erheblichen Widerspruch erfahren hat[719], sucht *Gerhold*[720] zu verteidigen: Die erhobene Kritik berücksichtige nicht hinreichend den Unterschied zwischen mittelbarer und unmittelbarer Beeinträchtigung des „jeweils erkauften Genusses". Bei der unmittelbaren Genußbeeinträchtigung gehe es, im Gegensatz zur bloß mittelbaren, nicht nur um eine aus einer „zufälligen Begegnung" zwischen Geschädigtem und Schädiger resultierenden Haftung, sondern um Ersatzansprüche, die ihre Wurzel in einem rechtsgeschäftlichen Kontakt zwischen Anspruchsteller und Anspruchsgegner hätten[721].

---

716 *Gerhold*, Zweckverfehlung, S. 35 und 37 ff.

717 BGH NJW 1956, 1234 f.

718 Vgl. insoweit die Nachweise bei *Gerhold*, Zweckverfehlung S. 37 ff.

719 Vgl. z. B. *Larenz*, Schuldrecht AT, S. 485 f.; *Heinrichs*, in: Palandt, Vorbem. v. § 249 Rdn. 10 ff. m.w.N. zur neueren Rechtsprechung des BGH, die der Kritik an der Kommerzialisierungsthese Rechnung trägt.

720 *Gerhold*, Zweckverfehlung, S. 36 ff.

721 *Gerhold*, Zweckverfehlung, S. 39.

Die Fälle der bewußten einseitigen Vermögensopfer wie Bettel-, Spenden- oder Subventionsbetrug sieht *Gerhold* der genannten Gruppe unmittelbarer Beeinträchtigungen nun insoweit nahe stehen, als auch bei diesen der mit der Aufopferung wirtschaftlicher Werte bezweckte Erfolg nicht durch einen beliebigen Dritten, sondern gerade durch denjenigen vereitelt werde, an den im Hinblick auf die erwartete Zweckerfüllung geleistet worden sei[722].

Für die Abgrenzung von vermögensrelevantem Zweck und bloß dispositionsbestimmendem Motiv sei dabei das Bestehen eines Gegenseitigkeitsverhältnisses zwischen Leistung und Leistungszweck entscheidend und zwar insofern, als die Zweckerreichung gerade als das durch das Vermögensopfer „erkaufte" Äquivalent erscheine[723]. Bei den unter dem Gesichtspunkt der Zweckverfehlungslehre diskutierten ganz oder teilweise unentgeltlichen Leistungen sei das für eine solche Kommerzialisierung erforderliche Gegenseitigkeitsverhältnis zwischen der von dem Getäuschten erbrachten Leistung und dem damit bezweckten Erfolg immer dann anzunehmen, wenn sich aus Leistungsstörungsregelungen des privaten bzw. öffentlichen Rechts ergebe, daß der Getäuschte bei einer Verfehlung des von ihm verfolgten Zwecks seine Leistung vom Täuschenden zurückfordern könne[724].

Für die Annahme eines Vermögensschadens infolge Zweckverfehlung komme es im Ergebnis somit allein darauf an, ob dem Opfer neben der stets möglichen Arglistanfechtung ein weiterer zivil- oder öffentlichrechtlicher Rückforderungsanspruch hinsichtlich der von ihm unentgeltlich erbrachten Leistung zustehe. Dies sei im wesentlichen der Fall, wenn die vorgetäuschten Umstände zumindest zur Geschäftsgrundlage gemacht worden seien[725].

Auf den ersten Blick scheint die Konzeption *Gerholds*, derzufolge außerstrafrechtliche Wertungen zur Bestimmung vermögensrelevanter Zwecksetzungen heranzuziehen sind, ein praktikables Differenzierungskriterium anzubieten. Bei genauerer Betrachtung beruht sie aber auf fragwürdigen Prämissen. Bereits die Tatsache, daß der Kommerzialisierungsgedanke in der neueren Rechtsprechung als nicht allein tragfähig angesehen wird,

---

722 *Gerhold*, Zweckverfehlung, S. 40.

723 *Gerhold*, Zweckverfehlung, S. 41.

724 *Gerhold*, Zweckverfehlung, S. 42 f.

725 *Gerhold*, Zweckverfehlung, S. 48 f., 52 f.

„weil sich Genußmöglichkeiten heute so weitgehend erkaufen lassen, daß sich daraus allein kein sachgerechtes Merkmal zur Abgrenzung von Vermögens- und Nichtvermögensschäden herleiten lasse“[726], läßt Zweifel an der Richtigkeit des für *Gerholds* Konzept maßgeblichen Ausgangspunkts aufkommen. Sein Versuch, den Kommerzialisierungsgedanken zu verteidigen, überzeugt jedenfalls nicht. Dieser läuft nämlich, worauf *Graul*[727] mit Recht hinweist, darauf hinaus, daß ein und dieselbe Beeinträchtigung eines immateriellen Wertes (entgangene Urlaubsfreude), je nachdem, ob sie von dem Vertragspartner (unmittelbar) oder von einem Dritten (dann bloß mittelbar) verursacht worden ist, einmal ein Vermögensschaden sein kann und das andere Mal nicht. Das kann nicht zutreffen.

Auch der Schluß von der zivil- oder öffentlichrechtlichen Rückforderbarkeit der erbrachten Leistung auf den wirtschaftlichen Wert der Zweckerreichung vermag nicht zu überzeugen. Denn so wenig ein immaterieller Zweck allein deshalb Vermögenswert hat, daß man zu seiner Erreichung Vermögensmittel einsetzt, so wenig erlangt er dadurch Vermögenswert, daß hinsichtlich der eingesetzten Vermögensmittel Rückforderungsansprüche bestehen[728].

Schließlich erscheint auch die Lösung von Einzelfällen bei *Gerhold* nicht folgerichtig. Im bereits erwähnten Spendensammler-Fall[729] verneint er im Ergebnis zwar zutreffend das Vorliegen eines Vermögensschadens[730]. *Schmoller*[731] hält dem aber mit Recht entgegen, daß nach den eigenen Kriterien *Gerholds* auch der Fall möglich sein müßte, daß die vorangegangenen Spenden nach den konkreten Umständen den Rang einer „Geschäftsgrundlage“ innehätten; dann aber müßte *Gerhold* einen Vermögensschaden konsequenterweise bejahen.

---

726 BGH NJW 1986, 2037 (2040) unter Bezugnahme auf den „Seereise-Fall“; ebenso später der Große Zivilsenat BGHZ 98, 212.

727 *Graul*, GA 1991, 285 (287).

728 *Schmoller*, JZ 1991, 117 (122); *Graul*, GA 1991, 285 (288); kritisch auch *Lackner/Kühl*, § 263 Rdn. 55; *Otto*, ZRP 1996, 300 (307).

729 Siehe oben in Fußnote 706.

730 *Gerhold*, Zweckverfehlung, S. 54.

731 *Schmoller*, JZ 1991, 117 (122).

3. *Kriterium der wirtschaftlichen Relevanz*

Teile des Schrifttums und vor allem auch die jüngere Rechtsprechung messen einer Zwecksetzung dann Vermögensrelevanz zu, wenn sie von wirtschaftlicher Bedeutung ist; der wirtschafliche Vermögensbegriff wird dahingehend normativiert, daß als Schaden jede „wirtschaftlich unvernünftige Ausgabe" gilt[732]. Zu einer wirtschaftlich unvernünftigen Ausgabe werde ein einseitiges Vermögensopfer dann, wenn es den ihm beigelegten wirtschaftlichen oder sozialen Zweck verfehle[733]. Unberücksicht müßten dagegen wirtschaftlich irrelevante Affektionsinteressen und beliebige Zielvorstellungen bleiben, die mit der Hingabe des Vermögenswertes verbunden werden und zwar in gleicher Weise wie dies bei entgeltlichen Rechtsgeschäften der Fall sei[734].

Zur Begründung weist *Lackner*[735] darauf hin, daß die Verfolgung von Anliegen, deren Verwirklichung dazu diene, wirtschaftliche Werte an anderer Stelle zu schaffen oder die Bedingungen des Zusammenlebens unter den Menschen zu verbessern, auch unter ökonomischen Gesichtspunkten Relevanz habe. Denn die Schaffung solcher Werte bedeute für den wirtschaftenden Menschen nicht bloß die Befriedigung eines subjektiven Interesses, sondern ebenso eine Förderung der allgemeinen ökonomischen und gesellschaftlichen Bedingungen, unter denen er lebe und die ihm deshalb nicht gleichgültig sein können. Demzufolge solle z. B. eine Spende, deren objektiv faßbarer Sinn in der Förderung bestimmter wohltätiger oder anderer Bestrebungen bestehe, ein ökonomisch relevanter Vorgang und die Verfehlung

---

732 So z. B. *Lackner*, in: LK, § 263 Rdn. 170; BGH NJW 1995, 539; 1992, 2167; ähnlich *Wessels*, BT/2, Rdn. 537, der von „wirtschaftlich sinnlosen Ausgaben" spricht.

733 *Lackner*, in: LK, § 263 Rdn. 170; *Maiwald*, NJW 1981, 2777 (2781); *Rudolphi*, Klug-FS, S. 315 (322); vgl. BGH NJW 1995, 539: Es genüge die Verfehlung eines Zweckes, der dem Verfügenden in der konkreten Situation notwendig und sinnvoll erscheine, „sei es, daß er einen sozialen, sei es, daß er einen indirekt wirtschaftlich relevanten Zweck verfolgt."; ebenso BGH NJW 1992, 2167.

734 *Lackner*, in: LK, § 263 Rdn. 162, 171, 173; ebenso z. B. *Wessels*, BT/2, Rdn. 538; *Deutscher/Körner*, JuS 1996, 296, (298). Zu den Grenzen der Zweckverfehlung vgl. auch BayObLG NJW 1994, 208 und BGH NJW 1995, 539 (mit zustimmender Anm. *Otto*, JK 95, StGB § 263/43; *Rudolphi*, NStZ 1995, 289 f.).

735 *Lackner*, in: LK, § 263 Rdn. 170.

des mit der Spende verfolgten Zwecks ein wirtschaftlicher Schaden sein[736]. Beim Empfänger einer erschlichenen Subvention müsse darauf abgestellt werden, ob er im Zeitpunkt ihrer Bewilligung die materiellen Vergabevoraussetzungen, d.h. „diejenigen Bedingungen, die den Einsatz der Mittel nach den Zwecksetzungen des Urhebers der Subvention zu steuern bestimmt waren", erfüllt habe. Denn unter dieser Voraussetzung werde der Subventionszweck - die Förderung eines bestimmten, sachlich umschriebenen Empfängerkreises zur Erzielung eines allgemeinen wirtschaftlichen oder sozialen Effekts - nicht vereitelt[737].

Auch wenn zuzugeben ist, daß die Beziehung der sozialen Zwecke zum wirtschaftlichen Ansatz auch durch das Kriterium der wirtschaftlichen Relevanz nicht gänzlich geklärt ist[738], so scheint doch zumindest die Differenzierung zwischen wirtschaftlich relevanten, objektivierbaren Zwecksetzungen und bloßen Affektionsinteressen, einer Verfälschung der Schutzrichtung des § 263 StGB durch deren Erweiterung auf die Dispositionsfreiheit wirksam zu begegnen und dem Charakter des Betrugstatbestands als Vermögensdelikt gerecht zu werden. Will man der Gefahr einer Subjektivierung des Schadensbegriffs und somit auch einer Ausweitung der Grenzen des wirtschaftlichen Vermögensbegriffs wirksam begegnen, so wird man zur Schadensfeststellung bei demjenigen, der ganz oder teilweise unentgeltlich Vermögenswerte opfert, das aufgezeigte Unterscheidungskriterium heranziehen müssen. Festzuhalten bleibt daher folgendes: Ein Vermögensschaden i.S.d. § 263 StGB ist in den genannten Fällen nur dann zu bejahen, wenn das Vermögensopfer einen objektivierbaren, der Leistung immanenten und wirtschaftlich relevanten Zweck verfehlt. Nur unter dieser Voraussetzung wird die Zuwendung zu einer sinnlosen und daher auch wirtschaftlich unvernünftigen Ausgabe.

---

736 *Lackner*, in: LK, § 263 Rdn. 170, 175; ähnlich *Wessels*, BT/2, Rdn. 534, der als zur Schadensbegründung geeignet allein eine „objektivierbare, der konkreten Leistung immanente und wirtschaftlich relevante Zwecksetzung" ansieht; ebenso *Deutscher/Körner*, JuS 1996, 296 (298).

737 *Lackner*, in: LK, § 263 Rdn. 176; ebenso z. B. *Lackner/Kühl*, § 263 Rdn. 56; ähnlich BGHSt 31, 93 (95 f.).

738 Vgl. *Samson/Günther*, in: SK, § 263 Rdn. 157; ebenfalls krit. *Dölling*, JuS 1981, 570 (571); *Ellmer*, Betrug, S. 136; *Gerhold*, Zweckverfehlung, S. 31 f.

IV. Verfehlung des mit der Preisspende verfolgten Zwecks

Nachdem nun die Kriterien für die Schadensfeststellung in den Fällen der teilweisen oder ganz unentgeltlichen Hergabe eines Vermögenswertes ermittelt sind, gilt es diese im weiteren auf die Betrugskonstellation zum Nachteil des Preisspenders anzuwenden. Zuvor sollen aber noch, wegen der Parallelen, die Ausführungen von *Ditz* zum Vermögensschaden in der vergleichbaren Fallgestaltung im Pferderennsport aufgezeigt werden.

1. Schadensfeststellung von Ditz bei der vergleichbaren Konstellation im Pferderennsport

Innnerhalb seiner Untersuchung zur Strafbarkeit des Dopings im Pferderennsport betrachtet *Ditz*[739] die Konstellation des Betrugs des Besitzers eines gedopten Pferdes zum Nachteil des Preisspenders. Zur Feststellung des Vermögensschadens des Preisspenders, der dem Pferdebesitzer den Rennpreis übergibt bzw. das Preisgeld ausbezahlt, zieht *Ditz*[740] den Zweckverfehlungsgedanken heran und bestimmt die Zwecksetzung des Preisspenders dabei im wesentlichen wie folgt: Der Zweck der Preisspende bestehe in der Förderung einer intakten und gesunden Zucht. Pferden, die zu Verletzungen neigten oder nur mit Hilfe von Medikamenten am Rennen teilnehmen können, sollten den Preis gerade nicht erhalten, da diese Pferde nach den Normen der Rennordnung nicht startberechtigt seien. Der Preisspender habe die „bewußte Selbstschädigung“ nur deshalb vorgenommen, um ganz bestimmte, auf die Förderung einer gesunden Zucht gerichtete Vorstellungen zu verwirklichen. Nach dem Willen des Preisspenders solle das Preisgeld daher nur an die Besitzer völlig gesunder, nicht aber therapeutisch gedopter Pferde ausgezahlt werden. Diese Absicht und die Normen der Rennordnung bestimmten die Bedingungen für die Vergabe der Rennpreise. Ein Vermögensschaden des Preisspenders ergebe sich schließlich daraus, daß das Preisgeld zweck- und sinnlos fehlgeleitet worden sei. Der Besitzer des gedopten Pferdes habe ein Preisgeld erhalten, das aus einem zweckgebundenen Vermögen des Preisspenders gegeben worden sei und nach den be-

739 *Ditz*, Doping, S. 507 ff.

740 *Ditz*, Doping, S. 511 f.

stehenden Zielen des gesamten Rennsports nicht hätte ausbezahlt werden dürfen[741].

2. *Zwecksetzung und deren Verfehlung beim Preisspender*

Die Zwecksetzung des Preisspenders zu ermitteln, der nach dem Wettkampf einem Sportler den ausgelobten Preis übergibt bzw. auszahlt, bereitet keine Probleme. Ist es im Pferderennsport im Kern die von *Ditz* angeführte Förderung einer gesunden Pferdezucht, so läßt sich hier argumentieren, daß der der Preisspende immanente und wirtschaftlich relevante Zweck in der Förderung des echten und ehrlichen Wettkampfsports besteht. Sportler hingegen, die gedopt und somit unfair an einem Wettkampf teilgenommen haben, sollen den ausgelobten Preis gerade nicht erhalten, zumal sie wegen der Ausgestaltung der Dopingverbote als Wettkampfzulassungshindernisse[742] bereits nicht teilnahmeberechtigt gewesen sind.

Für die Schadensfeststellung entscheidend ist letztlich folgende Erwägung: Die in der Auslobung von dem Preisspender bestimmte Herbeiführung eines Erfolges, nämlich die Belegung einer bestimmten Plazierung (mit dem damit verbundenen Werbeeffekt für den Sportler), setzt voraus, daß diese im Einklang mit der jeweiligen Verbandssatzung erfolgt[743]. Demgemäß hat sich ein Sportler, der den Wettkampf unter dem Einfluß verbotener Substanzen bestritten hat, den Bedingungen der Auslobung des Preisspenders zuwider verhalten. So also, wie derjenige, der Subventionen erschleicht, im Zeitpunkt ihrer Bewilligung die materiellen Vergabevoraussetzungen und somit auch den Subventionszweck nicht erfüllt[744], hat auch der am Wettkampf teilnehmende, gedopte Sportler die Auslobungsbedingungen, die die Übergabe der Prämie nach den Zwecksetzungen des Preisspenders zu steuern bestimmt waren, nicht erfüllt. Die Übergabe bzw. Auszahlung der Prämie an den gedopten Sportler stellt sich somit als wirtschaftlich unvernünftige Ausgabe dar, die das Vermögen des Preisspenders schädigt[745].

---

741 *Ditz*, Doping, S. 512 f.

742 Siehe oben 3. Teil, § 1, A. II. 2.

743 Dies wurde bereits im Rahmen der Vermögensverfügung des Mitkonkurrenten dargelegt (siehe oben 3. Teil, § 3, B. I.).

744 Siehe oben 3. Teil, § 4, D. III. 3.

745 Im Ergebnis ebenso *Otto*, SpuRt 1994, 10 (14): Die vermögensschädigende Verfügung des Preisspenders sei darin zu erblicken, daß dieser die Prämie an einen Wett-

Fehl gehen nach alledem die Ausführungen *Schneider-Grohes*[746]. Ohne auch nur ansatzweise auf den Aspekt der Zwecksetzung des Preisspenders einzugehen, verneint sie einen Vermögensschaden. Grund dafür sei es, daß der Preisspender „auf alle Fälle den Betrag hätte auszahlen müssen", weshalb für ihn „völlig ohne Bedeutung" sei, zu wessen Gunsten er das Vermögensopfer erbringe. Daß der Preisspender seiner Auszahlung aber - wie gesehen - eine vermögensrelevante, in den Auslobungsbedingungen zugrundegelegte Bedeutung beimißt, bleibt bei *Schneider-Grohe* gänzlich unberücksichtigt.

V. Erfüllung einer bloß vermeintlich bestehenden Verbindlichkeit

Das ermittelte Ergebnis - ein Vermögensschaden des Preisspenders - findet seine Bestätigung in einer weiteren Überlegung: Ohne auf die umstrittenen Regeln über unentgeltliche Zuwendungen zurückgreifen zu müssen, ergibt sich der Vermögensschaden des Preisspenders bereits daraus, daß dieser aufgrund der Täuschung dazu veranlaßt wird, eine nur vermeintliche, in Wahrheit nicht bestehende Verbindlichkeit zu erfüllen. Spiegelt nämlich jemand einem anderen die Voraussetzungen vor, unter denen ihm kraft Gesetzes oder Rechtsgeschäft ein Rechtsanspruch auf die unentgeltliche Leistung zusteht (beispielsweise auf Wohngeld, Zuteilung von Aktien, von Deputatkohle etc.) und erhält er daraufhin von dem Betroffenen einen Vermögenswert, so ist der Vermögensschaden deshalb gegeben, weil es an jeglichem Äquivalent für das Vermögensopfer fehlt[747]. So verhält es sich auch hier. Die gemäß § 657 BGB für eine bestimmte Plazierung ausgelobte Prämie steht dem Sportler nur unter der Voraussetzung zu, daß die Wettkampfteilnahme im Einklang mit der jeweiligen Verbandssatzung erfolgte. Übergibt der Preisspender die Prämie gleichwohl irrtumsbedingt an den gedopten Sportler, so erfüllt er eine nur vermeintlich bestehende Verbindlich-

---

kämpfer auszahle, dem die Prämie nach den Wettkampfregeln nicht zustehe. Diese „zweckwidrige Vermögensaufwendung" begründe einen Vermögensschaden des Preisspenders. Einen Vermögensschaden hingegen pauschal ablehnend *J. Kühl*, in: Doping - verbotene Arzneimittel, S. 156 (160); *Linck*, MedR 1993, 55 (61); *Turner*, MDR 1991, 569 (574).

746 *Schneider-Grohe*, Leistungssteigerung im Sport, S. 149.

747 *Lackner*, in: LK, § 263 Rdn. 243; ähnlich *Gössel*, BT/2, § 21 Rdn. 173.

keit und ist schon deshalb mangels eines Äquivalents in seinem Vermögen geschädigt.

E. Vermögensschaden des Sponsors

Bei den nun folgenden Ausführungen zum möglichen Vermögensschaden des Sponsors muß wiederum nach den unterschiedlichen Handlungsstadien differenziert werden. Einerseits kann der Sponsor einen Schaden zum Zeitpunkt des Vertragsabschlusses, andererseits durch oder bei Erfüllung des geschlossenen Vertrages erleiden. Am Anfang steht die Untersuchung eines Vermögensschadens in den Konstellationen bei Abschluß des Sponsoringvertrages.

I. Vermögensschaden durch den Abschluß eines Sponsoringvertrages, dem Ergebnisse und Wettkampferfolge des Sportlers zugrundeliegen, die mittels Doping zustandegekommen sind

Der Sponsor schließt irrtumsbedingt einen Sponsoringvertrag mit einem ungedopten Sportler ab, dessen gegenwärtiges sportliches Leistungsvermögen nicht dem im Vorfeld unter Zuhilfenahme von Dopingmitteln gezeigten entspricht. In dieser Fallgestaltung entsteht dem Sponsor dann ein Vermögensschaden, wenn bei Wertvergleich der beiderseitigen Verpflichtungen ein rechnerisches Minus zu seinen Lasten festzustellen ist[748]. Die vertragliche Verpflichtung des Sponsors zur einmaligen oder fortlaufenden Zuwendung von Geldern und/oder Ausrüstungsgegenständen darf also nicht durch die im selben Vertrag erfolgte Verpflichtung des Sportlers zur Unterstützung der kommunikativen Ziele des Sponsors[749] vollständig ausgeglichen sein[750].

---

748 Allgemein zur Figur des Eingehungsbetrugs und dessen Schadensbegründung siehe schon oben 3. Teil, § 3, C. I.

749 Zu den Vertragspflichten des Gesponserten im einzelnen siehe oben 2. Teil, § 3, A. und B. sowie den Mustervertrag im Anhang.

750 Nach zutreffender Ansicht ist in den Fällen des Abschlusses ungleichwertiger Verträge ein Vermögensschaden gegeben, ohne daß es auf die Frage einer (schädigenden) Vermögensgefährdung ankäme, weil der Getäuschte hier schon nach dem „Inhalt des geschlossenen Vertrages" (*Satzger*, Submissionsbetrug, S. 73) einen Anspruch erhält, der im Verhältnis zum Wert seiner eigenen Leistungspflicht minderwertig ist und deshalb bereits eine „nachteilige Bestandsveränderung im Vermögen des Betroffenen"

1. Problematik der Bestimmung des Wertes der von dem Sportler zu erbringenden Leistung

Hat man den Schaden mittels eines Wertvergleichs der beiden vertraglichen Verpflichtungen festzustellen, so ergibt sich bei der interessierenden Konstellation das Problem, daß beide Verpflichtungen ungleichartig sind (Werbehandlungen des Gesponserten gegen Zuwendungen von Geldern und/oder Ausrüstungsgegenständen des Sponsors). Erforderlich ist es deshalb, einen Wertmesser einzuführen, der einen solchen Vergleich erst ermöglicht. Dieser Vergleichsmaßstab ist üblicherweise der Geldwert, weil Geld einen allgemein akzeptierten, prinzipiell für alle Wirtschaftssubjekte gleichen Wert hat[751]. Zur Ermittlung desselben wird grundsätzlich der Verkehrswert (Marktwert) eines Vermögensgegenstandes herangezogen. So soll etwa der durch Täuschung zu einem Kaufabschluß bewogene Kunde grundsätzlich allein dann einen Schaden erleiden, „wenn die Kaufsache objektiv den vereinbarten Kaufpreis nicht wert ist, also nach den Umständen des wirtschaftlichen Verkehrs keinen ausreichenden Ausgleich für seine Leistungen darstellt."[752]

Die Durchführung dieses theoretischen Ansatzes stößt aber auf grundlegende Schwierigkeiten[753]. Zum einen wird es sich bei der Leistung des Gesponserten im Regelfall um eine individuelle Werbehandlung handeln, die - ebenso wie eine in ihrer Art oder in ihrem Umfang erstmalige oder unwiederholbare Werk- oder Dienstleistung - keinen objektiven Verkehrswert hat, da sich ein solcher erst über Angebot und Nachfrage herausbilden kann[754]. Zum anderen gibt es unabhängig von einem Marktpreis keinen Ansatz für eine „objektive" Wertzuordnung[755].

(*Lackner*, in: LK, § 263 Rdn. 223) eintritt. Anders ist dies in den Fällen von ausgeglichenen Verträgen, bei denen der Täter nicht leistungswillig oder -fähig ist. Dort ergibt sich der negative Vermögenseinfluß daraus, daß der erworbene Anspruch allenfalls in seiner Realisierung gefährdet ist, so daß dann ggf. von einer Vermögensgefährdung ausgegangen werden kann (*Lackner*, a.a.O.; ebenso differenzierend *Satzger*, a.a.O.).

751 Vgl. RGSt 16, 1 (8); 49, 21 (22 f.); BGHSt 3, 99 (102); 16, 220 (221); *Gössel*, BT/2, § 21 Rdn. 149; *Lackner/Kühl*, § 263 Rdn. 38.

752 OLG Karlsruhe VRS 59 (1980) Nr. 57, 121 m.w.N.

753 Vgl. *Lackner*, in: LK, § 263 Rdn. 125; *Ranft*, Jura 1992, 66 (72 ff.).

754 Vgl. BGH NJW 1992, 921 (922).

755 Vgl. *Eichler*, BB 1972, 1347 (1349).

Ein Verkehrswert der versprochenen Leistung des Sportlers ließe sich deshalb allenfalls unter der Voraussetzung ermitteln, daß derselbe Sponsor bereits Verträge mit anderen Sportlern derselben Sportart abgeschlossen hat und die Verträge den Gesponserten identische Leistungspflichten auferlegen. Da sich die Höhe und somit auch der Wert der Gegenleistung des Sponsors aber vor allem an dem gegenwärtigen sportlichen Leistungsvermögen des Athleten orientiert[756], käme als weitere Bedingung hinzu, daß die zur Verkehrswertermittlung heranzuziehenden Verträge mit Sportlern desselben tatsächlichen (also dopingfreien) sportlichen Leistungsniveaus abgeschlossen worden sind. In der Praxis wird dies aber kaum anzufinden sein.

Vergleichbare Probleme bei der Schadensfeststellung ergeben sich in den Fällen des Betrugs durch Verheimlichung von Submissionsabsprachen, bei denen der Verkehrswert für die Gegenleistung deshalb nicht existiert, weil ein solcher sich noch nicht bilden konnte bzw. wegen der wettbewerbsbeschränkenden Abrede ausgeschaltet wird[757]. Das OLG Frankfurt[758] unternahm in diesem Zusammenhang den Versuch, den möglichen Schaden anhand eines hypothetischen Preises festzustellen. Danach soll Marktpreis nicht mehr der angemessene Preis, sondern der „hypothetische“ Marktpreis sein, d.h. der Preis, der sich „bei unbeeinflußtem Wettbewerb gebildet hätte.“[759]

Einer derart komplizierten und auch nicht unumstrittenen Methode zur Schadensfeststellung bedarf es aber dann nicht, wenn dies beim Sponsor auf andere Weise möglich ist. Es bietet sich an, auf die Fälle des sog. Anstellungsbetrugs zurückzugreifen, die - wie die weiteren Ausführungen zeigen werden - deutliche Parallelen zu der in Rede stehenden Fallgestaltung aufweisen[760].

---

756 Siehe schon oben 3. Teil, § 1, D. I.

757 Vgl. dazu *Tröndle*, § 263 Rdn. 32 b m.w.N.

758 OLG Frankfurt NJW 1990, 1057 (1058).

759 So auch später BGH NJW 1992, 921 (922); BGH wistra 1994, 346; zust. z. B. *Baumann*, NJW 1992, 1661 (1664); *Satzger*, Submissionsbetrug, S. 74 ff.; *Schaupensteiner*, ZRP 1993, 250 (251 f.); ablehnend z. B. *Rutkowsky*, NJW 1995, 705; *Lüderssen*, wistra 1995, 243; kritisch *Ranft*, wistra 1994, 41.

760 Zu den überwiegend dienstvertraglichen Elementen eines Sponsoringvertrages siehe schon oben 2. Teil, § 3, C. II. 2.

2. *Die Fälle des Anstellungsbetrugs*

Der sog. Anstellungsbetrug ist dadurch gekennzeichnet, daß die vom Dienstberechtigten übernommene geldliche Leistung, die vom Verpflichteten zugesagten Dienste wertmäßig übersteigt[761], sei es, daß der Verpflichtete überhaupt nicht über die fachlichen Fähigkeiten oder Kenntnisse, die für die Tätigkeit vorausgesetzt werden, verfügt, sei es, daß er die zugesagten Leistungen rechtlich nicht erbringen darf[762]. Für die Feststellung des Schadens hat dies zur Folge, daß ein solcher, ohne daß es auf die Frage einer schädigenden Vermögensgefährdung ankäme, mit Abschluß des Vertrages eintritt, weil sich der Vergütungsanspruch und der Anspruch aus dem Vertrag auf Erbringung von Leistungen nicht entsprechen[763]. Zwei Beispiele sollen das verdeutlichen: In einem vom Bundesgerichtshof[764] entschiedenen Fall fehlte dem Bewerber um den Posten eines Sekretärs die erforderliche Vorbildung. Er war deshalb von vornherein nicht imstande, als Sekretär eine vollwertige Arbeit als Gegenleistung für die besondere materielle Vergünstigung zu leisten. Ein Vermögensschaden lag hier ebenso vor wie in einem Fall, der vor dem Reichsgericht[765] anhängig war, bei der die Leistungen, die ein geschlechtskranker Stewart anbot, wegen der Gefährdung anderer vom Dienstberechtigten nicht verwendet werden konnten.

3. *Schadensfeststellung beim Sponsor*

Betrachtet man das Vertragsverhältnis zwischen Sportler und Sponsor, so ist eingangs nochmals hervorzuheben, daß es dem Sponsor maßgebend auf die im Vorfeld durch den Sportler erzielten Ergebnisse und Wettkampferfolge ankommt, da deren Kenntnis Voraussetzung für eine leistungsadäquate Festsetzung von Höhe und Umfang der Sponsoringleistung ist[766]. In der

---

761 Vgl. z. B. RGSt 54, 37 (38); BGHSt 1, 13 (14); 17, 254 (256); BGH NJW 1961, 2027; OLG Celle MDR 1960, 696; AG Tiergarten NStZ 1994, 243.

762 Dazu im einzelnen *Lackner*, in: LK, § 263 Rdn. 235 ff.

763 *Otto*, Lackner-FS, S. 715 (731); vgl. auch *Eser*, Strafrecht IV, S. 142 f.; BGHSt 22, 38 (39).

764 BGHSt 1, 13.

765 RGSt 42, 49.

766 Siehe oben 3. Teil, § 1, D. I.

Praxis bedeutet dies: Je besser die erbrachten und demgemäß zu erwartenden Leistungen des Sportlers sind, desto höher ist sein Werbewert für den Sponsor und desto höher sind auch die Sponsoringleistungen beziffert. Eine dem aktuellen (tatsächlichen) sportlichen Leistungsvermögen des Sportlers adäquate Bezifferung der Sponsoringleistungen ist aber nur dann möglich, wenn die bisherigen Plazierungen und Ergebnisse ohne Zuhilfenahme leistungsfördernder Dopingsubstanzen zustandegekommen sind. Ist dies nicht der Fall, so ist es schon aus diesem Grund unwahrscheinlich, daß der Sportler während der Vertragsdauer ohne Dopingeinfluß zumindest vergleichbare Plazierungen und Ergebnisse wird erzielen können.

Legt nun der Sponsor bei der Bezifferung seiner Vertragsleistungen die guten Ergebnisse und Erfolge des Sportlers zugrunde, glaubt er aufgrund seines Irrtums jedoch, der Sportler besitze gegenwärtig ein sportliches Leistungsvermögen, das dem im Vorfeld gezeigten entspricht, so geht er für die Vertragsdauer von einer potentiellen Leistungsfähigkeit des Sportlers aus, die dieser zum Zeitpunkt des Vertragsabschlusses jedenfalls ohne Doping nicht innehat. Da sich der Sportler dem Sponsor gegenüber aber dazu verpflichtet, die Werbehandlungen während der Vertragslaufzeit als „sauberer", „makelloser" Athlet zu erbringen und in diesem Zeitraum deshalb auch nicht dopen darf[767], übernimmt der Sponsor mit dem Vertragsabschluß eine Verpflichtung, der ein wertmäßiges Äquivalent nicht gegenübersteht. Der Sportler wird während der Vertragslaufzeit ohne den Einfluß verbotener leistungsfördernder Substanzen nämlich nicht in der Lage sein, an seine sportliche Leistungsfähigkeit vom Vorfeld anzuknüpfen. Er wird den vom Sponsor erwarteten und dementsprechend vergüteten Werbewert nicht erbringen können. Der Abschluß des Vertrages führt bei dem Sponsor deshalb in gleicher Weise zu einem Vermögensschaden wie in den Fällen des Anstellungsbetrugs, bei denen die vom Dienstberechtigten übernommene Zahlungsverpflichtung die von dem Verpflichteten zugesagten Dienste wertmäßig übersteigt.

Zu einem anderen Ergebnis könnte man nur dann gelangen, wenn die Vermögensminderung durch die Belastung mit einer Verbindlichkeit zugleich durch eine unmittelbar erworbene vermögenswerte Exspektanz kompensiert würde. Die Frage der Kompensation durch eine Exspektanz stellt

767 Siehe ausführlich oben 2. Teil, § 3, C. I.

sich wegen des dort vorhandenen guten sportlichen Leistungsvermögens des gedopten Athleten vordringlich bei der nachfolgend[768] zu untersuchenden Betrugskonstellation. Deshalb und weil die aufgeworfene Frage - wie unten zu zeigen sein wird - das hier ermittelte Ergebnis nicht modifizieren kann, soll sie an dieser Stelle unerörtert bleiben.

Darauf schließlich, daß sich die Vermögenseinbuße des Sponsors auch exakt beziffern läßt, kommt es für die Feststellung, *daß* er einen Vermögensschaden erlitten hat und der objektive Tatbestand somit zu bejahen ist, nicht mehr an, weil zur Überzeugung des Gerichts nur das „Ob“ des Schadens feststehen muß[769]. Bedeutung erlangt die Schadenshöhe nur bei der Strafzumessung, da § 46 Abs. 2 S. 2 StGB auch die „verschuldeten Auswirkungen der Tat“ als für die Strafzumessung wesentlich bestimmt. Im Rahmen der Strafzumessungserwägungen ergibt sich allerdings - mangels eines objektiven Verkehrswerts der Vertragsleistung des Sportlers - dieselbe Nachweisproblematik in bezug auf die Schadenshöhe wie beim Nachweis des Schadens. Sie läßt sich auch nicht dadurch überwinden, daß das Gericht, worauf der BGH[770] jüngst in einer Entscheidung zur Strafbarkeit von Submissionsabsprachen hingewiesen hat, die Höhe des entstandenen Schadens unter Beachtung des Zweifelssatzes schätzen kann. Denn auch hierfür bedarf es konkreter Anhaltspunkte, die sich aber allenfalls mittels der bereits aufgezeigten[771], kaum praktikablen Methode finden lassen. Andererseits wird das Gericht zumindest in besonders eindeutigen Einzelfällen die notwendige Überzeugung von einer bestimmten Schadenshöhe gewinnen können. Für alle anderen Fälle, in denen das Gericht zwar einen Schaden festgestellt hat, sich eine Überzeugung von der Mindestschadenshöhe aber nicht bilden kann, darf die Schadenshöhe bei der Strafzumessung konsequenterweise nicht zu Lasten des Sportlers berücksichtigt werden.

Das ermittelte Ergebnis - ein Vermögensschaden des Sponsors - findet seine Bestätigung in den Ausführungen von *Ditz*[772], der sich innerhalb seiner Untersuchung zur Betrugsstrafbarkeit im Pferderennsport mit einer grundsätzlich vergleichbaren, beim Deliktsmerkmal der Täuschungshand-

---

768 Siehe unten 3. Teil, § 4, E. II. 1.

769 Vgl. *Lackner/Kühl*, § 263 Rdn. 36 m.w.N.

770 BGHSt 38, 186 (193) unter Verweisung auf BGHSt 36, 320 (328).

771 Siehe oben 3. Teil, § 4, E. I. 1.

772 *Ditz*, Doping, S. 521 ff.

lung[773] bereits angeführten Konstellation befaßt und im Ergebnis ebenfalls einen Vermögensschaden bejaht. Die Argumentation von *Ditz* zur Schadensproblematik und die Parallelen zur Betrugskonstellation zum Nachteil des Sponsors werden nachfolgend aufgezeigt.

4. Schadensfeststellung von Ditz bei der vergleichbaren Konstellation im Pferderennsport

Der Käufer eines Rennpferdes, das unbemerkt an Rennen gedopt teilgenommen und mit Hilfe der künstlichen Leistungsveränderung gute Ergebnisse erzielt habe, ohne diese „Hilfsmittel" jedoch nicht in der Lage sei, die gleichen Rennleistungen zu erbringen, werde - so *Ditz*[774] - in seinem Vermögen deshalb geschädigt, weil das Rennpferd, das der Käufer erhalte, den Kaufpreis nicht wert sei. Wäre das Rennpferd nicht gedopt in dem Rennen gelaufen, hätte es aufgrund der Mängel entweder gar nicht an dem Rennen teilnehmen können, oder, falls es teilgenommen hätte, hätte es nicht gute Plazierungen erreicht, die den Preis eines Rennpferdes bestimmen. Das Pferd sei nicht nur nach dem subjektiven Urteil des Käufers, sondern auch objektiv für diesen wertlos, so daß dessen vertraglicher Anspruch auf die Leistung des täuschenden Verkäufers - die Lieferung des untauglichen Rennpferdes - in seinem Wert hinter seiner Verpflichtung zur Gegenleistung - die Zahlung des der Leistungsfähigkeit des Pferdes nicht entsprechenden Kaufpreises - zurückbleibe.

Die Parallelen zu der hier interessierenden Konstellation liegen auf der Hand: Sowohl der Sponsor als auch der Käufer des Rennpferdes gehen bei der Bezifferung ihrer Vertragsleistung (einerseits die Sponsoringleistungen, andererseits der Kaufpreis), aufgrund der unter Dopingeinfluß im Vorfeld des Vertragsabschlusses erzielten guten Ergebnisse, von einem Leistungspotential des „erworbenen" Vertragsgegenstandes aus, das dieser tatsächlich - also ohne Dopingmanipulation - nicht besitzt. Dies hat zur Konsequenz, daß der Sponsor und der Käufer des Rennpferdes ihre Leistungen dementsprechend höher beziffern und diese somit den jeweils erworbenen Gegen-

773 Siehe oben 3. Teil, § 1, D. I. 2. b) aa).

774 *Ditz*, Doping, S. 522 f.

anspruch wertmäßig übersteigen. Folgerichtig ist *Ditz'* Bejahung eines Vermögensschadens beim Käufer des Rennpferdes beizupflichten[775].

II. Vermögensschaden durch den Abschluß eines Sponsoringvertrages mit einem Sportler, der unter dem Einfluß verbotener Substanzen steht

Unproblematisch erscheint die Schadensfeststellung in der Fallgestaltung, bei der der Sportler bei Vertragsabschluß gedopt und deshalb nicht fähig ist, seine Vertragsleistung zu erbringen. Der Vertrag ist auf eine unmögliche Leistung gerichtet und somit gemäß § 306 BGB nichtig[776]. Auf den ersten Blick ist der Sponsor daher aus dem Grund geschädigt, weil der Vermögensminderung durch konkrete Vermögensgefährdung zum Zeitpunkt des Vertragsabschlusses[777] offensichtlich kein Äquivalent gegenübersteht. Der Sportler kann die versprochene Leistung nämlich nicht erbringen.

Bei näherem Betrachten ließe sich indes noch an eine Kompensation der Vermögensminderung durch eine *Exspektanz* denken. Die Kompensation, die für den Ausgleich der Wertminderung des Sponsors entscheidend ist, darf zwar nicht in der Zukunft liegen. In Rechtsprechung[778] und Literatur[779] ist es aber anerkannt, daß auch die bloße Exspektanz im Sinne der aus einer bestimmten Sachlage abzuleitenden Wahrscheinlichkeit eines künftigen Vermögenszuwachses aktuellen wirtschaftlichen Wert haben und des-

---

775 In Abweichung zu dem hier bei dem Sponsor ermittelten Ergebnis erblickt *Ditz*, Doping, S. 524, den Vermögensschaden des Opfers in einer konkreten Vermögensgefährdung. Nach der hier dargelegten Ansicht (siehe oben in Fußnote 750) käme es bei dem Käufer des Pferdes auf das Vorliegen einer Vermögensgefährdung jedoch nicht an, weil in dessen Vermögen durch den Vertragsabschluß bereits eine nachteilige Bestandsveränderung eingetreten ist.

776 Siehe oben 2. Teil, § 3, C. II. 1.

777 Siehe oben 3. Teil, § 3, F. II.

778 Vgl. RGSt 13, 8 (9 f.); 23, 55 (57); 27, 29 (43); 73, 382 (384); BGHSt 16, 220 (223); 17, 147 (149); BGH GA 1978, 332 (333); BGH MDR/H 1981, 100; BGH NStZ 1991, 488; OLG Hamburg NJW 1962, 1408; HansOLG Bremen NStZ 1989, 228 (229); OLG Düsseldorf NJW 1994, 3366 (3367).

779 Vgl. *Cramer*, in: S/S, § 263 Rdn. 87; *Lackner*, in: LK, § 263 Rdn. 134 ff.; *Lackner/Kühl*, § 263 Rdn. 34 jeweils m.w.N.

halb Vermögensbestandteil sein kann. Ob die Vermögensminderung beim Sponsor insoweit einen Ausgleich erfährt, wird im folgenden untersucht.

1. Kompensation der Vermögensminderung durch den Erwerb einer Exspektanz mit Abschluß des Sponsoringvertrages

Das Sponsoring ist für den Sponsor zunächst ein Kostenfaktor. Es wird von diesem aber in der Erwartung eingesetzt, *Mehreinnahmen* zu erzielen. Dies soll in erster Linie durch eine Erhöhung des Bekanntheitsgrades und einen Imagetransfer von der geförderten Sportart auf die Produkte des Sponsors erreicht werden[780]. Ein Vermögensschaden des Sponsors könnte trotz der Leistungsunfähigkeit des Sportlers möglicherweise deshalb ausscheiden, weil dem Sponsor durch den Abschluß des vermeintlich wirksamen Vertrages eine *Aussicht* auf Erlangung eines Wertzuwachses entsteht. Da die Exspektanz dem Sponsor zugleich mit der Vermögensminderung - der konkreten Vermögensgefährdung - zufließt, wären auch die Bedenken, es dürfe sich nicht nur um eine spätere Schadenskompensation handeln, ausgeräumt. Auf die weitere Entwicklung käme es dann nicht mehr an, weil für die Frage, ob ein Vermögensschaden eingetreten ist, der Zeitpunkt der Verfügung maßgeblich ist[781].

In der weit überwiegenden Zahl der von der Rechtsprechung zu den Exspektanzen entschiedenen Fälle ging es darum, wann ein Vermögensschaden i.S.d. § 263 StGB durch den *Verlust* einer Gewinnaussicht eintreten kann[782]. Die hier aber interessierende Frage nach der Möglichkeit der *Kompensation* einer Vermögensminderung durch eine Exspektanz stellte sich vor allem im Rahmen der Untreue[783]. So hatte der 4. Strafsenat des BGH[784] im Zusammenhang mit dem bereits angesprochenen „Bundesligaskandal"[785] zu untersuchen, inwieweit geleisteten Bestechungsgeldern ein gleichwerti-

---

780 Siehe oben 2. Teil, § 2, B.

781 Siehe oben 3. Teil, § 4, A.

782 Eine flächendeckende Fallgruppenbildung der Rechtsprechung zu den Exspektanzen findet sich bei *Hefendehl*, Vermögensgefährdung, S. 199 ff.

783 Vgl. die Nachweise bei *Hefendehl*, Vermögensgefährdung, S. 32 f.

784 Urteil v. 27.02.1975 - 4 StR 571/74 - NJW 1975, 1234.

785 Siehe oben 3. Teil, § 1, D. I. 2. b) cc) (1).

ges Äquivalent in Gestalt der weiteren Bundesligazugehörigkeit und den damit verbundenen Vermögensgewinnen gegenüberstand.

Nachfolgend werden zunächst die relevanten Entscheidungsgründe des BGH verkürzt wiedergegeben und sodann besprochen. Anschließend soll der Versuch unternommen werden, das dann anhand des § 266 StGB veranschaulichte Begründungsmuster für eine Kompensation durch eine Exspektanz auf die Betrugskonstellation zum Nachteil des Sponsors bei Abschluß des Vertrages zu übertragen. Da der Begriff des Nachteils in § 266 Abs. 1 StGB dieselbe Bedeutung hat wie die Vermögensbeschädigung i.S.d. § 263 StGB[786], gelten die Grundsätze der Schadensberechnung für beide Tatbestände sinngemäß[787].

a) *Entscheidung des BGH zur Untreue eines Vereinsvorsitzenden durch Finanzmanipulationen („Bundesligaskandal-Fall", NJW 1975, 1234)*

aa) *Sachverhalt und Entscheidungsgründe*

Die Mannschaft des Angeklagten, der 1. Vorsitzende eines Sportvereins, dessen Vertragsspieler-Fußballmannschaft in die Bundesliga aufgestiegen war, befand sich vor dem letzten Spieltag des Spieljahres 1970/71 auf dem drittletzten Platz der Tabelle; eine Niederlage konnte den Abstieg aus der Bundesliga bedeuten. Der Angeklagte hob 100.000 DM vom Vereinskonto ab und deckte die Verwendung dieser Summe vorerst durch Aushändigung eines unrichtigen Belegs an die Buchhaltung des Vereins. Bereits vor dem Spiel erhielten zwei Spieler der gegnerischen Mannschaft zusammen 30.000 DM. Nachdem der eigene Verein das Spiel gewonnen hatte und somit dem Abstieg entgangen war, erhielten die übrigen Spieler des anderen Vereins die restliche Summe. Weitere 150.000 DM wurden von einem Mitglied des Vorstands privat zur Verfügung gestellt. Nach Aufdeckung dieses sportlichen Vergehens entzog das Bundesgericht des DFB durch Urteil vom 15.04.1972 dem Verein des Angeklagten die Bundesligalizenz, was den Abstieg in die Regionalliga zum Ende des Spieljahres 1971/72 zur Folge hatte.

---

786 Vgl. BGH wistra 1988, 26; BGH NStZ 1995, 144; *Lackner/Kühl*, § 266 Rdn. 17; *Hübner*, in: LK, § 266 Rdn. 90 m.w.N.

787 Vgl. *Wessels*, BT/2, Rdn. 727. Soweit ersichtlich, wird die Möglichkeit, eine Exspektanz innerhalb des Schadensausgleichs beim Betrug zu berücksichtigen, allein bei *Lackner*, in: LK, § 263 Rdn. 194, angeführt.

Das Landgericht verurteilte den Angeklagten wegen Untreue gemäß § 266 StGB[788]. Der BGH hob das Urteil auf und verwies es zur erneuten Entscheidung zurück. Der Angeklagte ist daraufhin freigesprochen worden[789].

In seinen Urteilsgründen sieht es der BGH für die Frage eines Vermögensnachteils des Vereins des Angeklagten als allein entscheidend an, inwieweit den von dem Vereinsvorsitzenden geleisteten Bestechungsgeldern ein gleichwertiges Äquivalent in Gestalt des Erhalts der Bundesligazugehörigkeit für ein weiteres Jahr gegenüberstand. Die weitere Ligazugehörigkeit des Vereins stelle nämlich zweifellos eine Aussicht für einen Vermögensgewinn dar[790]. Maßgeblich für die Beantwortung der aufgeworfenen Frage seien Wahrscheinlichkeitserwägungen, die allerdings - wie noch zu zeigen sein wird - die Anforderungen an den Wahrscheinlichkeitsgrad einer Exspektanz gegenüber der bis dahin üblichen Praxis abschwächen: Im Zweifel solle darauf abgestellt werden, „ob bei wirtschaftlich vernünftiger, alle bekannten äußeren Umstände berücksichtigender Gesamtbetrachtung die Gefahr eines Verlustgeschäftes wahrscheinlicher ist als die Aussicht auf Gewinnzuwachs."[791] Zur abschließenden Klärung der Frage, ob für den Verein die Erzielung eines Gewinns wahrscheinlicher gewesen ist als ein Verlustgeschäft, sah sich der BGH letztlich aber „außerstande"[792].

bb) Stellungnahme unter Einbeziehung der Kritik von Schreiber/Beulke und Bringewat

Kern der Entscheidung ist die Überlegung, daß der zunächst eingetretene Verlust von 100.000 DM durch den Erhalt der Bundesligazugehörigkeit und den damit zu erwartenden Vermögensgewinnen, z. B. durch entsprechend höhere Zuschauerzahlen und Verkaufswerte der Spieler, prinzipiell - und zwar als vermögenswerte Exspektanz[793] - ausgeglichen werden könne[794].

---

788 LG Bielefeld, Urteil v. 07.02.1974 - S 1/73 (I a).

789 LG Bielefeld, Urteil v. 09.02.1977 - S 1/75 (XI) - JZ 1977, 692.

790 BGH NJW 1975, 1234 (1235).

791 BGH NJW 1975, 1234 (1236).

792 BGH NJW 1975, 1234 (1236).

793 Vgl. *Schreiber/Beulke*, JuS 1977, 656 (659).

794 BGH NJW 1975, 1234 (1235).

Eine Exspektanz kann nur dann Vermögensbestandteil sein, wenn sie bereits „so weit konkretisiert ist, daß ihr der Geschäftsverkehr schon für die Gegenwart wirtschaftlichen Wert beimißt."[795] Die herrschende Auffassung rechnet eine Gewinnaussicht dann zum Vermögen, wenn der Vermögenszuwachs nach dem gewöhnlichen Verlauf der Dinge und den besonderen Umständen mit Wahrscheinlichkeit erwartet werden kann[796], wobei z.T. auch von einer hohen bzw. großen Wahrscheinlichkeit gesprochen wird[797]. Die Entscheidung der Frage, ob einer Exspektanz Vermögenswert zukommt, hat - worauf auch der BGH im „Bundesligaskandal-Fall" hinweist - anhand einer (wirtschaftlichen) Gesamtbetrachtung zu erfolgen.

Schreiber/Beulke[798] greifen in ihrer fundierten Urteilsanalyse die vom BGH[799] genannten Gesichtspunkte, die für und gegen die Erzielung eines Vermögensgewinns des Bundesligavereins vorgebracht werden können, auf und führen hierzu zusammenfassend und ergänzend aus: Für einen Vermögenszuwachs sprächen z. B. die stärkere Beliebtheit von Bundesligaspielern, die höheren Preise für Eintrittskarten (bereits gekaufte Dauerkarten hätten im Falle des Abstiegs zurückerstattet werden müssen) sowie der höhere Marktwert der „gekauften" Spieler. Andererseits sei ein Bundesligaverein zu sehr viel höheren Investitionen gezwungen und könne dennoch sehr schnell an Zulauf und Attraktivität verlieren. So etwa durch eine Reihe

---

795 *Lackner*, in: LK, § 263 Rdn. 134.

796 Vgl. z. B. RGSt 38, 108 (109); 41, 373 (383); 51, 205 (209); 63, 187 (191); 64, 181 (182); 73, 382 (384); 74, 316 (317); BGHSt 2, 364 (367); 16, 220 (223 f.); 17, 147 (149); 34, 379 (390); BGH GA 1978, 332 (333); BGH MDR/H 1982, 624; BGH NStZ 1991, 488 f.; OLG Hamm JMBl NRW 1954, 132; OLG Hamburg NJW 1962, 1408; OLG Karlsruhe Justiz 1970, 265; LG Frankfurt NJW 1993, 945; BayObLG NJW 1993, 2820; *Blei*, Strafrecht II, S. 218; *Cramer*, in: S/S, § 263 Rdn. 87 ff.; *Krey*, Strafrecht BT/2, Rdn. 440; *Mohrbotter*, GA 1971, 321; *Tröndle*, § 266 Rdn. 25; *Wessels*, BT/2, Rdn. 518; anders noch die ältere Rechtsprechung, die ursprünglich eine Gewinnaussicht nur bei „Sicherheit" des Gewinnanfalls zum Vermögen rechnete, vgl. RGSt 6, 75 (76); 13, 8 (9); 16, 1 (5); 23, 55 (57); 27, 39 (43).

797 Vgl. RGSt 26, 227 (229); 61, 211 (213); 71, 333 (334); BGHSt 19, 37 (42); OLG Hamm NJW 1968, 1940; HansOLG Bremen NStZ 1989, 228 (229); *Hillenkamp*, NStZ 1981, 161 ff.; *Hübner*, in: LK, § 266 Rdn. 85; *Lackner*, in: LK, § 263 Rdn. 135, 138; *Schreiber/Beulke*, JuS 1977, 656 (660); *Seelmann*, JuS 1982, 914 (918); *Triffterer*, NJW 1975, 612 (613 f.).

798 *Schreiber/Beulke*, JuS 1977, 656 (660).

799 BGH NJW 1975, 1234 (1236).

schlechter Spiele, ein Absinken im Tabellenstand, ungünstige Spielpartner, schlechte Witterungsbedingungen und den Ausfall guter Spieler durch Verletzungen. Ferner habe die Gefahr bestanden, daß die Machenschaften aufgedeckt würden. Aufgrund des dann zu erfolgenden Lizenzentzuges sei ein Absinken des Interesses der Fußballfreunde an den Spielen des Vereins auf unabsehbare Zeit zu befürchten gewesen. Diese Fernwirkungen habe der BGH über die nächste Spielzeit *hinaus* zu Unrecht aber nicht berücksichtigt.

In die gleiche Richtung zielt die Kritik von *Bringewat*[800]. Er weist darauf hin, daß es insbesondere unter Gefährdungsgesichtspunkten einer Berücksichtigung aller vermögensschädigenden Folgen der voraussehbaren DFB-Sanktionen über das der Spielmanipulationen unmittelbar nachfolgende Bundesligajahr hinaus bedurft hätte[801]. Die mit dem Spielgewinn verbundene Vermögenssituation werde letztlich nicht nur durch die Gewinnaussichten, sondern angesichts der drastischen Sanktionen des DFB insbesondere auch durch erhebliche Verlustaussichten geprägt. Zum Zeitpunkt der Spielerbestechung habe dem Verein nicht nur ein Abstieg in die Regionalliga, sondern ein Abstieg in die Amateurliga mit realmöglichen Aufstiegsverboten gedroht. Die wirtschaftlichen Folgen dieser von vornherein zu erwartenden und teilweise später auch tatsächlich verhängten Sanktionen des DFB wiegten im Verhältnis zur Gewinnaussicht „Bundesligazugehörigkeit für ein weiteres Jahr" ungleich schwerer. Deshalb, so *Bringewat*[802], hätte der BGH die Frage des Vermögensnachteils nicht unbeantwortet zu lassen brauchen, sondern zum Nachteil des Angeklagten selbst entscheiden können.

Die maßgebliche Schwäche in der Urteilsbegründung des BGH findet sich aber bereits an anderer Stelle: Legte man zur Abgrenzung der vermögenswerten von der nichtvermögenswerten Exspektanz das vom BGH genannte Kriterium zugrunde, so bedeutete dies, daß für den erwarteten Vermögenszuwachs des Bundesligavereins eine Wahrscheinlichkeit von 51 % genügen müßte[803]. Dem kann nicht gefolgt werden. Bei so vielen Umstän-

---

800 *Bringewat*, JZ 1977, 667 (670).

801 Zust. *Hübner*, in: LK, § 266 Rdn. 86; *Lackner*, in: LK, § 263 Rdn. 135 in seiner Fußnote 254.

802 *Bringewat*, JZ 1977, 667 (671).

803 Vgl. *Schreiber/Beulke*, JuS 1977, 656 (660).

den, die für und gegen einen Vermögenszuwachs vorgebracht werden können, würde dann nämlich die Entscheidung, welche Möglichkeit überwiegt, wie *Schreiber/Beulke*[804] es treffend formulieren, „zum Lotteriespiel". Berücksichtigt man, daß die §§ 263, 266 StGB nur das bereits bestehende Vermögen schützen und daß ein erst künftiger Vermögenszuwachs nur im Ausnahmefall mit einbezogen werden darf, und zwar dann, wenn der Geschäftsverkehr ihm schon für die Gegenwart wirtschaftlichen Wert beimißt[805], so ist es auch im Rahmen der Kompensation eines Vermögensnachteils geboten, den Begriff der Exspektanz restriktiv auslegen. Andernfalls bestünde die Gefahr, daß sich die Grenzen des Schadensbegriffs zu weit ausdehnen. Beizupflichten ist deshalb der Auffassung, daß einer Exspektanz nur bei hoher bzw. großer Wahrscheinlichkeit des Vermögenszuwachses Vermögenswert zukommt[806].

Angesichts der zahlreichen Unsicherheitsfaktoren kann im „Bundesligaskandal-Fall" des BGH von einer vermögenswerten Exspektanz nicht gesprochen werden und daher für den Verein des Angeklagten nur die Annahme eines Vermögensnachteils das richtige Ergebnis sein[807].

b) Künftige Vermögenszuwächse beim Sponsor durch Absatzsteigerungen

Die obigen Ausführungen haben gezeigt, daß es grundsätzlich möglich ist, den Vermögensnachteil, der durch eine Untreuehandlung eingetreten ist, mittels einer Gewinnaussicht auszugleichen. Es bleibt nun zu klären, ob

---

804 *Schreiber/Beulke*, JuS 1977, 656 (660).

805 Zu diesen Fragen siehe *Lackner*, in: LK, § 263 Rdn. 134 ff. und *Beulke*, JuS 1977, 35 (36 f.); vgl. auch *Hübner*, in: LK, § 266 Rdn. 85: „Das Habenkönnen eines Vermögensgegenstands ist stets weniger Wert als sein Haben."

806 Siehe die Nachweise oben in Fußnote 797.

807 Ebenso *Schreiber/Beulke*, JuS 1977, 656 (660); vgl. auch *Seelmann*, JuS 1982, 914 (918): „Wegen der Hingabe des Geldes schon vor dem Spiel dürfte die zu verlangende hohe Wahrscheinlichkeit der Exspektanz eindeutig zu verneinen sein." Anderer Ansicht *Tröndle*, § 266 Rdn. 25; *Triffterer*, NJW 1975, 612 (614): Eine vermögenswerte Exspektanz könne bei den Spielen bejaht werden, bei denen durch Zahlung einer Verlustprämie am Ende des Abstiegskampfes die entscheidenden Punkte zur Verhinderung des Klassenabstiegs gesichert werden sollten. Denn in diesen Fällen sei nicht nur der vereinbarte Ausgang des Spiels hinreichend sicher gewesen, sondern vor allem der Verbleib in der Bundesliga, aus dem in der folgenden Saison mit hoher Wahrscheinlichkeit wesentlich höhere Einnahmen resultieren würden.

sich dieser Ansatz auf die Betrugskonstellation zum Nachteil des Sponsors bei Abschluß des Vertrages mit einem gedopten Sportler übertragen läßt. Eingangs sind dafür Erwägungen zur Höhe des erhofften Gewinns des Sponsors anzustellen.

aa) Höhe des erhofften Gewinns des Sponsors

Nach *Schreiber/Beulke*[808] habe die Rechtsprechung stets gefordert, daß der erhoffte Gewinn größer sein müsse, als der eingetretene Schaden. *Schreiber/Beulke*[809] selbst verlangen eine Aussicht, die einen im Verhältnis zum aufgebrachten Vermögensopfer erheblich höheren Gewinnzuwachs verspreche. *Hübner*[810] fordert, daß die Gewinnaussicht den Gewinn eines Vermögenswertes verspreche, der den Einsatz nicht unbedeutend übersteige. *Seelmann*[811] führt schließlich auch einen materialen Gesichtspunkt an: Bei wirtschaftlicher Betrachtung sei der Exspektanz „selbstverständlich" ein geringerer Wert beizumessen als der Vermögensposition, auf die sie bezogen sei. Deshalb müsse für eine Kompensation durch die Exspektanz auch ein Gewinn verlangt werden, der gegenüber der hingegebenen Leistung einen höheren Wert habe.

Was den erhofften finanziellen Gewinn des Sponsors angeht, bestehen insoweit keine Schwierigkeiten. Der Sportler würde Werbehandlungen vornehmen, die im optimalen Fall Absatzsteigerungen vor allem bei den Produkten oder Dienstleistungen, für die er wirbt, mit dementsprechenden Mehreinnahmen des Sponsors zur Folge hätten[812]. Der Umfang und damit auch der wirtschaftliche Wert der Mehreinnahmen läge bei günstigster Entwicklung erheblich über dem Wert der Vergütung, die dem Sportler für die Vertragslaufzeit üblicherweise versprochen wird.

---

808 *Schreiber/Beulke*, JuS 1977, 656 (659) unter Verweisung auf RG DR 1941, 1882; RG JW 1934, 2923; RG JW 1935, 2638. Ähnlich HansOLG Bremen NStZ 1989, 228 (229): Der mit hoher Wahrscheinlichkeit erwartete Gewinn müsse sich mit dem Nachteil (Verlust) zumindest die Waage halten, wenn nicht sogar die Höhe des Verlustes übersteigen.

809 *Schreiber/Beulke*, JuS 1977, 656 (659).

810 *Hübner*, in: LK, § 266 Rdn. 85.

811 *Seelmann*, JuS 1982, 914 (918).

812 Siehe dazu oben 2. Teil, § 2, B.

bb) *Keine hinreichende Wahrscheinlichkeit eines Vermögenszuwachses beim Sponsor*

Eine Kompensation der Vermögensminderung des Sponsors ist wegen der gebotenen engen Auslegung des Begriffs der Exspektanz allerdings nur dann möglich, wenn bei dem Sponsor die Wahrscheinlichkeit eines Vermögenszuwachses hoch bzw. groß ist[813]. Dies zu entscheiden, bereitet keine besonderen Probleme. Denn eine Vielzahl der Faktoren, die bei der Wahrscheinlichkeitsprognose und der dafür erfolgten Gesamtbetrachtung im „Bundesligaskandal-Fall" von Bedeutung gewesen sind, können von ihrem Ansatz her auch für die Betrugskonstellation zum Nachteil des Sponsors herangezogen werden.

Für einen künftigen Vermögenszuwachs bei dem Sponsor spricht der Umstand, daß der nach außen hin (also scheinbar) „makellose" Sportler während des vereinbarten Zeitraums Werbehandlungen vornehmen wird, die im bestmöglichen Fall den Bekannheitsgrad des Sponsors erhöhen und zu einem positiven Imagetransfer führen. Zur Folge hätte dies Absatzsteigerungen insbesondere bei den Produkten, für die der Sportler wirbt mit entsprechenden Mehreinnahmen des Sponsors.

Andererseits wird hier schon offenbar, daß die weitere Entwicklung - ähnlich wie bei der Gewinnaussicht des Bundesligavereins - völlig unabsehbar ist: Schon zu Beginn eines jeden Sponsoringengagements gibt es von dem Sportler und seiner Werbehandlung an sich unabhängige Unsicherheitsmomente, die sich nicht oder nur sehr eingeschränkt von vornherein ausschließen lassen. So wird sich immer die Frage stellen, ob der von dem Sponsor angestrebte Werbeeffekt und die durch diesen herbeizuführenden Mehreinnahmen auch bei optimalem Werbeeinsatz des Gesponserten sich werden verwirklichen lassen. Hat man für den konkret erstrebten Imagetransfer den „optimalen" Sportler auserwählt? Wird die anzusprechende Zielgruppe durch die Werbehandlungen des Sportlers auch dazu bewegt, sich mit dem Produkt oder der Dienstleistung des Sponsors auseinanderzusetzen? Die Faktoren, die den Eintritt eines Vermögenszuwachses beim Sponsor beeinflussen können, sind also bereits insoweit kaum zu übersehen

813 Siehe oben 3. Teil, § 4, E. II. 1. a) bb).

und sollen, da es sich letztlich um Fragen des richtigen Marketings handelt, an dieser Stelle auch nicht weiter vertieft werden[814].

Anzuführen sind aber auch von dem Sportler selbst ausgehende Umstände. So besteht jederzeit die Gefahr, daß der Sportler aufgrund einer Verletzung nicht mehr an Wettkämpfen teilnehmen kann und deshalb seine vertraglich vereinbarte Werbehandlung als solche nicht oder nur sehr eingeschränkt (etwa durch die bloße Wahrnehmung von Promotionsterminen) wird erbringen können. Auch eine Reihe schlechter Leistungen oder mangelnde sportliche Erfolge, die z. B. durch nicht gänzlich auskurierte Verletzungen oder auch nur Pech zustandekommen können, werden im Regelfall dazu führen, daß der Werbewert des Sportlers absinkt und deshalb erhoffte Mehreinnahmen des Sponsors ausbleiben.

Schließlich bleibt bei einer Gesamtbetrachtung auch zu berücksichtigen, daß die Gefahr besteht, daß die Einnahme der verbotenen Substanzen, ebenso wie die Manipulationen im „Bundesligaskandal“, offenbar wird. Nämlich dann, wenn der bei Vertragsabschluß gedopte Sportler im weiteren Verlauf kontrolliert wird und das Analyseergebnis positiv ausfällt. Die Verwirklichung einer solchen Gefahr brächte den bereits an anderer Stelle[815] aufgezeigten negativen Imagetransfer mit sich, der nicht nur Mehreinnahmen verhindern, sondern wegen des zu erwartenden Absatzverlustes sogar zu finanziellen Einbußen beim Sponsor führen würde.

Die Fülle der aufgezeigten Unsicherheitsfaktoren läßt deshalb nur den Schluß zu, daß die Aussicht des Sponsors, aufgrund der Werbehandlungen des Sportlers, Mehreinnahmen durch Absatzerhöhungen zu erzielen, nicht hinreichend konkretisiert ist. Ihr kommt daher kein kompensationsfähiger wirtschaftlicher Wert zu.

---

814 Vgl. zu diesem Problembereich z. B. Der Spiegel, Nr. 43/1996, S. 199 ff. mit der Überschrift: „Lila Welt. Kurskorrektur bei Milka: Weil die Werbespots mit Franziska van Almsick floppten, setzt die Schokoladenmarke jetzt auf den Ski-Weltcup“. Weiter heißt es dort (S. 199): „Die Marketingexperten hielten eine Kurskorrektur, weg von der personenbezogenen Reklame, hin zum sog. Event-Sponsoring, für dringend geboten. In der Züricher Zentrale werden die Spots mit der süßen Berlinerin längst als Flop eingestanden. Schon nach zwei Jahren froren die Manager die Zusammenarbeit ein. Die Option für zwei weitere Jahre (van Almsicks Honorar: 450.000 DM p.a.) nahmen sie 1995 nur wahr, damit sich kein Konkurrent aus der Nasch-Branche die Dienste des Goldfischs sichern konnte.“

815 Siehe oben 2. Teil, § 2, C.

2. *Zwischenergebnis*

Durch den Abschluß des nichtigen Sponsoringvertrages mit dem leistungsunfähigen Sportler ist der Sponsor in seinem Vermögen geschädigt, da es an einer Kompensation für die konkrete Vermögensgefährdung fehlt. Die Vermögensminderung wird auch nicht durch eine zugleich erworbene Aussicht auf Mehreinnahmen durch Absatzsteigerungen insbesondere bei den Produkten, für die der Sportler wirbt, ausgeglichen. Denn der erhoffte Vermögenszuwachs ist wegen der zahlreichen Unsicherheitsfaktoren nicht hinreichend wahrscheinlich.

III. Vermögensschaden nach Abschluß des Sponsoringvertrages

In der Fallgestaltung, bei der der Sportler nach Vertragsabschluß dopt, ist der Vermögensschaden des Sponsors ohne weiteres zu bejahen. Dadurch, daß der Sponsor seine Gegenleistung erbringt, ohne hierzu aufgrund der nachträglich eingetretenen Unmöglichkeit verpflichtet zu sein[816], mindert er sein Vermögen unmittelbar[817]. Diese Weggabe von Vermögenswerten, um eine nur vermeintlich bestehende Verbindlichkeit zu erfüllen, stellt auch einen Vermögensschaden dar, weil eine Kompensation mangels jeglichen Äquivalents für das Vermögensopfer des Sponsors nicht in Betracht kommt[818].

§ 5: Vorsatz

In diesem Abschnitt erfolgt der Blick auf das subjektive Tatbestandsmerkmal des Vorsatzes. Bei dem Sportler, der sich entweder - was der Regelfall ist - bewußt dopt oder dem die verbotenen Substanzen heimlich zugeführt wurden, wovon er aber im Zeitpunkt der Täuschungshandlung Kenntnis hat, bereitet die Annahme des Vorsatzes keine größeren Schwierigkeiten. Um Wiederholungen zu vermeiden, soll es genügen, den jeweiligen Vorsatz des

816 Siehe oben 2. Teil, § 3, C. II. 2.

817 Siehe oben 3. Teil, § 3, F. III. 2.

818 Zum Vermögensschaden in vergleichbaren Fällen vgl. *Lackner*, in: LK, § 263 Rdn. 243 m.w.N.

Sportlers hinsichtlich der wesentlichen Punkte zu betrachten. Es bedarf zunächst einer kurzen Erläuterung des Deliktsmerkmals.

Der Vorsatz des Täters muß sich als direkter oder bedingter auf sämtliche Merkmale des objektiven Tatbestandes unter Einschluß der sie verbindenden Kausalbeziehungen erstrecken. Der Täter muß also zumindest Eventualvorsatz dahingehend haben, daß er täuscht, daß das Opfer sich irrt und deshalb verfügt. Weiter muß der Täter das Bewußtsein haben, daß bei dem Opfer durch die Verfügung ein Vermögensschaden eintritt[819]. Der maßgebliche Zeitpunkt, zu dem der Tatbestandsvorsatz gegeben sein muß, ist der Augenblick der Tatbegehung, d.h. bei Vornahme der tatbestandlichen Ausführungshandlung[820] und somit beim Betrug der Moment der Täuschungshandlung[821].

Spiegelt der Sportler bei seiner Teilnahme an dem Wettkampf dem Mitkonkurrenten, dem Veranstalter und dem Preisspender schlüssig vor, daß er die Dopingbestimmungen und somit auch die Bedingungen der Auslobung einhält, so wird er sich der Wirkung seines Verhaltens auf die Vorstellung der Getäuschten auch im klaren sein. Er wird sich regelmäßig darüber bewußt sein, daß der Mitkonkurrent es unterlassen wird, seinen ihm zustehenden Preis geltend zu machen, daß der Veranstalter die Antrittsprämie auszahlen und der Preisspender die Prämie übergeben wird und daß diese dadurch in ihrem Vermögen geschädigt werden. Der Vorsatz hinsichtlich der schädigenden Verfügung des Preisspenders und des Mitkonkurrenten entfällt auch nicht etwa deshalb, weil im Zeitpunkt der Täuschungshandlung (Wettkampfteilnahme) noch nicht feststeht, ob der Sportler die Plazierung, die mit einer Prämie ausgelobt ist, überhaupt erreichen wird. Als intellektuelles Element des Vorsatzes genügt es nämlich, daß der Täter die drohende, zum Schaden führende Verfügung als möglich erkannt hat[822]. Die Unsicherheit zum Zeitpunkt der Tatbegehung, ob es hierzu

---

819 Vgl. *Cramer*, in: S/S, § 263 Rdn. 165; *Lackner*, in: LK, § 263 Rdn. 256 ff. jeweils m.w.N.

820 Vgl. BGH NStZ 1983, 452; BGH StV 1986, 95; BayObLG VRS 64 (1983) Nr. 84, 189 (190).

821 *Gössel*, BT/2, § 21 Rdn. 195; *Lackner*, in: LK, § 263 Rdn. 259.

822 Vgl. *Beulke*, JR 1978, 390; *Cramer*, in: S/S, § 263 Rdn. 165; *Jescheck/Weigend*, Strafrecht AT, S. 299 f.; *Maurach/Schroeder/Maiwald*, BT/1, § 41 Rdn. 137; vgl. auch BGHSt 21, 14 (17); 31, 178 (180 f.); *Lackner*, in: LK, § 263 Rdn. 257 m.w.N.

kommen wird, läßt den Vorsatz nicht entfallen. Die Vorstellung des gedopten Sportlers bei der Wettkampfteilnahme, er werde die entsprechende Plazierung zumindest möglicherweise erreichen, genügt daher bereits und wird auch regelmäßig nachweisbar sein[823].

Mit Vorsatz handelt der Sportler schließlich auch in den übrigen Konstellationen: Bei der Startzusage gegenüber dem Veranstalter und bei Abschluß des Sponsoringvertrages in gedoptem Zustand weiß er von seiner mangelnden Leistungsfähigkeit. Gleiches gilt hinsichtlich der konkreten Gefahr, daß die Getäuschten die jeweilige Vergütung trotz der Leistungsunfähigkeit und der dadurch bedingten fehlenden Verpflichtung erbringen werden. Bei der Eingehungsbetrugskonstellation zum Nachteil des Sponsors, der aufgrund der Täuschungshandlung des Sportlers von einem tatsächlich nicht vorhandenen Leistungspotential desselben ausgeht, wird sich der Sportler über den für den Sponsor nachteiligen Vertragsabschluß und den dadurch bedingten Vermögensschaden bewußt sein. Ebenso verhält es sich hinsichtlich des Vermögensschadens in der Konstellation, bei der der Sportler nach Abschluß des Sponsoringvertrages verbotene Substanzen einnimmt und gleichwohl die vermeintlich noch ausstehende Vergütung entgegennimmt. Bei letzterer wird der Vorsatz auch nicht dann entfallen, wenn der Sportler sich darauf einläßt, er habe die Aufklärungspflicht, die sich aus dem besonderen Vertrauensverhältnis ergibt, nicht gekannt. Kennen muß der Täter eines unechten Unterlassungsdelikts nur die tatsächlichen Voraussetzungen, die die Garantenstellung begründen, nicht aber die sich daraus ergebende Garantenpflicht. Deshalb unterliegt der Sportler einem in aller Regel vermeidbaren Verbotsirrtum (§ 17 StGB), wenn er sich zur Handlung nicht verpflichtet glaubt[824].

Das Willenselement, nämlich die billigende Inkaufnahme des Schadens, wird bei allen hier untersuchten Fällen trotz der zum Teil diffizilen Schadensbegründung zumeist problemlos bewiesen werden können. Erforderlich ist nur der Nachweis, daß sich der Sportler mit der erkannten Gefahr

---

823 Zu den entsprechenden Erwägungen innerhalb der Bereicherungsabsicht siehe unten 3. Teil, § 6, B.

824 Vgl. BGHSt 16, 155 (158 ff.); *Rudolphi*, in: SK, vor § 13 Rdn. 25; *Wessels*, Allg. Teil, Rdn. 732.

des Schadenseintritts abfindet[825], nicht aber, daß der Schaden die erwünschte Folge seines Handelns ist.

§ 6: Absicht rechtswidriger Bereicherung

Neben dem Vorsatz setzt § 263 StGB als besonderes unrechtskonstitutives Element die sog. Bereicherungsabsicht voraus. Es handelt sich dabei um die Absicht, sich oder einem Dritten einen objektiv rechtswidrigen und mit dem Vermögensschaden stoffgleichen Vermögensvorteil zu verschaffen[826]. In diesem Abschnitt sollen für die zu untersuchenden Fallgestaltungen zunächst die rechtswidrigen, stoffgleichen Vermögensvorteile herausgestellt werden. Sodann wird die auf eine Bereicherung jeweils bezogene Absicht des Sportlers betrachtet.

A. Rechtswidriger, stoffgleicher Vermögensvorteil

Als Vermögensvorteil ist jede günstigere Gestaltung der Vermögenslage anzusehen[827]. Es handelt sich hierbei um das genaue Gegenstück zum Vermögensschaden[828]. Wegen der Struktur des Betrugs als Vermögensverschiebungsdelikt genügt jedoch nicht jeder Vermögensvorteil, der durch die Vermögensverfügung verursacht wurde. Vielmehr wird dieses Strukturmerkmal durch das von Rechtsprechung und Lehre entwickelte Erfordernis, daß zwischen eingetretenem Schaden und erstrebtem Vorteil eine funktionale Abhängigkeit - Stoffgleichheit - bestehen muß[829], stabilisiert. Die An-

---

825 Vgl. *Lackner*, in: LK, § 263 Rdn. 258; *Maurach/Schroeder/Maiwald*, BT/1, § 41 Rdn. 137; zum bedingten Vorsatz vgl. *Jescheck/Weigend*, Strafrecht AT, S. 299 f. m.w.N.

826 Vgl. z. B. *Cramer*, in: S/S, § 263 Rdn. 166 ff.; *Wessels*, BT/2, Rdn. 564 ff.; bzgl. der Rechtswidrigkeit des erstrebten Vermögensvorteils genügt Eventualvorsatz, vgl. *Krey*, Strafrecht BT/2, Rdn. 501 m.w.N.

827 RGSt 50, 277 (279); BGH VRS 42 (1972) Nr. 44, 110 (111); OLG Stuttgart NJW 1962, 502; *Cramer*, in: S/S, § 263 Rdn. 167; *Maurach/Schroeder/Maiwald*, BT/1, § 41 Rdn. 142.

828 *Lackner*, in: LK; § 263 Rdn. 264; *Cramer*, in: S/S, § 263 Rdn. 167.

829 Vgl. BGHSt 6, 115 (116); 21, 384 (386); 34, 379 (391); OLG Düsseldorf NJW 1993, 2694 (2695); BayObLG NStZ 1994, 491 (492); *Lackner*, in: LK, § 263 Rdn. 265 ff. m.w.N.

forderungen dieses Merkmals sind noch nicht abschließend geklärt[830]. Als gesichertes Mindesterfordernis in Rechtsprechung und Lehre kann jedoch gelten, daß der Täter den Vermögensvorteil in der Weise erstrebt, daß er unmittelbar zu Lasten des geschädigten Vermögens geht; der erstrebte Vermögensvorteil muß gleichsam die Kehrseite des Schadens bilden. Dies ist dann gegeben, wenn Schaden und erstrebter Vorteil auf derselben Vermögensverfügung beruhen[831]. Schließlich muß der erstrebte Vermögensvorteil auch objektiv rechtswidrig sein. Dem Täter darf daher kein rechtlich begründeter Anspruch auf den Vermögensvorteil zustehen[832]. Der Vermögensvorteil ist m.a.W. dann nicht rechtswidrig, wenn der Täter auf diesen einen fälligen und nicht einredebehafteten Anspruch hat[833], also letztlich einen nach materiellem Recht rechtsbeständigen Zustand herbeiführt.

An dieser Stelle der Untersuchung werden zunächst die insoweit unproblematischen Betrugskonstellationen bei Eingehung eines Vertrages und die zu dem effektiven Verlust eines Vermögensgutes führenden Fälle betrachtet. Daran im Anschluß gilt es die Betrugskonstellation zum Nachteil des Mitkonkurrenten gesondert zu beleuchten, weil dort das Merkmal des stoffgleichen Vermögensvorteils äußerst fraglich ist.

I. Betrugskonstellationen bei Eingehung eines Vertrages

Bei der Betrugskonstellation zum Nachteil des *Veranstalters*, der mit einem gedopten, leistungsunfähigen Sportler einen Vertrag abschließt, liegt der Schaden in der konkreten Gefahr, daß der Veranstalter dem Sportler das Antrittsgeld im Vertrauen auf den vertragsgemäßen, vollen Wert der erbrachten Leistung des Athleten nach dem Wettkampf auszahlen wird. Dem-

---

830 Ein Überblick über die Entwicklung und den Streitstand findet sich bei *Weidemann*, Kompensationsproblem, S. 126 ff.; *Wolfs*, Stoffgleichheit, S. 3 ff.; vgl. auch *Lackner*, in: LK, § 263 Rdn. 265 ff.

831 Vgl. BGHSt 6, 115 (116); 21, 384 (386); 34, 379 (391); OLG Düsseldorf NJW 1993, 2694; BayObLG NStZ 1994, 491 (492); *Cramer*, in: S/S, § 263 Rdn. 168; *Krey*, Strafrecht BT/2, Rdn. 453, 492; *Otto*, Strafrecht BT, S. 231; *Wessels*, BT/2, Rdn. 568.

832 Vgl. BGHSt 3, 160 (162); 19, 206 (215 f.); OLG Bamberg NJW 1982, 778; BayObLG StV 1990, 165; 1995, 303; *Lackner/Kühl*, § 263 Rdn. 61; *Otto*, Strafrecht BT, S. 232; *Tröndle*, § 263 Rdn. 43; *Wessels*, BT/2, Rdn. 566.

833 Vgl. *Krey*, Strafrecht BT/2, Rdn. 498.

entsprechend bildet die konkrete Aussicht des Sportlers auf diese Vergütung den stoffgleichen Vermögensvorteil[834]. Ebenso verhält es sich bei der Betrugskonstellation zum Nachteil des *Sponsors*, der mit einem gedopten und damit leistungsunfähigen Sportler einen Vertrag abschließt: Der stoffgleiche Vermögensvorteil besteht in der konkreten Aussicht, die zugesagte Vergütung trotz der Leistungsunfähigkeit zu erhalten. Die in beiden Konstellationen erstrebten Vermögensvorteile sind auch objektiv rechtswidrig, weil dem Sportler wegen der Nichtigkeit der Vereinbarungen ein Anspruch auf die Vergütungen nicht zusteht.

Keine Schwierigkeiten bereitet ferner die Konstellation, bei der der *Sponsor* einen Vertrag mit einem ungedopten Sportler abschließt, dessen gegenwärtiges sportliches Leistungsvermögen dem im Vorfeld unter Zuhilfenahme von Dopingmitteln gezeigten nicht entspricht. Der Schaden liegt darin, daß die von dem Sponsor übernommene rechtswirksame Vergütungsverpflichtung die von dem Sportler zugesagten Werbehandlungen wertmäßig übersteigt. Dementsprechend stellt die überhöhte vertragliche Forderung des Sportlers den Vermögensvorteil dar. Dieser Vorteil geht aufgrund derselben Vermögensverfügung unmittelbar zu Lasten des Vermögens des Sponsors, so daß der Vorteil auch stoffgleich mit dessen Schaden ist. Da der Sportler keinen rechtlich begründeten Anspruch auf den erstrebten Vermögensvorteil hat - der aus dem betrügerischen Geschäft selbst erwachsene Anspruch hat außer Betracht zu bleiben[835] -, ist dieser objektiv rechtswidrig.

II. Betrugskonstellationen mit effektivem Verlust eines Vermögensgutes

Problemlos gestalten sich die Fälle, in denen es zum effektiven Verlust eines Vermögensgutes kommt. Liegt der Schaden des *Veranstalters* in dem Verlust des nach dem Wettkampf ausgezahlten Antrittsgeldes und der Schaden des *Sponsors* in dem Verlust der ausgezahlten bzw. übergebenen, vertraglich zugesicherten Leistungsgegenstände, so stellt jeweils der Erwerb derselben die stoffgleiche, günstigere Gestaltung der Vermögenslage des Sportlers dar. Die objektive Rechtswidrigkeit der erstrebten Vermögens-

---

834 Zur konkreten Aussicht als das genaue Gegenstück zur konkreten Gefahr vgl. *Achenbach*, Jura 1984, 602 (606).

835 Vgl. *Cramer*, in: S/S, § 263 Rdn. 173.

vorteile ergibt sich daraus, daß die Ansprüche des Sportlers, die durch die Vertragsabschlüsse zunächst entstanden waren, im Zeitpunkt der Einnahme der verbotenen Substanzen und der dadurch bedingten nachträglichen Unmöglichkeit gemäß § 323 Abs. 1 BGB bereits erloschen gewesen sind[836], rechtlich begründete Ansprüche also nicht (mehr) bestehen.

Gleichermaßen verhält es sich bei der Betrugskonstellation zum Nachteil des *Preisspenders*. Der Vermögensbeschädigung, die in dem Verlust der Prämie durch Übergabe bzw. Auszahlung an den gedopten Sportler zu erblicken ist, steht die Erlangung der Prämie als stoffgleicher Vermögensvorteil des Sportlers gegenüber. Der erstrebte Vorteil ist auch objektiv rechtswidrig, weil der Sportler die Bedingungen der Auslobung aufgrund der Wettkampfteilnahme in gedoptem Zustand nicht erfüllt und deshalb auch keinen Anspruch auf die Prämie hat[837].

III. Kein stoffgleicher Vermögensvorteil zum Schaden des Mitkonkurrenten

Bei der Betrugskonstellation zum Nachteil des Mitkonkurrenten, der es irrtumsbedingt unterläßt, seinen Anspruch gegen den Preisspender auf die ausgelobte Prämie geltend zu machen, deuteten schon die Ausführungen zur Vermögensverfügung[838] darauf hin, daß eine Betrugsstrafbarkeit des Sportlers im Ergebnis ausscheiden muß. Die dort erfolgte Feststellung, daß sich diese Konstellation grundsätzlich anders darstellt als die bisher von Rechtsprechung und Schrifttum erörterten Fallgestaltungen des Forderungsbetrugs (bei denen Täuschender und Schuldner des Anspruchs nämlich identisch sind), vermochte zwar der Annahme von Vermögensverfügung und -schaden beim Mitkonkurrenten des gedopten Sportlers nicht entgegenzustehen. Die Tatsache, daß Täuschender und Schuldner des Anspruchs hier auseinanderfallen, führt aber dazu, daß es an dem erforderlichen stoffgleichen Vermögensvorteil fehlt.

---

836 Siehe dazu oben 3. Teil, § 4, C. II. 1. (Veranstalter) und 2. Teil, § 3, C. II. 2. (Sponsor).

837 Ebenso *Otto*, SpuRt 1994, 10 (15): „Um die Prämie bereichert sich der Sportler rechtswidrig.“ Desgleichen *Ditz*, Doping, S. 513, für die vergleichbare Fallkonstellation im Pferderennsport.

838 Siehe oben 3. Teil, § 3, B. III. 2. b) aa).

Schneider-Grohe[839] meint zwar, einen Betrug zum Nachteil des Mitkonkurrenten annehmen zu können, weil die „Vorteilsabsicht des sich mit dem Ziel zu siegen dopenden Profisportlers unproblematisch“ sei. Auch *Ditz*[840] bejaht in der parallelen Fallkonstellation im Pferderennsport eine Bereicherungsabsicht des Pferdebesitzers, dessen Pferd hinter dem siegreichen aber gedopten Pferd einläuft und der es aufgrund seines Irrtums unterläßt, den Anspruch auf das Platz- oder Sieggeld geltend zu machen. Denn der „Zweck des Dopings und somit der Täuschung“ sei die „Erlangung des Preisgeldes“, das dem Besitzer des gedopten Pferdes nicht zustehe.

Letztere Einschätzung trifft zweifellos zu. Maßgeblich ist aber, daß sich der gedopte Sportler nicht um den Anspruch des Mitkonkurrenten gegen den Preisspender bereichert, sondern, wie oben[841] festgestellt, allein um die von dem Preisspender übergebene Prämie. Die Nichtgeltendmachung des Anspruchs des Mitkonkurrenten gegen den Preisspender ist für den gedopten Sportler lediglich, worauf *Otto*[842] richtig hinweist, die „Voraussetzung für sein eigenes erfolgreiches deliktisches Tun“ - den Betrug zum Nachteil des Preisspenders. Der erstrebte Vermögensvorteil des gedopten Sportlers wird also unmittelbar durch die Vermögensverfügung des *Preisspenders*, nicht aber durch das irrtumsbedingte Verhalten des Mitkonkurrenten vermittelt. Festzuhalten bleibt, daß zwischen dem Vermögensschaden des Mitkonkurrenten und dem Vermögensvorteil des gedopten Sportlers keine Stoffgleichheit besteht.

B. Absicht der Bereicherung

Schließlich ist noch zu untersuchen, ob der Sportler das täuschende Verhalten jeweils in der Absicht verwirklicht, sich oder einen Dritten zu bereichern. Während für die Herbeiführung des Schadens bedingter Vorsatz genügt, ist die Absicht nur dann gegeben, wenn es dem Täter auf die Erlangung des Vorteils ankommt. Erforderlich ist also ein zielgerichteter Wille

---

839 *Schneider-Grohe*, Leistungssteigerung im Sport, S. 148.

840 *Ditz*, Doping, S. 507.

841 3. Teil, § 6, A. II.

842 *Otto*, SpuRt 1994, 10 (15); zust. *Schimke*, Sportrecht, S. 202.

(dolus directus ersten Grades)[843]. Die Erlangung des Vorteils muß aber weder der einzige noch der in erster Linie verfolgte Zweck gewesen sein. Es reicht vielmehr aus, daß die Vorteilserlangung nur eines neben anderen wichtigeren Zielen des Täters ist[844].

Bei den Konstellationen, die für eine Betrugsstrafbarkeit des Sportlers weiterhin noch in Frage kommen (§ 263 StGB zum Nachteil des *Veranstalters*, des *Preisspenders* und des *Sponsors*), muß - um das Ergebnis vorweg zu nehmen - auch die Bereicherungsabsicht bejaht werden[845]. Denn dem Sportler kommt es jeweils auf den oben[846] dargelegten rechtswidrigen Vermögensvorteil als vorausgesehenen und gewollten Erfolg seines täuschenden Verhaltens an. Einige Punkte bedürfen aber näherer Betrachtung:

Wie jede Form des Vorsatzes enthält auch der Absichtsbegriff ein Wissens- und ein Wollenselement. Verlangte man nun - wie in BGHSt 16, 1 (7) - als intellektuelles Element, daß der Täter den Vorteil als sichere Folge seines Handelns voraussieht, so könnte der Sportler einwenden, er habe die tatsächliche Erzielung der mit einer Prämie ausgelobten Plazierung und somit auch die Erlangung der Prämie nicht als sicher voraussehen können. Denn es habe die Möglichkeit bestanden, daß er eine solche Plazierung nicht erreichen werde. Zu Recht ist die vom BGH[847] vertretene Auffassung zum Wissenselement der Absicht vereinzelt geblieben. Bei der Absicht dominiert der Willensfaktor des Vorsatzes[848]. Wesentlich ist also, daß der Vermögensvorteil erstrebt wird. Ob sich der Täter den Erfolgseintritt als sicher oder nur als möglich vorstellt, tritt demgegenüber zurück. Notwendig ist bei Ungewißheit des Erfolgseintritts allein, daß der Täter sich überhaupt

843 Vgl. *Lackner*, in: LK, § 263 Rdn. 261; *Cramer*, in: S/S, § 263 Rdn. 176.

844 *Lackner*, in: LK, § 263 Rdn. 261 m.w.N.

845 Beim Sponsor im Ergebnis ebenso - indes mit bloßem Blick auf die Täuschung - *Mestwerdt*, Doping - Sittenwidrigkeit, S. 130: „Nachgewiesenes Doping bildet (...) regelmäßig einen Kündigungsgrund des Sponsors. Geht daher ein bereits Dopingmittel verwendender Sportler einen Werbevertrag ein und verschweigt er dieses, so täuscht er damit den Vertragspartner. Auch die übrigen Tatbestandsvoraussetzungen sind in diesem Falle als erfüllt anzusehen, so daß hier ein Betrug i.S.d. § 263 StGB zu bejahen ist.“

846 3. Teil, § 6, A. I und II.

847 BGHSt 16, 1 (7).

848 *Jescheck/Weigend*, Strafrecht AT, S. 297.

eine Einwirkungsmöglichkeit auf das reale Geschehen zuschreibt[849]. Es genügt deshalb nach ganz übereinstimmender und zutreffender Auffassung, daß der Täter bei § 263 StGB die tatsächliche Erlangung des Vermögensvorteils für möglich hält[850]. Eine solche Vorstellung wird bei dem gedopten Wettkampfteilnehmer regelmäßig nachweisbar sein.

Ob der Sportler den Vermögensvorteil in Form der Preisspende auch erstrebt (Wollenselement) kann zweifelhaft erscheinen, wenn er sich z. B. dahingehend einläßt, es sei ihm bei der Wettkampfteilnahme in gedoptem Zustand in erster Linie auf einen schnelleren Lauf, eine bessere Weite etc. und infolgedessen auf einen höheren Bekanntheitsgrad oder auf einen Titel angekommen. Da es aber für die Bereicherungsabsicht genügt, daß der Täter den Vermögensvorteil neben anderen wichtigeren Zielen anstrebt, kann der Sportler auch mit dieser Einlassung im Regelfall nicht gehört werden. Vielmehr stellt die Erlangung der Prämie zumindest auch ein Motiv neben den möglicherweise anderen Zielen des Sportlers dar. Eine Absicht läge nur dann nicht vor, wenn der Sportler die Vorteilserlangung nur als eine notwendige oder mögliche, wenn auch nicht unerwünschte Nebenfolge des von ihm ausschließlich auf andere Zwecke gerichteten Verhaltens (Ruhm, Bekanntheitsgrad, Titel etc.) voraussieht[851]. Dies dürfte aber gerade beim heutigen kommerzialisierten Hochleistungssport die Ausnahme, wenn nicht sogar lebensfremd sein, zumal viele Athleten die Entscheidung über das Ob ihrer Wettkampfteilnahme von der Höhe der ausgelobten Gewinnprämien abhängig machen.

Genaueren Hinsehens bedarf schließlich auch die Bereicherungsabsicht bei der Konstellation des Betrugs durch Unterlassen zum Nachteil des Sponsors, der nach der Einnahme der verbotenen Substanzen durch den Sportler weiterhin Vertragsleistungen erbringt. *Grünwald*[852] vertritt die Auffassung, daß eine Unterlassung mit dolus directus ersten Grades niemals begangen werden könne. Absicht erfordere einen finalen, auf die Bewirkung

---

849 *Welzel*, Strafrecht, S. 66.

850 BGHSt 21, 283 (284); *Cramer*, in: S/S, § 263 Rdn. 176; *Gössel*, BT/2, § 21 Rdn. 231 f.; *Lackner*, in: LK, § 263 Rdn. 263; *Welzel*, NJW 1962, 20 (21); vgl. auch *Jescheck/Weigend*, Strafrecht AT, S. 297; *Wessels*, Allg. Teil, Rdn. 211.

851 Vgl. BGH NStZ 1989, 22; OLG Köln JR 1970, 468; *Krey*, Strafrecht BT/2, Rdn. 494; *Lackner*, in: LK, § 263 Rdn. 262; *Otto*, Strafrecht BT, S. 231.

852 *Grünwald*, H. Mayer-FS, S. 281 (290 f.).

eines Erfolgs gerichteten Willen, den der Unterlassenstäter im Gegensatz zum Begehungstäter nicht aufweisen könne. Denn jener steuere das Geschehen nicht, sondern lasse ihm lediglich seinen Lauf. Dem wird aber zu Recht entgegengehalten, daß auch ein Unterlassen zielgerichtet sein kann[853]. Nämlich dann, wenn der Täter die gebotene Aufklärung gerade deshalb unterläßt, weil er sich dazu entschließt, einen bestimmten Irrtum nicht aufzuklären, um den Vermögensvorteil, der ihm aus der Vermögensverfügung des Irrenden zufließt, zu erlangen. So verhält es sich auch hier: Die aus der Verfügung des Sponsors stammenden Vermögenswerte sind das Ziel, das der Sportler durch das Unterlassen der Aufklärung erstrebt.

853 Vgl. *Cramer*, in: S/S, § 15 Rdn. 94; *Jescheck/Weigend*, Strafrecht AT, S. 632; *Maaß*, Betrug, S. 7 f; *Rudolphi*, in: SK, Rdn. 27 f. vor § 13; *Samson/Günther*, in: SK, § 263 Rdn. 42.

4. TEIL:
Gesetzgeberischer Handlungsbedarf

Die bisherige Untersuchung hat gezeigt, daß diverse Verhaltensweisen des Sportlers im Zusammenhang mit Doping den Straftatbestand des § 263 StGB erfüllen. Ein Betrug zum Nachteil des Mitkonkurrenten scheidet indessen aus. Dies wirft die nachfolgend zu erörternde Frage auf, ob de lege ferenda ein gesetzgeberischer Handlungsbedarf besteht, wozu einleitend die Anti-Doping-Gesetzgebung im europäischen Ausland (insbesondere in Belgien) kurz betrachtet werden soll.

§ 1: Dopinggesetzgebung im europäischen Ausland

Zahlreiche europäische Staaten, wie z. B. Belgien, Frankreich, Spanien, Italien, Dänemark und Schweden[854] verfügen - anders als Deutschland[855] - über spezielle Anti-Doping-Gesetze, die als Schutzgut in erster Linie die Gesundheit des Sportlers im Blick haben.

Eine sonderstrafrechtliche Ahndung des sich eigenverantwortlich dopenden Sportlers sieht derzeit - soweit ersichtlich - ausschließlich das belgische „Loi interdisant la pratique à l`occasion des competitions sportives“ aus dem Jahr 1965 vor. Nach Art. 2 dieses Gesetzes ist Doping jeder Person, die an einem Wettkampf teilnimmt oder sich darauf vorbereitet, verboten und kann bei Verstößen mit Geld- oder Haftstrafen geahndet werden. Das Gesetz enthält auch eine Legaldefinition des Begriffs Doping, wobei es zur Ausfüllung desselben eine bei dem Ministerium für Familie und Gesundheit eingerichtete Anti-Doping-Kommission heranzieht, die den belgi-

---

854 Vgl. zum Überblick die Darstellungen bei *Krogmann*, SpuRt 1999, 19 f., 61 f.; *Schneider-Grohe*, Leistungssteigerung im Sport, S. 157 ff.; *Röthel*, SpuRt 1999, 20 f.; *Silance*, in: Doping - Realität und Recht, S. 219 ff. jeweils m.w.N.

855 Seit 1998 können in Deutschland Sportler und Trainer, die Dopingmittel „im Sport in den Verkehr bringen, verschreiben oder bei anderen anwenden,“ nach § 6a i.V.m. § 95 AMG bestraft werden. Die bloße Einnahme von Dopingmitteln ist hiervon indes nicht erfaßt. Zur Änderung des Arzneimittelgesetzes vgl. *Lippert*, NJW 1999, 837.

schen König bei der Erstellung der für das Gesetz maßgeblichen Liste der Mittel und Substanzen berät[856].

Daß ein, wie in Belgien praktizierter, von der sportverbandsrechtlichen Dopingdefinition losgelöster gesetzlicher Strafrechtsschutz für etwaige künftige nationale Gesetzgebungsinitiativen nicht nachahmenswert sein kann, liegt auf der Hand und wird weiter unten zu vertiefen sein[857].

§ 2: Verstoß gegen das Sportethos als Anknüpfungspunkt für eine Gesetzesinitiative

Schon in der Einleitung wurde darauf hingewiesen, daß neben der Gesundheitsgefährdung des Sportlers ein weiterer Gesichtspunkt zu nennen ist, der die Bekämpfung des Dopings erforderlich machen kann, nämlich das Sportethos[858].

A. Verknüpfung der Wesenskerne des Sportethos mit dem Rechtsgut des § 263 StGB?

Wesenskerne des Sportethos, das es verbietet, den Wettkampfbestimmungen zuwider auf den Ausgang einer Sportveranstaltung Einfluß zu nehmen, sind der Fairplay, die Chancengleichheit sowie die Glaubwürdigkeit im Leistungssport[859]. Infolgedessen verstößt ein Sportler gegen das Sportethos, wenn er im Wettkampf verbotene Wirkstoffe oder Methoden benutzt oder mit unlauteren Trainingsmethoden außerhalb des Wettkampfgeschehens die Grundlagen für einen „unfairen" Wettkampf legt und auf diese Weise seine Mitkonkurrenten benachteiligt.

Die Erkenntnis, daß eine Betrugsstrafbarkeit zum Nachteil des Mitkonkurrenten ausscheidet, der Fairplaygedanke gegenüber den übrigen Wettkampfteilnehmern sich also nicht über § 263 StGB erfassen läßt, führt

---

856 Vgl. hierzu näher *Silance*, in: Doping - Realität und Recht, S. 219 (224 ff.).

857 Siehe unten 4. Teil, § 2, B. a.E.; zur Maßgeblichkeit der verbandsrechtlichen Dopingdefinition für § 263 StGB siehe schon oben 1. Teil, § 5.

858 Zu dem Begriff „Sportethos" siehe die Nachweise in Fußnote 7.

859 Vgl. *Steiner*, NJW 1991, 2729 (2733); *Turner*, ZRP 1992, 121 (122).

zwangsläufig zu der Frage, ob der Verstoß des gedopten Wettkampfteilnehmers gegen das Sportethos eine gesetzgeberische Initiative erfordert. Dies gilt umso mehr, als das Sportethos, das durch die jeweiligen Verstöße des Sportlers gegen die verbandsrechtlichen Dopingbestimmungen in allen hier aufgezeigten Fallgestaltungen verletzt wird bzw. verletzt worden ist, nicht als Rechtsgut des § 263 StGB angesehen werden kann. Denn wollte man das Vermögen als das alleinige Rechtsgut des § 263 StGB, wie auch immer, mit dem Sportethos verknüpfen, so bedeutete dies eine Rückkehr zu früheren, gescheiterten Bestrebungen, das Rechtsgut etwa in einem „Recht auf Wahrheit“ oder in „Treu und Glauben“ zu sehen[860]. So aber würde das Rechtsgut es § 263 StGB entmaterialisiert, was mit einer nicht hinnehmbaren Konturenlosigkeit desselben einherginge.

Allerdings ist nicht zu verkennen, daß sich der Verstoß gegen Krite rien ethischer Wertbildung im Sport gerade im Bereich der Strafzumessung ganz erheblich auswirken kann. Da die sportethischen Aspekte, wie gesehen, nicht mit dem Rechtsgut des § 263 StGB verknüpft sind, stünde einer Berücksichtigung im Rahmen der Strafzumessung auch nicht das Verbot der Doppelverwertung gemäß § 46 Abs. 3 StGB entgegen.

B. Strafrechtliche Sanktionsvorschrift zum Schutz des Sportethos

Soweit ersichtlich ausnahmslos wird die Ansicht vertreten, vom Staat könne nicht verlangt werden, daß dieser die sportethischen Vorstellungen von Vereinen und Verbänden mit seinen spezifischen Mitteln durchsetze oder ihre Durchsetzung fördere[861]. Vielmehr sei es „Sache des autonomen Sports, mit dem Doping-Mißbrauch fertig zu werden“.[862] Es würde den Rahmen dieser Arbeit sprengen, den umfangreichen Streitstand zum Für und Wider

---

860 Hierzu siehe schon oben 1. Teil, § 4.

861 *Steiner*, NJW 1991, 2729 (2733); im Ergebnis ebenso z. B. *Fritzweiler*, in: Praxishandbuch, 1. Teil, Rdn. 10; *Summerer*, ebenda, 2. Teil, Rdn. 213; *Mestwerdt*, Doping - Sittenwidrigkeit, S. 163 ff.; *ders.*, SpuRt 1997, 119 (120 ff.); *Tettinger*, in: Doping - Realität und Recht, S. 89 (99); *Turner*, ZRP 1992, 121 (122); *Wagner*, ZRP 1992, 369 (371); *Zuck*, NJW 1999, 831 (832).

862 *Turner*, ZRP 1992, 121 (123).

einer Anti-Doping-Gesetzgebung darzulegen und zu erörtern[863]. Einige Stimmen bedürfen aber näherer Betrachtung[864]:

Ein Eingreifen des Staates gegen die „Wettbewerbsverzerrung, die durch das Doping hervorgerufen" werde und in der ein „besonders unfairer, verachtenswürdiger und zu bestrafender Verstoß gegen die dem Sport zugrundeliegende Regel des Fairplay" zu sehen sei, erachtet *Turner*[865] als nicht angezeigt. Zur Begründung wirft er eingangs die Frage auf, ob bei einem Einschreiten des Gesetzgebers nicht verkannt werde, daß die „Einnahme von Präparaten zur Leistungssteigerung in nahezu allen Bereichen des täglichen Lebens Gang und Gäbe" sei. Worin - so fragt *Turner* weiter an - unterschieden sich Manager, Politiker, etc., „wenn sie ihrer beruflichen Karriere zuliebe Mittel einnehmen, die ihre Leistungssteigerung erhöhen?" Sei es wirklich gerechtfertigt, „hier Unterschiede zu machen, insbesondere das eine unter staatliche Strafandrohung zu stellen und das andere nicht?"

Die Antwort kann knapp ausfallen: Es ist gerechtfertigt, und zwar allein schon deshalb, weil sich der Sportler sowohl in der Tainingsphase als auch im Wettkampf dem für seine Sportart maßgeblichen Verbandsregelwerk und somit auch dem für alle Athleten seiner Sportart geltenden Dopingverbot unterworfen hat. Hierin unterscheidet der Sportler sich von den übrigen, von *Turner* angeführten Personengruppen, die z.T. ebenfalls leistungssteigernde Präparate einnehmen, sich aber gerade keinen festgelegten und für alle „Konkurrenten" maßgeblichen, der Wahrung der Chancengleichheit dienenden Regeln unterworfen haben oder dies gar müßten.

Gegen ein Eingreifen des Staates wird ferner vorgebracht, der Schutzbereich des Art. 9 Abs. 1 GG, der die Sportvereine und -verbände als Teilaspekt der Vereinigungsfreiheit vor staatlichen Eingriffen in die Rechtsetzungsautonomie schütze[866], biete hierfür keinen Raum[867]. Die Konkretisierung und auch der Schutz sportspezifischer Werte seien dem organisierten

---

863 Vgl. hierzu die Nachweise zum Schrifttum in Fußnote 861.

864 Der Aspekt einer möglichen Eingriffspflicht des Staates zum Schutz der Gesundheit des Sportlers wird hier - mangels Relevanz - ausgeklammert.

865 *Turner*, ZRP 1992, 121 (122).

866 Vgl. *Fritzweiler*, in: Praxishandbuch, 1. Teil, Rdn. 9 mit zahlreichen Nachweisen.

867 Vgl. nur *Steiner*, NJW 1991, 2729 (2733); *Tettinger*, in: Doping - Realität und Recht, S. 89 (99); *Mestwerdt*, SpuRt 1997, 119 (120)

Sport übertragen, so daß vom Staat nicht verlangt werden könne, „daß er die sportethischen Vorstellungen von Vereinen und Verbänden mit seinen spezifischen Mitteln durchsetzt oder ihre Durchsetzung fördert."[868] Verfassungsrechtlich - so *Steiner*[869] - wäre ein ausschließlich sportethisch begründetes Engagement des Staates „für eine Art sportliches Reinheitsgebot" deshalb erst noch abzusichern.

Dem ist bereits auf dem Hintergrund von Art. 4[870] des im Jahr 1994 in Kraft getretenen Gesetzes zu dem Übereinkommen des Europarats gegen Doping vom 16.11.1989[871] entgegenzutreten.

Gemäß Art. 4 Abs. 1 des Übereinkommens erlassen die Vertragsparteien, sofern dies geeignet ist, Gesetze, sonstige Vorschriften oder Verwaltungsmaßnahmen, um die Verfügbarkeit und Anwendung verbotener Dopingwirkstoffe und -methoden im Sport einzuschränken. Art. 4 Abs. 4 des Übereinkommens statuiert das Subsidiaritätsprinzip, demzufolge die Vertragsparteien solche gesetzliche Regelungen erst dann erlassen können, sofern - so *Fritzweiler*[872] – „die vorrangig zuständigen nationalen und internationalen Sportverbände versagen". Ähnlich, bloß abgeschwächter, äußert sich *Mestwerdt*[873]. Seiner Ansicht nach ergebe sich aus Art. 4 Abs. 4, daß gesetzliche Regelungen schon dann erlassen werden können, sofern die Sportorganisationen „ihre Dopingkontrollaufgaben nicht ordnungsgemäß wahrnehmen." Gleichwohl gelangt *Mestwerdt* zu der Feststellung, daß die

---

868 *Steiner*, NJW 1991, 2729 (2733); zust. *Tettinger*, in: Doping - Realität und Recht, S. 89 (99).

869 *Steiner*, NJW 1991, 2729 (2733); zust. *Mestwerdt*, SpuRt 1997, 119 (120).

870 Art. 4 Abs. 1 und 4 lauten:
„*(1) Die Vertragsparteien erlassen in geeigneten Fällen Gesetze, Vorschriften oder Verwaltungsmaßnahmen, um die Verfügbarkeit (einschließlich der Bestimmungen über die Kontrolle der Verbreitung, des Besitzes, der Einfuhr, der Verteilung und des Verkaufs) sowie die Anwendung verbotener Dopingwirkstoffe und -methoden im Sport und insbesondere anaboler Steroide einzuschränken.*
(4) Die Vertragsparteien behalten sich das Recht vor, von sich aus und in eigener Verantwortung Vorschriften gegen Doping zu erlassen und Dopingkontrollen durchzuführen, sofern diese mit den einschlägigen Grundsätzen dieses Übereinkommens vereinbar sind."

871 BGBl. II 1994, S. 334 ff.; zu dem Übereinkommen siehe schon oben 1. Teil, § 3.

872 *Fritzweiler*, in: Praxishandbuch, 1. Teil, Rdn. 10.

873 *Mestwerdt*, SpuRt 1997, 119 (123).

Vorschriften des Übereinkommens keine Grundlage für Sanktionsvorschriften gegen eigenverantwortlich durchgeführtes Doping bilden, und zwar im wesentlichen deshalb, weil der Sport in vielen Bereichen bereits über adäquate Maßnahmemöglichkeiten gegen den Dopingmittelmißbrauch verfüge, auch wenn diese noch harmonisierungsbedürftig seien und konsequenter angewandt werden müßten[874].

Bei einem Blick auf die heutige Sportwirklichkeit gelangt man aber zu dem Schluß, daß die nationalen und internationalen Sportorganisationen mit der selbständigen Einleitung und Umsetzung effektiver Dopingbekämpfungsmaßnahmen schlechterdings überfordert sind[875]. Die Ergänzung der Strafvorschriften des Arzneimittelgesetzes[876], die eine konsequente Umsetzung der Selbstverpflichtung des Art. 4 Abs. 1 des Übereinkommens des Europarats gegen Doping darstellt[877], hat an diesem Tatbestand nichts geändert, zumal das eigenverantwortliche Doping hiervon unberührt bleibt.

Dies hat zur Konsequenz, daß der nationale Gesetzgeber aufgrund der als Selbstverpflichtung[878] ausgestalteten Bestimmung des Art. 4 Abs. 1 des Übereinkommens weiterhin gehalten ist, als flankierende Maßnahmen geeignete Gesetze oder sonstige Vorschriften zu erlassen, um die Anwendung verbotener Dopingwirkstoffe und -methoden im Sport einzuschränken.

Wie auch in Belgien sollte der hiesige nationale Gesetzgeber deshalb eine strafrechtliche Sanktionsvorschrift schaffen, die den sich eigenverantwortlich dopenden Sportler ahndet, um auf diese Weise die Verzerrung des sportlichen Wettbewerbs durch Doping zu pönalisieren und den Fairplaygedanken sowie die Chancengleichheit im Wettkampfsport zu schützen. Allerdings muß die Erfüllung des Tatbestands, anders als in Belgien und eben-

---

874 *Mestwerdt*, SpuRt 1997, 119 (122 f.).

875 Die sog. „Tour de Skandal 1998" (zur Chronologie der Frankreich-Rundfahrt 1998: F.A.Z. v. 03.07.1999, Nr. 151 S. 38), die Doping-Vorwürfe gegen das „Team Telekom" (vgl. F.A.Z. v. 14.06.1999, Nr. 134, S. 48) sowie der „Super-GAU für den ganzen deutschen Sport" (so F.A.Z. v. 20.11.1999, Nr. 271 S. 40) - der Dopingfall des Olympiasiegers *Dieter Baumann* - stehen hierfür nur beispielhaft.

876 Siehe hierzu schon oben Fußnote 855.

877 So i.E. auch *Mestwerdt*, SpuRt 1997, 119 (123).

878 *Mestwerdt*, SpuRt 1997, 119 (123), hingegen meint, Art. 4 Abs. 1 des Übereinkommens sei als „Auftrag" an den nationalen Gesetzgeber zu verstehen.

so wie bei § 263 StGB[879], zwingend (aber auch ausschließlich) von dem Verstoß gegen die für den Sportler jeweils einschlägigen verbandsrechtlichen Dopingbestimmungen abhängig gemacht werden. Denn nur diese beinhalten das für alle Wettkampfteilnehmer verbindliche Regelwerk, das die Chancengleichheit und den Fairplaygedanken im Wettkampf schützen soll[880].

C. Die Parallelen zu dem bereits bestehenden sonderstrafrechtlichen Wettbewerbsschutz

Eine solche gesetzgeberische Initiative, die den unlauteren Wettbewerb im Sport pönalisiert, wäre im übrigen weder ungewöhnlich noch neu, findet sich ein vergleichbarer sonderstrafrechtlicher Wettbewerbsschutz doch z. B. in anderen nationalen Gesetzen, wie etwa im UWG (§§ 4 und 6 c).

Schutzssubjekte des UWG sind die einzelnen Mitbewerber, die sonstigen Marktbeteiligten und die Allgemeinheit[881]. Die Bekämpfung des unlauteren Wettbewerbs liegt demnach im privaten und im öffentlichen Interesse, hat also auch eine soziale Funktion[882]. Schutzobjekt des UWG ist der lautere Wettbewerb[883], wobei das Kennzeichen des unlauteren Wettbewerbs i.S.d. UWG in dem „Verstoß gegen objektive Verhaltensnormen“ liegt, „die den lauteren Wettbewerb im Interesse der Mitbewerber, der Verbraucher und der übrigen Marktbeteiligten sowie der Allgemeinheit schützen.“[884]

Die Parallelen hinsichtlich der Reichweite und Wirkung des UWG und einem künftigen, oben skizzierten Sonderdelikt zum Schutz des sportlichen Wettkampfes sind deutlich:

Schutzsubjekte sind bei diesem die Mitkonkurrenten, aber auch die Sponsoren, Zuschauer, Veranstalter und Preisspender des Wettkampfes.

879 Siehe oben 1. Teil, § 5.

880 Die Befugnis zu einem Gesetzes-Erlaß ergibt sich aus der konkurrierenden Gesetzgebungskompetenz des Art. 74 Abs. 1 GG.

881 Vgl. *Baumbach/Hefermehl*, Wettbewerbsrecht, Rdn. 42 Einl. UWG.

882 Vgl. *Baumbach/Hefermehl*, Wettbewerbsrecht, Rdn. 43 Einl. UWG.

883 *Baumbach/Hefermehl*, Wettbewerbsrecht, Rdn. 51 Einl. UWG.

884 *Baumbach/Hefermehl*, Wettbewerbsrecht, Rdn. 50 Einl. UWG m.w.N.

Letztere entsprechen den Schutzsubjekten „Verbraucher und übrige Marktbeteiligte“ des UWG. Richtet man seinen Blick ferner auf die Vergabe öffentlicher Mittel zur (dopingfreien) Athletenförderung, so rücken auch die Interessen der Allgemeinheit - ebenso wie im Wettbewerbsrecht - in den Kreis der Schutzsubjekte eines künftigen Sonderdelikts.

Schutzobjekt eines Sonderdeliktes ist, wie auch im UWG, der lautere Wettbewerb (hier als Ausprägung des Sportethos), wobei der Verstoß des Sportlers gegen objektive Verhaltensnormen als Kennzeichen des unlauteren Wettbewerbs i.S.d. Sonderdelikts in der Mißachtung des sportverbandsrechtlichen Dopingverbots zu erblicken ist. Ebenso wie im UWG ginge es also um den „Schutz des lauteren Wettbewerbs durch Verhinderung unlauteren Konkurrenzverhaltens“[885].

Betrachtet man schließlich den durch das Korruptionsbekämpfungsgesetz vom 13.08.1997[886] im Strafgesetzbuch neu gebildeten 26. Abschnitt („Straftaten gegen den Wettbewerb“), so sind auch hier die oben schon herausgestellten Parallelen zwischen bereits kodifizierten strafrechtlichen Normen zum Wettbewerbsschutz und dem in Rede stehenden künftigen Sonderdelikt erkennbar:

Durch die Einfügung des neuen Abschnitts wollte der Gesetzgeber deutlich machen, „daß der Schutz des Wettbewerbs eine wichtige Aufgabe des Staates ist, zu dessen Durchführung auch ein verstärkter strafrechtlicher Schutz im StGB geboten ist.“[887] Rechtsgut des § 298 StGB (wettbewerbsbeschränkende Absprachen bei Ausschreibungen), dem Kernstück[888] des neuen Abschnitts im StGB, ist vorrangig das Allgemeininteresse am freien Wettbewerb bei Ausschreibungen, so daß - wie auch bei einem Sonderdelikt zum Schutz des (lauteren) sportlichen Wettkampfes - überindividuelle Interessen im Mittelpunkt stehen[889].

---

885 *Baumbach/Hefermehl*, Wettbewerbsrecht, Rdn. 50 Einl. UWG.

886 BGBl. I 2038.

887 *Lackner/Kühl*, vor § 298 Rdn. 1 unter Verweisung auf BT-Dr 13/5584, S. 12.

888 So *König*, JR 1997, 397 (398).

889 Vgl. *Lackner/Kühl*, § 298 Rdn. 1.

Mitgeschützt, und zwar mittelbar[890], werden durch § 298 StGB ferner die Vermögensinteressen der Mitbewerber und des Veranstalters einer Ausschreibung[891]. Nicht anders aber verhält es sich bei dem hier skizzierten Sonderdelikt. Geschützt werden durch dieses zunächst der lautere Wettbewerb im Sport, mittelbar aber auch die Exspektanzen der am Wettkampf teilnehmenden Mitkonkurrenten des gedopten Sportlers auf den ausgelobten Preis sowie die Vermögenswerte des Auslobenden, dem es darauf ankommt, den Gewinn ausschließlich an den ungedopten Sportler auszukehren[892].

§ 3: Zwischenergebnis

Es bleibt festzuhalten, daß die aufgezeigten Parallelen zu dem bereits bestehenden strafrechtlichen Wettbewerbsschutz, die offensichtliche Überforderung der Sportorganisationen sowie die Selbstverpflichtung des Staates aus dem Übereinkommen des Europarats gegen Doping vom 16.11.1989 eine Gesetzesinitiative gegen das eigenverantwortliche Doping zum Schutz des Sportethos rechtfertigen und erforderlich machen.

---

890 *Tröndle/Fischer*, Vor § 298 Rdn. 6.

891 *Lackner/Kühl*, § 298 Rdn. 1; *Tröndle/Fischer*, Vor § 298 Rdn. 6 jeweils m.w.N.

892 Siehe hierzu schon oben 3. Teil, § 3, B. I. 1 sowie § 4, D. IV. und V.

ZUSAMMENFASSUNG

– *Betrugskonstellationen im Zusammenhang mit der Wettkampfteilnahme des gedopten Sportlers*

Mit der Teilnahme des gedopten Sportlers an dem Wettkampf erfolgt eine Täuschung gegenüber dem Mitkonkurrenten, Veranstalter, Preisspender und Zuschauer. Der Sportler spiegelt den Genannten die unwahre Tatsache vor, daß er sich den Dopingbestimmungen gemäß verhält. Durch das Verhalten des täuschenden Sportlers wird bei dem betroffenen Personenkreis die unrichtige Vorstellung hervorgerufen, der Sportler sei zumindest möglicherweise ungedopt und halte deshalb die Dopingbestimmungen bei seiner Teilnahme an dem Wettkampf ein.

Aufgrund der Fehlvorstellung verfügt der Mitkonkurrent, der nach dem Gedopten ins Ziel kommt, über sein Vermögen. Denn er unterläßt es, seinen Anspruch gegen den Preisspender auf die Prämie geltend zu machen, die für den Platz ausgelobt war, den der gedopte Sportler erreicht hat. Auch der Veranstalter und der Preisspender nehmen nach dem Wettkampf irrtumsbedingt eine Vermögensverfügung vor: Ersterer zahlt dem Sportler das Antrittsgeld aus, letzterer übergibt dem Sportler die Prämie.

Die erforderliche wirtschaftliche Entwertung der Rückforderungs- bzw. Schadensersatzansprüche des Zuschauers gegen den Veranstalter, die bei einer Annullierung des Wettkampfergebnisses entstehen, ist zu verneinen. Die Ansprüche sind daher nicht konkret gefährdet. Eine Betrugsstrafbarkeit zum Nachteil des Zuschauers entfällt bereits mangels einer Vermögensverfügung.

Die Vermögensminderung bei dem Mitkonkurrenten, Veranstalter und Preisspender führt wegen des fehlenden Äquivalents jeweils zu einem Vermögensschaden.

Auch der subjektive Tatbestand ist hinsichtlich der Betrugskonstellationen zum Nachteil des Veranstalters und Preisspenders erfüllt. Dagegen scheidet ein Betrug zum Nachteil des Mitkonkurrenten im Ergebnis aus. Es fehlt an der Stoffgleichheit zwischen Schaden und erstrebtem Vorteil.

– *Betrugskonstellation bei Vertragsabschluß mit dem Veranstalter*

Der gedopte Sportler, dessen fehlende Startberechtigung aufgrund des Einflusses verbotener Substanzen schon bei der Startzusage feststeht, begeht mit Abschluß des Vertrages eine Täuschungshandlung gegenüber dem Veranstalter. Denn die vertragliche Verpflichtung enthält die unwahre schlüssige Erklärung, er wolle und könne in einer den Dopingregeln entsprechenden Art und Weise an dem Wettkampf teilnehmen und den Vertrag somit auch erfüllen.

Die vermögensmindernde Verfügung ergibt sich aus dem irrtumsbedingten Vertragsabschluß. Dieser führt zu der konkreten Gefahr, daß der Veranstalter dem Sportler das Antrittsgeld im Vertrauen auf den vertragsgemäßen, vollen Wert der erbrachten Leistung nach dem Wettkampf auszahlen wird. Die konkrete Gefährdung bewirkt bei dem Veranstalter eine Vermögensminderung schon zum Zeitpunkt des Abschlusses des gemäß § 306 BGB unwirksamen Vertrages. Da eine Kompensation wegen der fehlenden Leistungsfähigkeit des Sportlers nicht in Betracht kommt, ist der Veranstalter in seinem Vermögen geschädigt. Der subjektive Tatbestand ist ebenfalls erfüllt.

– *Betrugskonstellationen zum Nachteil des Sponsors*

Schließt ein ungedopter Sportler einen Sponsoringvertrag ab, dem Ergebnisse und Wettkampferfolge zugrundeliegen, die er unter Zuhilfenahme verbotener leistungsfördernder Substanzen erzielt hat, so erklärt er konkludent, daß sein tatsächlich vorhandenes sportliches Leistungsvermögen dem im Vorfeld gezeigten entspricht. Denn dieser Umstand bildet die Geschäftsgrundlage des Sponsoringvertrages. Ist der Sportler aber im Gegensatz zur Vorvertragszeit, wie es die Vereinbarung verlangt, ungedopt und kann deshalb vergleichbare Leistungen während der Vertragslaufzeit ohne Zuhilfenahme verbotener Substanzen auch nicht mehr erreichen, so täuscht er den Sponsor bei Vertragsabschluß über eine Tatsache, die die Grundlage des Geschäfts bildet.

Mit dem irrtumsbedingten Abschluß des Sponsoringvertrages wird das Vermögen des Sponsors mit einer Verbindlichkeit belastet. Dies wirkt sich unmittelbar vermögensmindernd aus. Der Vermögensschaden ergibt sich daraus, daß der vertraglichen Verpflichtung des Sponsors kein wertmäßiges Äquivalent gegenübersteht. Der Sportler wird während der Vertragslaufzeit ohne den Einfluß verbotener leistungsfördernder Substanzen nämlich nicht in der Lage sein, an seine sportliche Leistungsfähigkeit vom Vorfeld anzuknüpfen. Er wird den vom Sponsor erwarteten und dementsprechend vergüteten Werbewert nicht erbringen können. Vorsatz und die Absicht rechtswidriger Bereicherung des Sportlers sind gegeben.

Zur Feststellung einer Betrugsstrafbarkeit des Sportlers in den Fallgestaltungen, bei denen der Athlet entweder bei oder nach Abschluß des Sponsoringvertrages gedopt ist, sind zivilrechtliche Überlegungen anzustellen. Aus diesen ergibt sich, daß ein Sponsoringvertrag wie folgt auszulegen ist: Die Parteien haben gewollt, daß die Vertragsleistung des Sportlers darin besteht, während der Vertragslaufzeit Werbehandlungen als „sauberer" Athlet vorzunehmen, also ohne sich in diesem Zeitraum zu dopen bzw. schon zu Beginn der Vertragslaufzeit unter dem Einfluß verbotener Substanzen zu stehen.

Zur Konsequenz hat dies zweierlei: Steht aufgrund des gedopten Zustandes des Sportlers bereits zum Zeitpunkt des Vertragsabschlusses fest, daß er seine versprochene Leistung nicht erbringen kann, so folgt daraus die Unwirksamkeit (§ 306 BGB) der Vereinbarung. Dopt sich der Sportler nach Vertragsabschluß, wird seine Leistung unmöglich.

Im Hinblick auf § 263 StGB ergibt sich, daß der Sportler im erstgenannten Fall schlüssig über Erfüllungswille und -fähigkeit täuscht. Der irrtumsbedingte Vertragsabschluß führt bei dem Sponsor zu einer Vermögensminderung in Gestalt einer konkreten Vermögensgefährdung. Denn für den Sponsor besteht die konkrete Gefahr, daß er seine Vergütung im Vertrauen auf eine äquivalente Gegenleistung des Sportlers zum vereinbarten Zeitpunkt erbringen wird. Eine Kompensation der Vermögensminderung scheidet wegen der Leistungsunfähigkeit des Sportlers aus. Die Vermögensminderung wird auch nicht durch eine zugleich erworbene Aussicht auf Mehreinnahmen des Sponsors durch Absatzsteigerungen insbesondere bei den Produkten, für die der Sportler wirbt, ausgeglichen: Dieser erhoffte Vermögenszuwachs ist nicht hinreichend wahrscheinlich und bildet deshalb keinen Vermögensbestandteil. Der stoffgleiche Vermögensvorteil besteht in der konkreten Aussicht des Sportlers, die zugesagte Vergütung trotz seiner

Leistungsunfähigkeit zu erhalten. Die Voraussetzungen des subjektiven Tatbestandes sind erfüllt.

Im zweitgenannten Fall unterläßt es der Sportler, den Sponsor über die Einnahme der verbotenen Substanzen und die dadurch bedingte Leistungsunfähigkeit zu unterrichten. Die zum offenbarenden Handeln verpflichtende Garantenstellung folgt aus dem besonderen Vertrauensverhältnis, das einem Sponsoringvertrag zugrundeliegt. Die irrtumsbedingte, vermögensschädigende Verfügung besteht darin, daß der Sponsor auch nach Einnahme der verbotenen Substanzen seine vermeintlich noch ausstehenden Gegenleistungen erbringt. Die subjektiven Deliktsmerkmale sind gegeben.

– *Gesetzgeberischer Handlungsbedarf*

Die Parallelen zu dem bereits bestehenden strafrechtlichen Wettbewerbsschutz, die offensichtliche Überforderung der Sportorganisationen sowie die Selbstverpflichtung des Staates aus dem Übereinkommen des Europarats gegen Doping vom 16.11.1989 rechtfertigen und erfordern zum Schutz des Sportethos eine Gesetzesinitiative gegen das eigenverantwortliche Doping im Wettkampfsport.

Anhang

Mustervertrag*

zwischen der Firma................................. (Sponsor)

und

Herrn/Frau.. (Gesponserte/r)

wird folgender Ausrüstungsvertrag geschlossen:

§ 1 Leistungspflicht des Sponsors

Der Sponsor stellt dem Gesponserten während der Laufzeit dieses Vertrages die folgenden Ausrüstungsgegenstände zur Verfügung:
(1)
(2) usw.
Die Ausrüstung erfolgt zu folgenden Terminen:
(1)
(2) usw.

§ 2 Vergütung

Der Sponsor zahlt dem Gesponserten die nachfolgend beschriebene Vergütung zu den genannten Zeitpunkten
(1) DM ....am ....
(2) DM ....am .... usw.

§ 3 Leistungspflicht des Gesponserten

Der Gesponserte verpflichtet sich, während der Vertragsdauer im Training und Spielbetrieb und bei allen sonstigen Anlässen, in denen er sich mit den Ausrüstungsgegenständen in der Öffentlichkeit präsentieren kann, ausschließlich die vom Sponsor zur Verfügung gestellten Gegenstände zu benutzen.

§ 4 Veränderungsverbot von Produkten

An den Ausrüstungsgegenständen dürfen keine Veränderungen vorgenommen werden. Der Gesponserte verpflichtet sich, darauf zu achten, daß die Markenzeichen bei Präsentationen immer gut sichtbar sind.

---

* Übernommen von *Bruhn/Mehlinger*, Sponsoring, Bd. II, S. 59 f.

§ 5 Werbevereinbarungen

Der Gesponserte steht dem Sponsor für weitere Werbemöglichkeiten zur Verfügung. Werbeaufnahmen, Autogrammstunden und ähnliche Einsätze werden zuvor unter Berücksichtigung der Wettkampfinteressen des Gesponserten abgestimmt. In diesem Zusammenhang entstehende Kosten trägt der Sponsor.

§ 6 Nutzung der Namens- und Bildrechte

Der Gesponserte ist während der gesamten Laufzeit des Vertrages damit einverstanden, daß sein Name und/oder sein Bild zum Zweck der Werbung in der folgenden Weise genutzt wird:
(1)
(2) usw.

§ 7 Beratungspflichten

Die Vertragspartner beraten sich in allen mit der Ausrüstung in Zusammenhang stehenden Fragen wechselseitig.

§ 8 Ausschließlichkeitsklausel

Der Gesponserte verpflichtet sich, während der Laufzeit des Vertrages keine gleichartigen Vereinbarungen mit Unternehmen zu treffen, deren Produkte mit denen durch den Sponsor vertriebenen im Wettbewerb stehen.

§ 9 Allgemeine Wohlverhaltensklausel

Jeder der Vertragspartner wird unabhängig von den in diesem Vertrag vereinbarten Leistungspflichten die Interessen des anderen so weit wie möglich wahren, insbesondere alles unterlassen, was den Interessen des anderen schaden könnte.

§ 10 Kündigungsrecht aus wichtigem Grund

Bei Vorliegen eines wichtigen Grundes haben beide Vertragspartner das Recht zur außerordentlichen Kündigung des Vertrages. Wichtige Gründe sind insbesondere...................

§ 11 Beginn und Ende des Vertrages

Der Vertrag beginnt am .... Er endet am .... Der Vertrag verlängert sich jeweils um ...., wenn er nicht mit einer Frist von .... zum Vertragsende gekündigt wird.

§ 12 Formzwang

Änderungen dieses Vertrages bedürfen der Schriftform.

Literaturverzeichnis*

Achenbach, Hans:
Übungsklausur Strafrecht - Ein phantasiebegabter „Drücker"; Jura 1984, 602.

Ahlers, Rainer:
Doping und strafrechtliche Verantwortung: Zum strafrechtlichen Schutz des Sportlers vor Körperschäden durch Doping, Baden-Baden 1994.

Albrecht, Dietlinde:
Begründung von *Garantenstellungen* in familiären und familienähnlichen Beziehungen, Köln/Berlin/Bonn/München 1998.

Alwart, Heiner:
Über die Hypertrophie eines Unikums (§ 265 a StGB); JZ 1986, 563.

Amelung, Knut:
Irrtum und Zweifel des Getäuschten beim Betrug; GA 1977, 1.

Arzt, Gunther:
Zur Garantenstellung beim unechten Unterlassungsdelikt; JA 1980, 712.

Arzt, Gunther / Weber, Ulrich:
Strafrecht, Besonderer Teil, LH 3, 2. Aufl., Bielefeld 1986; zit.: LH 3.

Baars, Georg:
Das Dopen der Rennpferde vom strafrechtlichen Standpunkt und die Beurteilung der üblichen Nachweismethoden der Dopingalkaloide im Speichel der Pferde; DTW 1926, 147.

Baumann, Jürgen:
Endlich strafrechtliche Bekämpfung des Submissionsbetruges; NJW 1992, 1661.

Baumbach, Adolf / Hefermehl, Wolfgang:
Wettbewerbsrecht, Kommentar, 20. Aufl., München 1998.

Baumann, Jürgen / Weber, Ulrich:
Strafrecht, Allgemeiner Teil, 9. Aufl., Bielefeld 1985; zit.: Strafrecht AT

Berendonk, Brigitte:
Doping. Von der Forschung zum Betrug, Berlin/Heidelberg 1991.

Beulke, Werner:
Der praktische Fall, Strafrecht: Der findige Bauunternehmer; JuS 1977, 35.

Beulke, Werner:
Anmerkung zum Urteil des OLG Stuttgart v. 21.11.1977; JR 1978, 390.

Binding, Karl:
Lehrbuch des gemeinen deutschen Strafrechts, Besonderer Teil, Band 1, 2. Aufl., Leipzig 1904; zit.: Lehrbuch II 1.

* Die abgekürzte Zitierweise der Monographien, Kommentare u.ä. ist, soweit nicht ausdrücklich angegeben, durch Kursivdruck kenntlich gemacht.

Blei, Herrmann:
Aufsätze in Zeitschriften StR; JA 1977, 91.

Blei, Herrmann:
Strafrecht I, Allgemeiner Teil, 18. Aufl., München 1983.

Blei, Herrmann:
Strafrecht II, Besonderer Teil, 12. Aufl., München 1983.

Bockelmann, Paul:
Der Unrechtsgehalt des Betruges, in: Probleme der Strafrechtserneuerung, Festschrift für Eduard Kohlrausch zum 70. Geburtstag, Berlin 1944, S. 226.

Bockelmann, Paul:
Zum Begriff des Vermögensschadens beim Betrug; JZ 1952, 461.

Bockelmann, Paul:
Anmerkung zum Urteil des BGH v. 20.06.1961; NJW 1961, 1934.

Bockelmann, Paul:
Betrug verübt durch Schweigen, in: Festschrift für Eberhard Schmidt zum 70. Geburtstag, Göttingen 1961, S. 437.

Bockelmann, Paul:
Strafrecht, Besonderer Teil/1 (Vermögensdelikte), 2. Aufl., München 1982; zit.: BT/1.

Borst, Kurt:
Der zukünftige Betrugsbegriff; JW 1935, 1221.

Braun, Johann:
Bürgerliches Recht: Das zerbrochene Diatretglas; JuS 1988, 214.

Bringewat, Peter:
Finanzmanipulation im Ligafußball - ein Risikogeschäft?; JZ 1977, 667.

Brox, Hans:
Allgemeiner Teil des Bürgerlichen Gesetzbuchs, 22. Aufl., Köln/Berlin/Bonn, München 1998.

Brüggemeier, Gert:
Deliktsrecht, Baden-Baden 1986.

Bruhn, Manfred:
Planung des Sponsoring, in: Hermanns, Arnold (Hrsg.), *Sport- und Kultursponsoring*, München 1989, S. 15.

Bruhn, Manfred:
Sponsoring. *Unternehmen* als Mäzene und Sponsoren, 2. Aufl., Frankfurt a.M./ Wiesbaden 1991.

Bruhn, Manfred / Mussler, Dieter:
Sponsoringfibel, Frankfurt a.M. 1991.

Bruhn, Manfred / Mehlinger, Rudolf:
Rechtliche Gestaltung des Sponsoring, Band I: Allgemeiner Teil, 2. Aufl., München 1995; zit.: Sponsoring, Bd. I.

Bruhn, Manfred / Mehlinger, Rudolf:
Rechtliche Gestaltung des Sponsoring, Band II: Spezieller Teil, München 1994; zit.: Sponsoring, Bd. II.

Bruns, Hans-Jürgen:
Gilt die Strafrechtsordnung auch für und gegen Verbrecher untereinander?, in: Festschrift für Edmund Mezger zum 70. Geburtstag, München/Berlin 1954, S. 335.

Caninenberg, Peter:
Die Sportveranstaltungsausfallversicherung, Frankfurt a.M./Bern/New York/Paris 1988; zit.: Sportveranstaltung.

Clasing, Dirk:
Doping - verbotene Arzneimittel im Sport, Stuttgart 1992; herausgegeben von Dirk Clasing unter Mitarbeit von Manfred Donike, Ommo Grupe, Wilfried Kindermann, Hans Kuno Kley, Jochen Kühl.

Cramer, Peter:
Grenzen des Vermögensschutzes im Strafrecht - OLG Hamburg NJW 1966, 1525; JuS 1966, 472.

Cramer, Peter:
Vermögensbegriff und Vermögensschaden im Strafrecht, Berlin/Zürich 1968.

Deutscher, Jörg / Körner, Peter:
Soziale Zweckverfehlung beim Spendenbetrug - BGH NJW 1995, 539; JuS 1996, 296.

Ditz, Walter:
Doping im Pferderennsport, Freiburg 1986.

Dölling, Dieter:
Betrug und Bestechlichkeit durch Entgeltnahme für eine vorgetäuschte Dienstpflichtverletzung? - BGH, NJW 1980, 2203; JuS 1981, 570.

Donike, Manfred / Rauth, Susanne:
Dopingkontrollen, 2. Aufl., Köln 1996.

Dörner, Heinrich:
„Mängelhaftung" bei Sperre des transferierten Fußballspielers? - BGH NJW 1976, 565; JuS 1977, 225.

Drees, Norbert:
Charakteristika des Sportsponsorings, in: Hermanns, Arnold (Hrsg.), *Sport- und Kultursponsoring*, München 1989, S. 49.

Dury, Walter:
Haftung des Trainers. Straf- und zivilrechtliche Verantwortlichkeit, in: Dury, Walter (Hrsg.), *Der Trainer und das Recht*, Stuttgart/München/Hannover/Berlin/Weimar/Dresden 1997, S. 9.

Dylla-Krebs, Corinna:
Die falsche Namensangabe - Betrugsproblematik beim sog. Schwarzfahren; NJW 1990, 888.

Eichler, Helmut:
Submissionsabsprachen auf dem Bausektor zwischen Verwaltungsunrecht und Strafrecht; BB 1972, 1347.

Ellmer, Manfred:
Betrug und Opfermitverantwortung, Berlin 1986.

Ellscheid, G.:
Das Problem der bewußten Selbstschädigung beim Betrug; GA 1971, 161.

Emmerich, Volker:
BGB, Schuldrecht Besonderer Teil, 8. Aufl., Heidelberg 1996; zit.: Schuldrecht BT.

Engisch, Karl:
Das Problem der psychischen Kausalität beim Betrug, in: Festschrift für Hellmuth von Weber zum 70. Geburtstag, Bonn 1963, S. 247.

Enneccerus, Ludwig / Kipp Theodor / Wolff, Martin / (Hrsg.):
Lehrbuch des Bürgerlichen Rechts, Band 2: Schuldverhältnisse, 15. Aufl., Tübingen 1958; zit.: Enneccerus - Bearb., Bürgerliches Recht II.

Erman, Walter / Westermann, Harm Peter / (Hrsg.):
Handkommentar zum Bürgerlichen Gesetzbuch, Band 1: §§ 1 - 852, 9. Aufl., Münster 1993; zit.: Bearb., in: Erman.

Eser, Albin:
Strafrecht IV, Vermögensdelikte, 4. Aufl., München 1983.

Esser, Josef:
Kurssicherungsgeschäfte und ausländische Enteignungsmaßnahmen; MDR 1958, 287.

Faber, Alexander:
Doping als unlauterer Wettbewerb und Spielbetrug, Zürich 1974.

Fey, Ulrich:
Das unheilvolle Pentagon des Dopings; F.A.Z. v. 11.04. 1992, Nr. 87 S. 25.

Fikentscher, Wolfgang:
Das *Schuldrecht*, 9. Aufl., Berlin/New York 1997.

Foth, Heinrich:
Betrug und illegales Rechtsgeschäft - Eine kritische Bestandsaufnahme; GA 1966, 33.

Franz, Kurt / Hartl, Monika:
„Doping" durch den Arzt als „ärztliche Tätigkeit"; NJW 1988, 2277.

Franzheim, Horst:
Zur Strafbarkeit des Komplicen- und Dirnenlohnbetruges - Ein Beitrag zum Begriff des Vermögensschadens; GA 1960, 269.

Friedrich, Walther J.:
Doping und zivilrechtliche Haftung; SpuRt 1995, 8.

Frisch, Wolfgang:
Funktion und Inhalt des „Irrtums" im Betrugstatbestand, in: Festschrift für Paul Bockelmann zum 70. Geburtstag, München 1979, S. 647.

Fritzweiler, Jochen / Pfister, Bernhard / Summerer, Thomas / (Hrsg.):
Praxishandbuch Sportrecht, München 1998; zit.: Bearb., in: Praxishandbuch.

Gallas, Wilhelm:
Der Betrug als Vermögensdelikt, in: Festschrift für Eberhard Schmidt zum 70. Geburtstag, Göttingen 1961, S. 401.

Gerhold, Thomas:
Zweckverfehlung und Vermögensschaden, Berlin 1988.

Gerland, Heinrich B.:
Deutsches *Reichsstrafrecht*, 2. Aufl., Berlin/Leipzig 1932.

Giehring, Heinz:
Prozeßbetrug im Versäumnis- und Mahnverfahren - zugleich ein Beitrag zur Auslegung des Irrtumsbegriffs in § 263 StGB; GA 1973, 1.

Gieseler, Karlheinz:
Menschen an der Leistungsgrenze - oder - Die Sinnfrage des Spitzensports; Olympisches Feuer 1989, 8.

Giesen, Dieter:
Arzthaftungsrecht, 4. Aufl., Tübingen 1995.

Giesen, Dieter:
Wandlungen im Arzthaftungsrecht; JZ 1990, 1053.

Glabus, Wolfgang:
Des Kaisers Suppe gilt als abschreckendes Beispiel; F.A.Z. v. 04.11.1995, Nr. 257 S. 31.

Gössel, Karl Heinz:
Strafrecht, Besonderer Teil, Band 2, Heidelberg 1996, zit.: BT/2.

Graba, Hans-Ulrich:
Anmerkung zum Beschluß des BGH v. 16.07.1970; NJW 1970, 2221.

Graul, Eva:
Besprechung von: Thomas Gerhold, Zweckverfehlung und Vermögensschaden; GA 1991, 285.

Grünwald, Gerald:
Der Vorsatz des Unterlassungsdelikts, in: Festschrift für Hellmuth Mayer zum 70. Geburtstag, Berlin 1966, S. 281.

Grupe, Ommo:
Doping und Leistungsmanipulation: Zehn Gründe für konsequente Kontrollen; Olympisches Feuer 1989, 10.

Grupe, Ommo / Mieth, Dietmar:
Lexikon der *Ethik im Sport*; Köln 1998.

Gutheil, Ulrike:
Doping - Die haftungsrechtliche und sportrechtliche Verantwortung von Sportler, Trainer, Arzt und Sportverband, Hamburg 1996.

Gutmann, Alexander:
Der Vermögensschaden beim Betrug im Licht der neueren höchstrichterlichen Rechtsprechung; MDR 1963, 3.

Haas, Ulrich:
Das Übereinkommen des Europarats gegen Doping; SpuRt 1996, 107.

Haas, Ulrich / Adolphsen, Jens:
Verbandsmaßnahmen gegenüber Sportlern; NJW 1995, 2146.

Haas, Ulrich / Adolphsen, Jens:
Sanktionen der Sportverbände vor ordentlichen Gerichten; NJW 1996, 2351.

Haas, Ulrich / Prokop, Clemens:
Die Athletenvereinbarung - Der Athlet als stilles Mitglied des Verbandes - 1. Teil; SpuRt 1996, 109.

Haas, Ulrich / Prokop, Clemens:
Die Athletenvereinbarung - Neue Wege der Konfliktlösung - 2. Teil; SpuRt 1996, 187.

Haas, Ulrich / Prokop, Clemens:
Sind Staatsanwälte verpflichtet, gegen Doping-Ärzte Ermittlungsverfahren einzuleiten? SpuRt 1997, 56.

Hack, Christoph:
Problem des Tatbestands *Subventionsbetrug*, § 264 StGB, unter dem Blickwinkel allgemeiner strafrechtlicher Lehren, Berlin 1982.

Haffner, Steffen:
Milliardengeschäft mit den Resten des unbefleckten Sports; F.A.Z. v. 14.05.1992, Nr. 112 S. 32.

Haft, Fritjof:
Strafrecht, *Besonderer Teil*, 6. Aufl., München 1997.

Hahn, Jörg:
Jelena Välbe entschuldigt sich. - Dem Staffelsieg fehlt der Glanz; F.A.Z. v. 28.02.1997, Nr. 50 S. 36.

Hahn, Jörg:
Kleine Klubs und junge Sportler stehen bei Sponsoren nicht hoch im Kurs; F.A.Z. v. 23.04.1997, Nr. 94 S. 36.

Hansen, Uwe:
Der objektive Tatbestand des Betruges (§ 263 StGB) - viergliedrig oder dreigliedrig?; Jura 1990, 510.

Hansen, Uwe:
Die subjektive Seite der Vermögensverfügung beim Betrug; MDR 1975, 533.

Hardwig, Werner:
Beiträge zur Lehre vom Betrug; GA 1956, 6.

Hassemer, Raimund:
Schutzbedürftigkeit des Opfers und Strafrechtsdogmatik, Berlin 1981.

Hefendehl, Roland:
Examensklausur Strafrecht: Der mißbrauchte Farbkopierer; Jura 1992, 374.

Hefendehl, Roland:
Vermögensgefährdung und Exspektanzen, Berlin 1994.

Heinemann, Klaus:
Sportsponsoring - Ökonomische Chance oder Weg in die Sackgasse?, in: Hermanns, Arnold (Hrsg.), *Sport- und Kultursponsoring*, München 1989, S. 62.

Heinitz, Ernst:
Anmerkung zum Urteil des BGH v. 24.02.1959; JR 1959, 386.

Heinitz, Ernst:
Anmerkung zum Urteil des BGH v. 20.02.1968; JR 1968, 387.

Hellmann, Uwe:
Die Strafbarkeit desVermieters wegen unberechtigter Eigenbedarfskündigung; JA 1988, 73.

Hermanns, Arnold:
Sponsoring - Zukunftsorientiertes Instrument der Marktkommunikation, in: Hermanns, Arnold (Hrsg.), *Sport- und Kultursponsoring*, München 1989, S. 1.

Hermanns, Arnold / Drees, Norbert:
Wirkungsaspekte bei der Nutzung offizieller Prädikate im Sportsponsoring, in: Hermanns, Arnold (Hrsg.), *Sport- und Kultursponsoring*, München 1989, S. 112.

Herzberg, Rolf Dietrich:
Die Kausalität beim unechten Unterlassungsdelikt; MDR 1971, 881.

Herzberg, Rolf Dietrich:
Bewußte Selbstschädigung beim Betrug; MDR 1972, 93.

Herzberg, Rolf Dietrich:
Eingehungsbetrug und Vorteilsabsicht beim Erschleichen von Warenlieferungen zur Belästigung Dritter - BayObLG, JZ 1972, 25; JuS 1972, 185.

Herzberg, Rolf Dietrich:
Konkurrenzverhältnisse zwischen Betrug und Erpressung - BGHSt 23, 294; JuS 1972, 570.

Herzberg, Rolf Dietrich:
Funktion und Bedeutung des Merkmals „Irrtum" in § 263 StGB; GA 1977, 289.

Herzberg, Rolf Dietrich:
Die *Unterlassung* im Strafrecht und das Garantenprinzip, Berlin 1972.

Hilgendorf, Eric:
Zweckverfehlung und Vermögensschaden beim Betrug - BayObLG, NJW 1994, 208; JuS 1994, 466.

Hillenkamp, Thomas:
Risikogeschäft und Untreue; NStZ 1981, 161.

Hirsch, Günter E.:
Anmerkung zum Urteil des OLG Hamburg v. 05.09.1968; NJW 1969, 853.

Hirsch, Hans Joachim:
Literaturbericht, Strafrecht - Besonderer Teil (I. Teil); ZStW 81 (1969), 917.

Hirschberg, Rudolf:
Der *Vermögensbegriff* im Strafrecht, Berlin 1934.

Hollmann, Wildor:
Zum Doping aus sportmedizinischer Sicht, in: Vieweg, Klaus (Hrsg.), *Doping - Realität und Recht*, Berlin 1998, S. 37.

Hoppenz, Rainer:
Die dogmatische *Struktur* des Betrugstatbestandes, dargestellt an Hand der Fälle der Erschleichung von Aktien im Rahmen der Privatisierung von Bundesvermögen, Diss. Freiburg 1968.

Jähnke, Burkhard / Laufhütte, Heinrich Wilhelm / Odersky, Walter (Hrsg.):
Strafgesetzbuch, Leipziger Kommentar, 11. Lieferung: §§ 13-14, 11. Aufl., Berlin/ New York 1993; zit.: Bearb., in: LK (11.).

Jauernig, Othmar (Hrsg.):
Bürgerliches Gesetzbuch, 8. Aufl., München 1997; zit.: Bearb., in: Jauernig.

Jecht, Hans:
„Überhöhte" Preisforderung und Betrugstatbestand, GA 1963, 41.

Jescheck, Hans-Heinrich / Weigend, Thomas:
Lehrbuch des Strafrechts Allgemeiner Teil, 5. Aufl., Berlin 1996; zit.: Strafrecht AT.

Jescheck, Hans-Heinrich / Ruß, Wolfgang / Willms, Günther (Hrsg.):
Strafgesetzbuch, Leipziger Kommentar, 6. Band: §§ 263 - 302 a, 10. Aufl., Berlin/ New York, 1988; zit.: Bearb., in: LK.

Joerden, Jan:
Anmerkung zum Urteil des BGH v. 16.11.1993; JZ 1994, 422.

Kaiser, Eberhard:
Betrug durch bewußtes Ausnutzen von Fehlern beim Geldwechseln; NJW 1971, 601.

Kehl, Thomas:
Die Bedeutung der *Einwilligung* für das Aufnehmen und Abhören des nichtöffentlich gesprochenen Wortes eines anderen (§ 201 Abs. 1 Nr. 1 und Abs. 2 Satz 1 Nr. 1 StGB), Diss. Halle (Saale) 1999.

Kindhäuser, Urs:
Täuschung und Wahrheitsanspruch beim Betrug; ZStW 103 (1991), 398.

Klauser, Karl-August:
Zur Kausalität beim Betrug; NJW 1959, 2245.

Klug, Uwe:
Doping als strafbare Verletzung der Rechtsgüter Leben und Gesundheit, Diss. Würzburg 1996.

Köhler, Helmut:
BGB, *Allgemeiner Teil*, 23. Aufl., München 1996.

Kohlhaas, Max:
Zur Anwendung aufputschender Mittel im Sport; NJW 1970, 1958.

Kohlhaas, Max:
Das Doping aus rechtlicher Sicht, in: Schroeder, Friedrich-Christian/Kauffmann, Hans (Hrsg.), *Sport und Recht*, Berlin/New York 1972, S. 48.

Kohlrausch, Eduard:
Vermögensverbrechen im Wandel der Rechtsprechung und Gesetzgebung, in: Festschrift für Franz Schlegelberger zum 60. Geburtstag, Berlin 1936, S. 203.

Kohlrausch, Eduard / Lange, Richard:
Strafgesetzbuch, 43. Aufl., Berlin 1961; zit.: StGB.

Koller, Ingo:
Die Rechtsbeziehungen zwischen Sportveranstaltern und Zuschauern; RdA 1982, 46.

König, Peter:
Neues Strafrecht gegen die Korruption; JR 1997, 397.

Krey, Volker:
Strafrecht, Besonderer Teil, Band 2, 11. Aufl., Stuttgart/Berlin/Köln 1997; zit.: Strafrecht BT/2.

Krogmann, Mario:
Zur Dopinggesetzgebung im Ausland; SpuRt 1999, 19 (Teil 1), 61 (Teil 2).

Kühl, Jochen:
Rechtliche Fragen des Dopings, in: Clasing Dirk (Hrsg.), *Doping - verbotene Arzneimittel* im Sport, Stuttgart 1992, S. 156.

Kühne, Hans Heiner:
Geschäftstüchtigkeit oder *Betrug*? Wettbewerbsproblematik im Lichte des § 263 StGB; Kehl a. Rh. 1978.

Küper, Wilfried:
Anmerkung zum Urteil des BGH v. 30.06.1970; NJW 1970, 2254.

Lackner, Karl:
Strafgesetzbuch mit Erläuterungen, 23. Aufl., München 1999; zit.: Lackner/Kühl.

Lampe, Ernst-Joachim:
Ingerenz oder dolus subsequenz?; ZStW 72 (1960), 93.

Larenz, Karl:
Ergänzende Vertragsauslegung und dispositives Recht; NJW 1963, 737.

Larenz, Karl:
Lehrbuch des Schuldrechts, Band 1, Allgemeiner Teil, 14. Aufl., München 1987; zit.: Schuldrecht AT.

Laufs, Adolf (Hrsg.):
Handbuch des Arztrechts, 2. Aufl., München 1999; zit.: Arztrecht.

Lenckner, Theodor:
Vertragswert und Vermögensschaden beim Betrug des Verkäufers; MDR 1961, 652.

Lenckner, Theodor:
Zum Problem des Vermögensschadens (§§ 253, 263 StGB) beim Verlust nichtiger Forderungen; JZ 1967, 105.

Lenckner, Theodor:
Vermögensschaden und Vermögensgefährdung beim sog. Eingehungsbetrug; JZ 1971, 320.

Lenckner, Theodor:
Kausalzusammenhang zwischenTäuschung und Vermögensschaden bei Aufnahme eines Darlehens für einen bestimmten Verwendungszweck; NJW 1971, 599.

Lilie, Hans:
Garantenstellungen für nahestehende Personen, JZ 1991, 541.

Linck, Joachim:
Doping und staatliches Recht; NJW 1987, 2545.

Linck, Joachim:
Doping aus juristischer Sicht; MedR 1993, 55.

Lindemann, Hansjörg:
Sportgerichtsbarkeit - Aufbau, Zugang, Verfahren; SpuRt 1994, 17.

Lippert, Hans-Dieter:
Achtes Gesetz zur Änderung des Arzneimittelgesetzes; NJW 1999, 837.

Loos, Fritz / Krack, Ralf:
Betrugsstrafbarkeit bei Versprechen der Teufelsaustreibung - LG Mannheim NJW 1993, 1488; JuS 1995, 204.

Lüderssen, Klaus:
Submissionsabsprachen sind nicht eo ipso Betrug; wistra 1995, 243.

Lukes, Rudolf:
Erstreckung der Vereinsgewalt auf Nichtmitglieder durch Rechtsgeschäft, in: Festschrift für Harry Westermann zum 65. Geburtstag, Karlsruhe 1974, S. 325.

Lüschen, Günther:
Betrug im Sport. Formen, Ursachen und soziale Kontrolle, in: Kutsch, Thomas; Wiswede, Günter (Hrsg.), *Sport und Gesellschaft*, Königstein i. Ts. 1981, S. 200.

Maaß, Wolfgang:
Betrug verübt durch Schweigen, Gießen 1982.

Maaß, Wolfgang:
Die Abgrenzung von Tun und Unterlassen beim Betrug; GA 1984, 264.

Maiwald, Manfred:
Belohnung für eine vorgetäuschte pflichtwidrige Diensthandlung; NJW 1981, 2777.

Maiwald, Manfred:
Literaturbericht, Strafrecht - Besonderer Teil (Vermögensdelikte); ZStW 91 (1979), 967.

Maurach, Reinhart:
Anmerkung zum Urteil des BayObLG v. 17.09.1971; JR 1972, 345.

Maurach, Reinhart / Gössel, Karl Heinz / Zipf, Heinz:
Strafrecht Allgemeiner Teil, Teilband 2, 7. Aufl., Heidelberg 1989; zit.: AT/2.

Maurach, Reinhart / Schroeder, Friedrich-Christian / Maiwald, Manfred:
Strafrecht Besonderer Teil, Teilband 1, 8. Aufl., Heidelberg 1995; zit.: BT/1.

Mayer, Hellmuth:
Strafrecht, Allgemeiner Teil, 2. Aufl., Stuttgart/Köln 1967; zit.: Strafrecht AT.

Medicus, Dieter:
Schuldrecht II, Besonderer Teil, 8. Aufl., München 1999.

Medicus, Dieter:
Bürgerliches Recht, 18. Aufl., Köln/Berlin/Bonn/München 1997.

Mehlinger, Rudolf:
Sportsponsoring - Erscheinungsformen und Grenzen; SpuRt 1996, 164.

Meinberg, Martin / Olzen, Dirk / Neumann, Steffen:
Gutachten über die rechtliche Möglichkeit zur Verhinderung des Doping-Mißbrauchs, in: Schild, Wolfgang (Hrsg.), *Rechtliche Fragen des Dopings*, Heidelberg 1986, S. 63.

Meincke, Jens Peter:
Rechtsfolgen nachträglicher Unmöglichkeit der Leistung beim gegenseitigen Vertrag; AcP 171 (1971), 19.

Merkel, Adolf:
Kriminalistische Abhandlungen, Band II, Die Lehre vom strafbaren Betruge, Leipzig 1867; zit.: KrimAbh. II.

Mestwerdt, Thomas:
Doping - Sittenwidrigkeit und staatliches Sanktionsbedürfnis?, Hamburg 1997.

Mestwerdt, Thomas:
Notwendigkeit und verfassungsrechtliche Grundlagen eines staatlichen Dopingverbots; SpuRt 1997, 119.

Meyer, Dieter:
Zum Problem des Vermögensschadens beim sog. „Eingehungsbetrug"; MDR 1971, 718.

Mezger, Edmund:
Strafrecht II, Besonderer Teil, 7. Aufl., München/Berlin 1960.

Mittelbach, Hans:
Anmerkung zum Urteil des BGH v. 20.06.1961; JR 1961, 506.

Mohrbotter, Kurt:
Die Anwartschaften im System des Betrugstatbestandes; GA 1971, 321.

Mohrbotter, Kurt:
Grenzen des Vermögensschutzes beim Betrug; GA 1975, 41.

Müller, Anja:
Doping im Sport als strafbare Gesundheitsbeschädigung (§§ 223 Abs. 1, 230 StGB)?, Baden-Baden 1993.

Naucke, Wolfgang:
Zur Lehre vom strafbaren *Betrug*, Berlin 1964.

Naucke, Wolfgang:
Anmerkung zum Urteil des BGH v. 11.01.1967; JZ 1967, 371.

Naucke, Wolfgang:
Anmerkung zum Urteil des BGH v. 09.08.1984; StV 1985, 187.

Netzle, Stephan:
Sponsoring von Sportverbänden, Zürich 1987.

Neye, Hans-Werner:
Untreue im öffentlichen Dienst, Köln/Berlin/Bonn/München 1981.

Ordemann, W.:
Zum Betrug bei Spätwetten; MDR 1962, 623.

Otto, Harro:
Zur Abgrenzung von Diebstahl, Betrug und Erpressung bei der deliktischen Verschaffung fremder Sachen; ZStW 79 (1967), 59.

Otto, Harro:
Die *Struktur* des strafrechtlichen Vermögensschutzes, Berlin 1970.

Otto, Harro:
Probleme des Kreditbetrugs, des Scheck- und Wechselmißbrauchs; Jura 1983, 16.

Otto, Harro:
Die neuere Rechtsprechung zu den Vermögensdelikten - Teil 2; JZ 1985, 69.

Otto, Harro:
Schadenseintritt und Verjährungsbeginn, in: Festschrift für Karl Lackner zum 70. Geburtstag, Berlin/New York 1987, S. 715.

Otto, Harro:
Vermögensgefährdung, Vermögensschaden und Vermögenswertminderung; Jura 1991, 494.

Otto, Harro:
Die neuere Rechtsprechung zu den Vermögensdelikten - Teil 2; JZ 1993, 652.

Otto, Harro:
Zur Strafbarkeit des Doping - Sportler als Täter und Opfer; SpuRt 1994, 10.

Otto, Harro:
Grundkurs Strafrecht, Die einzelnen Delikte, 5. Aufl., Berlin/New York 1998; zit.: Strafrecht BT.

Otto, Harro:
Soziale Zweckverfehlung und Vermögensschaden; JK 1995, StGB § 263/43.

Otto, Harro:
Submissionsbetrug und Vermögensschaden; ZRP 1996, 300.

Palandt, Otto:
Bürgerliches Gesetzbuch, 58. Aufl., München 1999; zit.: Bearb., in: Palandt.

Pfeiffer, Gerd / Maul, Heinrich / Schulte, Benno:
Strafgesetzbuch, Kommentar an Hand der Rechtsprechung des Bundesgerichtshofs, Essen 1969; zit.: Pfeiffer/Maul/Schulte.

Pfister, Bernhard:
Anmerkung zum Urteil des BGH v. 28.11.1994; JZ 1995, 464.

Pfister, Bernhard:
Bindung an Verbandsrecht in der Verbandshierarchie; SpuRt 1996, 48.

Preis, Bernd:
Die Sportgerichtsbarkeit des Deutschen Fußballbundes (DFB) und die „Bestechungsfälle" in der Bundesliga; DB 1971, 1570

Prinzing, Theo:
Nochmals: Zur Kausalität beim Betrug; NJW 1960, 952.

Prokop, Ludwig:
Zur Geschichte des Dopings und seiner Bekämpfung; Sportarzt und Sportmedizin 1970, 125.

Prokop, Ludwig:
Zur Geschichte des Dopings, in: Acker, Helmut (Hrsg.), Rekorde aus der Retorte, *Leistungssteigerung* im modernen Hochleistungssport, Stuttgart 1972, S. 22.

Puppe, Ingeborg:
Vermögensverfügung und Vermögensschaden bei Eingehung unwirksamer Verbindlichkeiten; MDR 1973, 12.

Rain, Joachim:
Die Einwilligung des Sportlers beim Doping, Frankfurt a.M./Berlin/Bern/New York/Paris/Wien 1998.

Ranft, Otfried:
Grundfälle aus den Bereich der Vermögensdelikte; JA 1984, 723.

Ranft, Otfried:
Grundprobleme des Betrugstatbestandes; Jura 1992, 66.

Ranft, Otfried:
Betrug durch Verheimlichung von Submissionsabsprachen - eine Stellungnahme zu BGHSt. 38, 186; wistra 1994, 41.

Rebmann, Kurt / Säcker, Franz-Jürgen (Hrsg.):
Münchener Kommentar zum Bürgerlichen Gesetzbuch, Band 1: Allgemeiner Teil (§§ 1 - 240 u. AGB-Gesetz), 3. Aufl., München 1993; zit.: Bearb., in: MK.

Rebmann, Kurt / Säcker, Franz-Jürgen (Hrsg.):
Münchener Kommentar zum Bürgerlichen Gesetzbuch, Band 2: Schuldrecht Allgemeiner Teil (§§ 241 - 432), 3. Aufl., München 1994; zit.: Bearb., in: MK.

Rebmann, Kurt / Säcker, Franz-Jürgen (Hrsg.):
Münchener Kommentar zum Bürgerlichen Gesetzbuch, Band 4: Schuldrecht Besonderer Teil, Teil II (§§ 607 - 704), 3. Aufl., München 1997; zit.: Bearb., in: MK.

Reichert, Bernhard:
Grundriß des Sportrechts und des Sporthaftungsrechts, Neuwied/Berlin 1968; zit.: Sportrecht.

Reichert, Bernhard / van Look, Frank:
Handbuch des Vereins- und Verbandsrechts, 6. Aufl., Neuwied/Kriftel/Berlin 1995; zit.: Reichert/van Look.

RGRK (herausgegeben von Mitgliedern des Bundesgerichtshofes):
Das Bürgerliche Gesetzbuch mit besonderer Berücksichtigung der Rechtsprechung des Reichsgerichts und des Bundesgerichtshofes, Band II, 4. Teil (§§ 631-811), Berlin/New York 1978; zit.: Bearb., in: BGB – RGRK.

Richtsfeld, Stefan:
Das Rechtsverhältnis zwischen *Sportveranstalter* und Zuschauer, Diss. Regensburg 1992.

Richtsfeld, Stefan:
Geld zurück oder gar Schadensersatz bei ausgefallenen Sportveranstaltungen?; SpuRt 1995, 153.

Riemann, Thomas:
Vermögensgefährdung und Vermögensschaden, Heidelberg 1989.

Riggert, Rainer:
Zum Betrug durch konkludente Täuschung und Unterlassen; MDR 1990, 203.

Röthel, Anne:
Neues Doping-Gesetz für Frankreich; SpuRt 1999, 20.

Rudolphi, Hans-Joachim:
Das Problem der sozialen Zweckverfehlung beim Spendenbetrug, in: Festschrift für Ulrich Klug zum 70. Geburtstag, Band 2, Köln 1983, S. 315.

Rudolphi, Hans-Joachim:
Anmerkung zum Urteil des BGH v. 10.11.1994; NStZ 1995, 289.

Rudolphi, Hans Joachim / Horn, Eckhard / Samson, Erich (Hrsg.):
Systematischer Kommentar zum Strafgesetzbuch, Band 1, Allgemeiner Teil, 7. Aufl., Stand: Oktober 1998; zit.: Bearb., in: SK.

Rudolphi, Hans Joachim / Horn, Eckhard / Samson, Erich (Hrsg.):
Systematischer Kommentar zum Strafgesetzbuch, Band 2, Besonderer Teil, 5. bzw. 6. Aufl., Stand: Februar 1999, Neuwied/Kriftel/Berlin; zit.: Bearb., in: SK.

Samson, Erich:
Grundprobleme des Betrugstatbestandes; JA 1978, 469, 564.

Samson, Erich:
Strafrecht II, 4. Aufl., Frankfurt a.M. 1983.

Satzger, Helmut:
Der *Submissionsbetrug*: Eine Untersuchung zur Strafbarkeit von Manipulationen bei Ausschreibungsverfahren als Betrug, Berlin 1994.

Sauer, Wilhelm:
System des Strafrechts, Besonderer Teil, Köln/Berlin 1954; zit.: Strafrecht BT.

Schänzer, Wilhelm:
Doping; Nachrichten aus Chemie, Technik und Laboratorium, Bd. 44 (1996), 971.

Schänzer, Wilhelm:
Neuere Entwicklungen in der Dopinganalytik, in: Vieweg, Klaus (Hrsg.), *Doping - Realität und Recht*, Berlin 1998, S. 51.

Schaupensteiner, Wolfgang:
Submissionsabsprachen und Korruption im öffentlichen Bauwesen; ZRP 1993, 250.

Schild, Wolfgang:
Doping in strafrechtlicher Sicht, in: Schild, Wolfgang (Hrsg.), *Rechtliche Fragen des Dopings*, Heidelberg 1986, S. 13.

Schimke, Martin:
Sportrecht, Frankfurt a.M., 1996

Schlechtriem, Peter:
Schuldrecht, Besonderer Teil, 4. Aufl., Tübingen 1995; zit.: Schuldrecht BT.

Schlüchter, Ellen:
Grundfälle zur Lehre von der Kausalität; JuS 1976, 518, 793.

Schlund, Gerhard H.:
Rechtliche Aspekte beim Doping im Sport; Praktische Sport-Traumatologie und Sportmedizin 1991, 100.

Schmidhäuser, Eberhard:
Strafrecht, Allgemeiner Teil, 2. Aufl., Tübingen 1984; zit.: Strafrecht AT.

Schmidhäuser, Eberhard:
Der Zusammenhang von Vermögensverfügung und Vermögensschaden beim Betrug (§ 263 StGB), in: Festschrift für Herbert Tröndle zum 70. Geburtstag, Berlin/ New York 1989, S. 305.

Schmidt, Eberhard:
Lehrkommentar zur Strafprozeßordnung und zum Gerichtsverfassungsgesetz, Teil 2, Göttingen 1957; zit.: Lehrkommentar, Bd.8.

Schmoller, Kurt:
Betrug bei bewußt unentgeltlichen Leistungen; JZ 1991, 117.

Schneider-Grohe, Christa Brigitta:
Doping - eine kriminologische und kriminalistische Untersuchung zur Problematik der künstlichen *Leistungssteigerung im Sport* und zur rechtlichen Handhabung dieser Fälle, Lübeck 1979.

Schönke, Adolf / Schröder, Horst:
Strafgesetzbuch, Kommentar, 17. Aufl., München 1974; zit.: Schönke/Schröder (17).

Schönke, Adolf / Schröder, Horst:
Strafgesetzbuch, Kommentar, 25. Aufl., München 1997; zit.: Bearb., in: S/S.

Schreiber, Hans-Ludwig / Beulke, Werner:
Untreue durch Verwendung von Vereinsgeldern zu Bestechungszwecken - BGH, NJW 1975, 1234; JuS 1977, 656.

Schröder, Horst:
Grenzen des Vermögensschadens beim Betrug; NJW 1962, 721.

Schröder, Horst:
Zum Vermögensbegriff bei Betrug und Erpressung; JZ 1965, 513.

Schröder, Horst:
Anmerkung zum Urteil des OLG Hamburg v. 05.09.1968; JR 1969, 110.

Schröder, Horst:
Anmerkung zum Urteil des BGH v. 16.07.1970; JR 1971, 74.

Schröder, Horst:
Anmerkung zum Urteil des BayObLG v. 17.09.1971; JZ 1972, 26.

Schünemann, Bernd:
Zur Kritik der Ingerenz-Garantenstellung; GA 1974, 231.

Schünemann, Bernd:
Der strafrechtliche Schutz von Privatgeheimnissen; ZStW 90 (1978), 11.

Schünemann, Bernd:
Methodologische Prolegomena zur Rechtsfindung im Besonderen Teil des Strafrechts, in: Festschrift für Paul Bockelmann zum 70. Geburtstag, München 1979, S. 117.

Schwab, Dieter:
Zivilrechtliche Haftung beim Doping, in: Schild, Wolfgang (Hrsg.), *Rechtliche Fragen des Dopings*, Heidelberg 1986, S. 35.

Seelmann, Kurt:
Betrug beim Handel mit Rohstoffoptionen; NJW 1980, 2545.

Seelmann, Kurt:
Grundfälle zu den Straftaten gegen das Vermögen als Ganzes; JuS 1982, 268, 509, 914.

Seelmann, Kurt:
Anmerkung zum Urteil des BGH v. 23.01.1985; JR 1986, 346.

Sehling, Michael / Pollert, Reinhold Hackfort, Dieter:
Doping im Sport, München 1989.

Silance, Luc:
Dopingkontrolle in Belgien, in: Vieweg, Klaus (Hrsg.), *Doping - Realität und Recht*, Berlin 1998, S. 218.

Soergel, Hans-Theodor (Hrsg.):
Kommentar zum Bürgerlichen Gesetzbuch, Band 1: §§ 1-240, 12. Aufl., Stuttgart/Berlin/Mainz1987; zit.: Bearb., in: Soergel.

Soergel, Hans-Theodor (Hrsg.):
Kommentar zum Bürgerlichen Gesetzbuch, Band 2: §§ 241-432, 12. Aufl., Stuttgart/Berlin/Mainz1990; zit.: Bearb., in: Soergel.

Sonnen, Bernd-Rüdeger:
Die soziale Zweckverfehlung als Vermögensschaden beim Betrug; JA 1982, 593.

Staudinger; Julius von (Begr.):
Kommentar zum Bürgerlichen Gesetzbuch, 2. Buch: Recht der Schuldverhältnisse §§ 293 - 327, 13. Aufl., Berlin 1995; zit.: Bearb., in: Staudinger.

Steiner, Udo:
Verfassungsfragen des Sports; NJW 1991, 2729.

Steinke, Wolfgang:
Vermögensdelikte im Bundesliga-Skandal; Kriminalistik 1975, 403.

Stratmann, Jörg:
Feinere Dopinganalytik wirkt abschreckend; F.A.Z. v. 19.03.1997, Nr. 66 S. 33.

Stree, Walter:
Ingerenzprobleme, in: Festschrift für Ulrich Klug zum 70. Geburtstag, Band 2, Köln 1983, S. 395.

Taupitz, Jochen:
Aufklärung über Behandlungsfehler: Rechtspflicht gegenüber dem Patienten oder ärztliche Ehrenpflicht?; NJW 1992, 713.

Tenckhoff, Jörg:
Eingehungs- und Erfüllungsbetrug, in: Festschrift für Karl Lackner zum 70. Geburtstag, Berlin/New York 1987, S. 677.

Tenckhoff, Jörg:
Anmerkung zum Beschluß des BGH v. 28.04.1987; JR 1988, 126.

Tettinger, Peter J.:
Die Dopingproblematik im Lichte der europäischen Grundrechtediskussion, in: Vieweg, Klaus (Hrsg.), *Doping - Realität und Recht*, Berlin 1998, S. 89.

Teubner, Gunther:
Gegenseitige *Vertragsuntreue*. Rechtsprechung und Dogmatik zum Ausschluß von Rechten nach eigenem Vertragsbruch, Tübingen 1975.

Tiedemann, Klaus:
Der Subventionsbetrug; ZStW 86 (1974), 897.

Triffterer, Otto:
Abgrenzungsprobleme beim Betrug durch Schweigen - OLG Hamburg, NJW 1969, 355; JuS 1971, 181.

Triffterer, Otto:
Vermögensdelikte im Bundesligaskandal; NJW 1975, 612.

Tröndle, Herbert:
Strafgesetzbuch und Nebengesetze, 48. Aufl., München 1997; zit.: Tröndle.

Tröndle, Herbert / Fischer, Thomas:
Strafgesetzbuch und Nebengesetze, 49. Aufl., München 1999; zit.: Tröndle/ Fischer.

Turner, George:
Rechtsprobleme beim Doping im Sport; MDR 1991, 569.

Turner, George:
Doping und Zivilrecht; NJW 1992, 720.

Turner, George:
Ist ein Anti-Doping-Gesetz erforderlich?; ZRP 1992, 121.

Uhlenbruck, Wilhelm:
Das Recht und die Pflicht des Arztes zur restitutio ad integrum nach einem Behandlungsfehler, in: Festschrift für Walther Weißauer zum 65. Geburtstag, Berlin/ Heidelberg 1986.

Ulsenheimer, Klaus:
Zumutbarkeit normgemäßen Verhaltens bei Gefahr eigener Strafverfolgung; GA 1972, 1.

Van den Daele, Wolfgang:
Probleme des gegenseitigen Vertrages. Untersuchungen zur Äquivalenz gegenseitiger *Leistungspflichten*, Hamburg 1968.

Vieweg, Klaus:
Normsetzung und -anwendung deutscher und internationaler Verbände - Eine rechtstatsächliche und rechtliche Untersuchung unter besonderer Berücksichtigung der Sportverbände, Berlin 1990.

Vieweg, Klaus:
Zur Einführung: Sport und Recht; JuS 1983, 825.

Vieweg, Klaus:
Doping und Verbandsrecht; NJW 1991, 1511.

Vieweg, Klaus:
Doping und Verbandsrecht - Zum Beschluß des DLV-Rechtsausschusses im Fall Breuer, Krabbe, Möller; NJW 1992, 2539.

Vieweg, Klaus:
Sponsoring und Sportrecht; SpuRt 1994, 6, 73.

Vieweg, Klaus:
Disziplinargewalt und Inhaltskontrolle - Zum „Reiter-Urteil" des Bundesgerichtshofs; SpuRt 1995, 97.

Volk, Klaus:
Täuschung durch Unterlassen beim Betrug - OLG Köln NJW 1980, 2366; JuS 1981, 880.

Wagner, Gert:
Negative Auswirkungen eines Anti-Doping-Gesetzes; ZRP 1992, 369.

Waldbröl, Hans-Joachim:
Wunder und Wundersames; F.A.Z. v. 03.08.1996, Nr. 179 S. 25.

Weiand, Neil George:
Kultur- und Sportsponsoring im deutschen Recht, Berlin 1993.

Weiand, Neil George:
Rechtliche Aspekte des Sponsoring; NJW 1994, 227.

Weiand, Neil George:
Der *Sponsoringvertrag*, München 1995.

Weidemann, Jürgen:
Das *Kompensationsproblem* beim Betrug, Diss. Bonn 1972.

Welzel, Hans:
Vorteilsabsicht beim Betrug; NJW 1962, 20.

Welzel, Hans:
Das Deutsche *Strafrecht*, 11. Aufl., Berlin 1969.

Wersdörfer, Rudolf:
Anmerkung zum Urteil des BGH v. 20.06.1961; JZ 1962, 450.

Wessels, Johannes:
Die Entwendung von Dienstgegenständen zu vorübergehendem Gebrauch; JZ 1965, 631.

Wessels, Johannes / Beulke, Werner:
Strafrecht, Allgemeiner Teil, 28. Aufl., Heidelberg 1998; zit.: Allg. Teil.

Wessels, Johannes:
Strafrecht, Besonderer Teil, Band 2, 20. Aufl., Heidelberg 1997; zit.: BT/2.

Wolfs, Martin:
Die „*Stoffgleichheit*" beim Betrug, Diss. Göttingen 1984.

Zuck, Rüdiger:
Doping; NJW 1999, 831.

SCHRIFTEN ZUM STRAFRECHT UND STRAFPROZESSRECHT

Herausgegeben von Manfred Maiwald

Band 1 Christian-Peter Frees: Die steuerrechtliche Selbstanzeige. Zur kriminalpolitischen Zweckmäßigkeit des § 371 AO. 1991.

Band 2 Norbert Joachim: Der Hörensagenbeweis im Strafverfahren. 1991.

Band 3 Alfred A. Göbel: Die Einwilligung im Strafrecht als Ausprägung des Selbstbestimmungsrechts. 1991.

Band 4 Karl-Heinz Vehling: Die Abgrenzung von Vorbereitung und Versuch. 1991.

Band 5 Heiko Hartmut Lesch: Das Problem der sukzessiven Beihilfe. 1992.

Band 6 Dirk Schwerdtfeger: Besondere persönliche Unrechtsmerkmale. 1992.

Band 7 Stefan Göhring: Polizeiliche Kontrollstellen und Datenverarbeitung. § 163 d StPO und novellierte Polizeigesetze der Länder zwischen Strafverfolgung, Gefahrenabwehr und vorbeugender Straftatenbekämpfung. 1992.

Band 8 Werner Kemper: Horizontale Teilrechtskraft des Schuldspruchs und Bindungswirkung im tatrichterlichen Verfahren nach der Zurückverweisung. §§ 353, 354 Abs. 2 StPO. 1993.

Band 9 Ovvadias Namias: Die Zurechnung von Folgeschäden im Strafrecht. 1993.

Band 10 Jan Zopfs: Unfallflucht bei eindeutiger Haftungslage? Unverzüglichkeitsgebot und Wahlmöglichkeit in § 142 Abs. 2 und 3 StGB. 1993.

Band 11 Stefan Hiebl: Ausgewählte Probleme des Akteneinsichtsrechts nach § 147 StPO. 1994.

Band 12 Ralf Krack: List als Straftatbestandsmerkmal. Zugleich ein Beitrag zu Täuschung und Irrtum beim Betrug. 1994.

Band 13 Henning Radtke: Zur Systematik des Strafklageverbrauchs verfahrenserledigender Entscheidungen im Strafprozeß. 1994.

Band 14 Bernd J. A. Müssig: Schutz abstrakter Rechtsgüter und abstrakter Rechtsgüterschutz. Zu den materiellen Konstitutionskriterien sog. Universalrechtsgüter und deren normentheoretischem Fundament – am Beispiel der Rechtsgutsbestimmung für die §§ 129, 129a und 324 StGB. 1994.

Band 15 Heinz Koriath: Über Beweisverbote im Strafprozeß. 1994.

Band 16 Burkhard Niepoth: Der untaugliche Versuch beim unechten Unterlassungsdelikt. 1994.

Band 17 Karsten Altenhain: Die Strafbarkeit des Teilnehmers beim Exzeß. 1994.

Band 18 Ina Walbaum: Schuldspruch in der Revisionsinstanz nach freisprechendem Urteil des Tatgerichts. 1996.

Band 19 Birgit Dalbkermeyer: Der Schutz des Beschuldigten vor identifizierenden und tendenziösen Pressemitteilungen der Ermittlungsbehörden. 1994.

Band 20 Thomas Hackner: Der befangene Staatsanwalt im deutschen Strafverfahrensrecht. 1995.

Band 21 Hartmut Loritz: Kritische Betrachtungen zum Wert des strafprozessualen Zwischenverfahrens. 1996.

Band 22 Heinz-Hermann Berghof: Therapie und Strafe im Betäubungsmittelrecht. Recht und Wirklichkeit der Behandlung Drogenabhängiger unter besonderer Berücksichtigung der §§ 35 ff BtMG. 1995.

Band 23 Oliver Mertens: Strafprozessuale Grundrechtseingriffe und Bindung an den Wortsinn der ermächtigenden Norm. 1996.

Band 24 Sönke Bahnsen: Das Akteneinsichtsrecht der Verteidigung im Strafverfahren. Dogmatische Grundlagen und Einzelprobleme im Lichte einer rechtsstaatlichen Verfahrensgestaltung. 1996.

Band 25 Dirk Schwieger: Der Vorteilsbegriff in den Bestechungsdelikten des StGB. 1996.

Band 26 Stephanie Meinecke: Die Auswirkungen von Verfahrensfehlern auf die Strafbarkeit nach den Aussagedelikten. 1996.

Band 27 Ute Lambrecht: Strafrecht und Disziplinarrecht. Abhängigkeiten und Überschneidungen. 1997.

Band 28 Carsten Momsen: Verfahrensfehler und Rügeberechtigung im Strafprozeß. Die Strukturen der Revisionsberechtigung unter besonderer Berücksichtigung des Begriffs "Rechtsnormen, die lediglich zugunsten des Angeklagten gegeben sind" in § 339 StPO. 1997.

Band 29 Ursula Epp: Die Abgeordnetenbestechung – § 108 e StGB. 1997.

Band 30 Bernd Scheiff: Wann beginnt der Strafrechtsschutz gegen kriminelle Vereinigungen (§ 129 StGB)? 1997.

Band 31 Ulrike Fontaine: Max Grünhut (1893-1964). Leben und wissenschaftliches Wirken eines deutschen Strafrechtlers jüdischer Herkunft. 1998.

Band 32 Claudia Keiser: Das Kindeswohl im Strafverfahren. Zur Notwendigkeit eines am Kindeswohl orientierten Umgangs mit minderjährigen Opfern und Zeugen, den Möglichkeiten de lege lata und den Erfordernissen de lege ferenda. 1998.

Band 33 Wiebke Schürer-Mohr: Erlaubte Risiken. Grundfragen des "erlaubten Risikos" im Bereich der Fahrlässigkeitsdogmatik. 1998.

Band 34 Stephan Voigtel: Zum Freibeweis bei Entscheidungen der Strafvollstreckungskammer. Eine Untersuchung zu ausgewählten Fragen des Beweisrechts im gerichtlichen Verfahren in Strafvollstreckungs- und Strafvollzugssachen. 1998.

Band 35 Volkmar Wißgott: Das Beweisantragsrecht im Strafverfahren als Kompensation der richterlichen Inquisitionsmaxime. Die Judikatur des Reichsgerichts zum strafprozessualen Beweisrecht. 1998.

Band 36 Susanne Merz: Strafrechtlicher Ehrenschutz und Meinungsfreiheit. 1998.

Band 37 Uwe Schlömer: Der elektronisch überwachte Hausarrest. Eine Untersuchung der ausländischen Erfahrungen und der Anwendbarkeit in der Bundesrepublik Deutschland. 1998.

Band 38 Michael Liedke: Die Vermögensstrafe gemäß § 43a StGB in ihrer kriminalpolitischen Bedeutung. 1999.

Band 39 Danja Domeier: Gesundheitsschutz und Lebensmittelstrafrecht. Zur Konkretisierung der Verkehrspflichten und ihrer Strafbewehrung, insbesondere mit Blick auf §§ 8 ff. LMBG. 1999.

Band 40 Ritva Westendorf: Die Pflicht zur Verhinderung geplanter Straftaten durch Anzeige. Eine kritische Betrachtung der §§ 138, 139 StGB im Kontext der Unterlassungsdelikte. 1999.

Band 41 Hans Theile: Tatkonkretisierung und Gehilfenvorsatz. 1999.

Band 42 Nicole Lange: Vorermittlungen. Die Behandlung des staatsanwaltschaftlichen Vorermittlungsverfahrens unter besonderer Berücksichtigung von Abgeordneten, Politikern und Prominenten. 1999.

Band 43 Tanja Gunder: Der Umgang mit Kindern im Strafverfahren. Eine empirische Untersuchung zur Strafverfolgung bei Sexualdelinquenz. 1999.

Band 44 Sven-Markus Thiel: Die Konkurrenz von Rechtfertigungsgründen. 2000.

Band 45 Jan Schlüter: Die Strafbarkeit von Unternehmen in einer prozessualen Betrachtung nach dem geltenden Strafprozeßrecht. 2000.

Band 46 Detlef Heise: Der Insiderhandel an der Börse und dessen strafrechtliche Bedeutung. Eine Untersuchung des neuen deutschen Insiderrechts speziell unter Bezugnahme auf die strafrechtstheoretischen und strafrechtsdogmatischen Grundlagen. 2000.

Band 47 Hermann Wichmann: Das Berufsgeheimnis als Grenze des Zeugenbeweises. Ein Beitrag zur Lehre von den Beweisverboten. 2000.

Band 48 Rainer T. Cherkeh: Betrug (§ 263 StGB), verübt durch Doping im Sport. 2000.

Band 49 Kristian Hohn: Die Zulässigkeit materieller Beweiserleichterungen im Strafrecht. Eine Untersuchung über Erscheinungsformen und Grenzen der Lösung beweisrechtlicher Probleme im materiellen Strafrecht. 2000.